Manager par le sens

Les clés de l'implication au travail

Éditions d'Organisation
Groupe Eyrolles
61, bld Saint-Germain
75240 Paris Cedex 05
www.editions-organisation.com
www.editions-eyrolles.com

David Autissier   Frédéric Wacheux

Manager par le sens

Les clés de l'implication au travail

EYROLLES

Éditions d'Organisation

Sommaire

Introduction 1

Partie 1

La crise du sens en entreprise

Chapitre 1 – Des signes de perte de sens
en entreprise 9
Les salariés ont-ils le moral ? 12
L'étude Ipsos/Accor : des différences européennes 12
L'enquête Cegos : un climat social contrasté 14
L'enquête Ipsos/CGPME : les PME ont une bonne image 15
L'étude Capgemini : à l'écoute des Français au travail 16
État des lieux bibliographique 16
La théorie du *sensemaking* 20
Karl Emmanuel Weick, ou la construction du sens dans l'action 21
La création du sens comme capacité de résilience 22
Les sources de sens : stratégie, culture et structure 23
Et le management dans tout cela ? 24

Chapitre 2 – Le vécu des salariés 25
Un sentiment de frustration et d'épuisement naissant 26
**La dégradation du sens varie en fonction
des situations de travail** 27
Une autre vision du travail pour les salariés 27
La perte de sens varie en fonction de la place dans l'organisation ... 29
Les managers intermédiaires à la recherche de sens 30
**Le triptyque finance-normalisation-déshumanisation
au cœur de la perte de sens** 31
Le retour de l'acteur 32
La financiarisation de l'économie depuis 20 ans 32

Pression et normalisation 34
La déshumanisation 37
Un sentiment d'épuisement émergent 39

**Chapitre 3 – L'action des entreprises
pour maintenir le sens** 43
Des actions dispersées 44
Les dispositifs agissant à un niveau plutôt local 44
Les dispositifs agissant à un niveau plus global 47
Les enquêtes de satisfaction des salariés 52
Ce que les salariés attendent 53
Le développement de l'engagement 54
Une culture de la co-construction 55

Partie 2

Les conditions de la création de sens en entreprise

**Chapitre 4 – La gestion du désengagement
et des crises** 59
La spirale du désengagement 60
L'impact du désengagement 60
Les différentes étapes du désengagement 62
Les trois phases du désengagement 64
La phase de questionnement 65
La phase de posture 67
La phase d'action 69
La gestion des crises 73
Définition d'une situation de crise 73
Processus 1 : la diffusion (étendue) 77
Processus 2 : l'opposition graduelle 77
Processus 3 : la provocation du changement organisationnel 78
La gestion des crises dans l'entreprise 79

Chapitre 5 – Les attentes des individus 83
La règle des 3M 83
L'acteur et la société 84
Un minimum de sécurité au travail 86
Un minimum de reconnaissance sur la contribution aux résultats 89
Un minimum d'avenir dans l'entreprise 91
La cohérence entre les 3M 93
La culture et l'identité comme outils de management 95
Une définition pratique de l'identité... 96

Une démarche pour comprendre les valeurs 97
L'articulation entre les valeurs de l'entreprise
et la création de sens 100
Apports et limites des outils du management des RH 102
L'inventaire des outils RH 102
La nécessaire réflexion sur les outils de management 105
Les conditions d'un management par le sens 107

**Chapitre 6 – Un modèle opérationnel
du *sensemaking*** 109
Création de sens au poste de travail 111
Les conditions de travail créatrices de sens 112
Les relations au travail créatrices de sens 114
La faisabilité de l'activité créatrice de sens 117
Création de sens au sein de l'entité 119
Le métier créateur de sens 120
Les dispositifs de contrôle créateurs de sens 122
La rétribution créatrice de valeur 124
Création de sens au sein de l'entreprise 129
La stratégie créatrice de sens 130
L'image créatrice de sens 133
La culture d'entreprise 135
Synthèse du modèle de *sensemaking* opérationnel 139

Partie 3

Les outils de la création de sens en entreprise

**Chapitre 7 – Comment mesurer le niveau de sens
dans une organisation ?** 145
Comment construire le diagnostic du *sensemaking* 145
Faire une analyse de *sensemaking* par typologie de salariés 146
Le baromètre du *sensemaking* 148
Comment interpréter la notation 154
Le baromètre managérial 156
La mise en œuvre du baromètre managérial 157
Baromètre de la stratégie 158
Baromètre du changement 159
Baromètre de la communication interne 160
Baromètre des valeurs de l'entreprise 162
Baromètre du management 163
Baromètre de l'organisation 164
Baromètre des ressources humaines 165
Baromètre des outils de pilotage 167

Baromètre des conditions de travail 168
L'enquête de perception 171

Chapitre 8 – Déploiement d'un projet managérial de *sensemaking* 175

La cartographie *sensemaking* 176
Des microprojets organisés en grappe 179
Les ateliers du *sensemaking* 180
La mise en œuvre des réunions *sensemaking* 180
Le plan d'actions local 183
Le regroupement des actions 185
Les techniques de création de grappe.. 186
Le pilotage du projet managérial *sensemaking* 189
Le Comité de Pilotage *Sensemaking* (CPS) 191
Le Comité Opérationnel *Sensemaking* (COS) 192
Les instances de pilotage et leurs outils 192
Les indicateurs de changement 194
Taux d'information 194
Taux de compréhension.. 195
Taux d'adhésion 196
Taux de mise en œuvre 197

Chapitre 9 – Les RH, maître d'œuvre du *sensemaking* 199

Les projets de responsabilité sociale d'entreprise 200
Les enjeux et les outils de la responsabilisation sociale 201
La valeur ajoutée sociale par la RSE 204
La RSE et la création de sens 206
L'importance de l'éthique 207
Définition de l'éthique 208
L'éthique au quotidien 210
Éthique et création de sens 211
Les projets de marketing des ressources humaines 213
Les conditions du marketing RH 214
Les deux formes de marketing des RH 215
Les trois publics du marketing des ressources humaines 216
Les limites de la notion de marketing des RH 217
Le nouveau positionnement des ressources humaines 219
Marketing des RH et création de sens 220

Conclusion 225

Annexes

Annexe 1 – Le *Burn out* 231

Annexe 2 – Les enquêtes de satisfaction
des salariés 235
Exemple d'une enquête réalisée pour une multinationale 236
Thèmes d'interrogation des salariés lors d'une enquête
de climat social 237
Principaux résultats de ce type d'enquête 244

Index 245

Introduction

Crise du Contrat Première Embauche (CPE) en mars 2006, succès des livres sur le déclin français et moral en berne des salariés français sont autant d'éléments qui nous mènent à nous interroger sur la notion de sens en entreprise. Un ouvrage publié récemment titrait *Pourquoi j'irai travailler ?*[1]. C'est la même interrogation qui nous conduit à nous intéresser au sens que chaque individu construit dans la relation avec son travail.

Cette relation est toujours polysémique et ambiguë. Ce sont des occasions de socialisation, de création d'identité et, en même temps, l'expression de savoirs qui participent à la création de valeur. Ce sens constitue pour chaque individu une finalité, mais également une condition de son engagement dans l'action collective. Le sens au travail est-il identique au sens de la vie ? Les conditions d'exercice et de réalisation du travail sont-elles si différentes de celles de notre vie sociale ? La notion de sens est très liée à la pensée et à ses constructions intellectuelles. Elle prend la forme de paradigmes et théories pour expliquer la pensée, les relations et les actes. Chez les Grecs, le sens consistait en une recherche de vérités. La pensée religieuse a orienté celui-ci vers la morale. Le développement technologique a traduit le sens en progrès économique. Avec le développement des sciences sociales, le sens est apparu comme un construit social qui émerge de la relation de l'individu au monde. Ces interactions « avec les autres » constituent des moments au cours desquels se construisent les significations sur ce que chacun fait, pense et projette de sa situation dans le groupe.

1. Ouvrage collectif, *Pourquoi j'irai travailler ?*, Éditions d'Organisation, 2005.

L'entreprise traverse-t-elle l'une des plus importantes crises de légitimité de son histoire ? Comment celle-ci se matérialise t-elle ? Quelles en sont les raisons? Où trouver des solutions ? Comment les managers peuvent-ils imaginer des réponses à des demandes sociales légitimes alors que l'exigence de rentabilité à court terme s'impose de plus en plus ?

L'intensité de la concurrence internationale, la pression des marchés financiers, les nouvelles formes d'organisation ont augmenté les tensions et le stress. Beaucoup de salariés ne comprennent plus l'environnement dans lequel ils exercent leurs compétences. Les décisions stratégiques ne font plus sens au quotidien. Les choix managériaux ne sont plus compris immédiatement. Comment expliquer à un salarié compétent, motivé, de plus de 50 ans que son travail part en Europe de l'Est parce qu'il est trop cher ? En se focalisant sur le couple « ressources-contrôle » pour mettre le système sous tension, afin d'obtenir la meilleure productivité, le management a souvent abandonné le domaine du social et de l'humain. Au nom de la concurrence et de la compétition, les ressources humaines sont devenues une variable d'ajustement, participant ainsi à la rupture d'un contrat social basé sur l'équité de la relation « contribution-rétribution ». Nous ne pouvons pas à proprement parler de rupture, mais davantage d'une dégradation de cette relation qui se matérialise par des comportements de retrait et de repli des salariés à un moment où les entreprises ont besoin de l'engagement de tous pour réussir les nombreux projets de transformation et de changement de l'adaptation à la concurrence mondiale.

La détérioration de la relation « contribution-rétribution » conduit à une perte de sens pour les acteurs dans leur relation de travail et dans leur environnement professionnel. Elle est variable selon les postes occupés, l'ancienneté et les cultures d'entreprise. Les acteurs apparaissent démotivés et leur niveau d'appartenance et de croyance diminue dans un environnement politique et économique incertain. À cela s'ajoute les risques de saturation pouvant les conduire à des situations de stress. Les signaux d'alerte existent pourtant. Ils sont de plus en plus visibles pour les décideurs. Tous les indices de « ras-le-bol » ne se voient pas dans les bilans financiers et autres instruments comptables de gestion. Ils ne deviennent visibles que lorsque les salariés démissionnent, s'arrêtent pour épuisement ou à l'occasion de mouvements de protestation. Lorsque ces signes deviennent évidents, au travers des manifestations de contestation ou de retrait, il est souvent trop tard, et le coût de la reconquête sociale est long et élevé.

Le succès du livre *Bonjour Paresse*[2] prônant la non-participation à l'action collective et la publication de l'ouvrage *Psychopathes & Cie : la soif pathologique de profit et de pouvoir*[3], ou le film portant le même nom sont l'expression publique des revendications pour une approche différente de l'entreprise et une démarche nouvelle dans le management.

Notre ouvrage établit, au travers d'études et d'investigations terrain, les constats, les explications et les solutions à cette situation de perte de sens en entreprise.

La partie 1 traite de la crise du sens en entreprise. Le chapitre 1 s'intéresse aux symptômes de la crise de sens au travers d'études menées en France et en Europe sur le thème « Les salariés ont-ils le moral ? ». Ces études, réalisées en 2004 et en 2005, ont été complétées par une revue de littérature d'auteurs qui met en alerte sur la gravité et l'urgence de l'environnement socio-économique français. Nous aborderons également dans ce chapitre les écrits de Weick sur la théorie du *sensemaking*, qui peut être une grille de lecture et de proposition au management du sens en entreprise. Ce livre n'est pas un essai théorique sur la théorie du *sensemaking*, mais un **ouvrage managérial qui traite de la perte de sens en entreprise et des moyens d'y remédier opérationnellement.** En complément, il est conseillé de lire deux ouvrages en français sur cette théorie[4]. Le chapitre 2 est une synthèse d'interviews et d'observations de 300 personnes dans une cinquantaine d'entreprises et administrations sur une période de 24 mois. Ce travail de terrain a consisté à comprendre les ressentis des salariés sur les questions suivantes : Avez-vous le sentiment d'une perte de sens dans votre travail ? Quels sont les facteurs explicatifs de cette perte de sens dans votre entreprise ? Comment se matérialise la perte de sens dans votre travail ? Le chapitre 3 est également une synthèse de pratiques observées en

---

2. Corinne Maier, *Bonjour Paresse*, éd. Michalon, 2003.
3. Joël Bakan, *Psychopathes & Cie : la soif pathologique de profit et de pouvoir*, éd. Transcontinental, 2004.
4. David Autissier et Faouzi Bensebaa (dir.), *Les défis du sensemaking en entreprise*, éd. Economica, 2006.
Bénedicte Vidaillet (dir.), *Le sens de l'action : Karl Weick sociopsychologie de l'organisation*, éd. Vuibert, 2003.

entreprise, en réponse à la question : « Que font les entreprises pour trouver des solutions à la perte de sens ? ». L'analyse des d'études macro-sociologiques, des interviews et des observations nous a permis de dresser un diagnostic de la perte de sens en entreprise de manière concrète et donc de se donner les moyens de proposer des explications et des solutions.

La partie 2 passe du constat à l'explication, en proposant trois modèles de l'engagement professionnel. Le chapitre 4 traite des mécanismes du désengagement et des crises pour expliciter les mécanismes de retrait et d'opposition d'un salarié. Le chapitre 5 s'intéresse davantage à l'individu et à ce qu'il recherche dans ses relations au travail. Dans ce chapitre, le modèle des trois Minimums (sécurité, reconnaissance, avenir) est décrit comme un ensemble de mécanismes explicatifs des comportements d'engagement ou de retrait en entreprise, mais également dans la société. Le chapitre 6 propose une modélisation du *sensemaking* en entreprise et par là même les composants de la construction de sens. Ce modèle dévoile 27 composants du sens en entreprise regroupés en trois items majeurs. Cette modélisation nous sert à la fois d'explication, de diagnostic et de guide pour l'action.

La partie 3 mobilise les modèles de la partie 2 pour penser et proposer des outils opérationnels. Le contenu des chapitres 7, 8 et 9 sont un ensemble d'outils de diagnostic, de plans d'action, de tableaux de bord et de pratiques RH innovantes. Le chapitre 7 présente trois outils pour diagnostiquer le niveau de sens dans une entreprise. Il s'agit du baromètre du *sensemaking*, du baromètre managérial et des enquêtes d'opinions. Le chapitre 8 propose une méthodologie de projet managérial *sensemaking* sous la forme de plans d'action organisés en grappe. Le chapitre 9 décrit comment les responsables des ressources humaines peuvent jouer un rôle de médiateur d'un projet managérial de *sensemaking*, au travers d'orientations telles que la Responsabilité Sociale des Entreprises (RSE), les codes de déontologie et le marketing social.

Cet ouvrage est un ensemble de constats, de réflexions et d'outils utilisables par tous les salariés pour comprendre et agir sur l'engagement. Le déploiement de l'ensemble de ces outils constitue la base d'un *sensemaking* concret. Il offre une alternative aux approches classiques des outils de gestion pour diagnostiquer, initier et favoriser la création du sens dans les relations de travail.

Au-delà, nous espérons contribuer au débat actuel sur les nécessaires changements sociaux dans l'espace économique français. Les discussions sur le volontarisme ou la déclinologie se posent sans doute au niveau macro-économique. Mais, c'est par les décisions stratégiques, d'organisation, de management ou de gestion des ressources humaines que les entreprises le traduisent concrètement pour les hommes et les femmes dans leur vie au travail. La responsabilité des dirigeants et des cadres est essentielle pour provoquer une prise de conscience et une adaptation des entreprises aux contraintes et aux opportunités du monde moderne, tout en respectant la dignité de l'homme. Le respect mutuel devient un enjeu majeur pour les années à venir.

Partie 1

La crise du sens en entreprise

« Leur stratégie, c'est objectif Lune sans la fusée. »
Un salarié anonyme

Chapitre 1

Des signes de perte de sens en entreprise

José Manuel Barroso, président de la Commission européenne, déclarait dans un discours devant l'Assemblée nationale le 24 janvier 2006 : « *Permettez-moi de vous dire, Mesdames, Messieurs les députés, qu'en lecteur attentif de la presse de votre pays, je lis ici ou là que la France serait atteinte d'un accès de mélancolie, voire d'un malaise. Je me demande si le pays de Molière ne céderait pas à la tentation du Malade Imaginaire ?* ». La France serait-elle en train de céder à une sinistrose généralisée qui lui ôterait le goût des projets et de l'avenir ? Cette perte de croyance en l'avenir, marquée par un repli sur soi, symbolisé au travers de l'élection présidentielle de 2002 (qui avait vu un candidat de l'extrême droite au second tour) et le vote massivement négatif au référendum de la constitution européenne est-elle justifiée ? Résulte-t-elle d'un syndrome « d'enfant gâté » qui refuse de voir le monde moderne, les évolutions et les changements nécessaires ? Ou bien, cette ambiance résulte-t-elle d'une perte de sens d'une société qui ne sait plus très bien où résident ses valeurs ? Comme le mentionne José Manuel Barroso, la France est peut-être un malade imaginaire qui préfère se flageller et tout critiquer au lieu de chercher à se moderniser. Serions-nous à ce point englués dans des conservatismes annihilant toute tentative de transformation ?

Le débat médiatique, initié par les « déclinologues », oublie simplement que les situations sont très contrastées et ne peuvent pas se résumer à croire que le pays est condamné au déclin. Il existe une France d'entrepreneurs, de multinationales et des PME innovantes. Ces entreprises ont depuis longtemps dépassé le cadre des frontières nationales et sont largement engagées dans la compétition mondiale. La « deuxième France », celle du repli sur soi, découvre en ce moment la concurrence internationale. Qu'il s'agisse de PME ou de grandes entreprises protégées, elles sont attaquées sur leurs marchés traditionnels. Pour ces acteurs économiques, l'adaptation des moyens et des structures à la nouvelle donne est souvent difficile. C'est dans cette catégorie que l'on trouve le plus de délocalisations, à cause d'un coût du travail trop élevé comparé aux pays émergents. Enfin, il y a une France « paumée » qui a le sentiment d'être agressée par l'extérieur et de ne plus bénéficier de la protection de l'État. Cette catégorie recouvre des acteurs économiques, mais aussi des salariés et des chômeurs qui perçoivent, souvent inconsciemment, que leur employabilité s'étiole.

Au-delà de cette typologie rapide, les situations et les comportements des acteurs de l'entreprise changent. On ne peut pas agir de la même manière vis-à-vis de chacune des trois situations évoquées ci-dessus. Toutefois, la problématique de la perte de sens des situations de travail traverse toutes les entreprises. Le diagnostic est donc similaire du point de vue des managers ou des salariés. Les réponses apportées doivent être adaptées au contexte de l'entreprise et à sa situation dans l'environnement international. Par exemple, le cadre d'Aventis, expatrié en Allemagne, victime de la fusion avec Sanofi, peut ne plus comprendre pourquoi il s'est tant investi depuis des années et nourrir le sentiment d'une trahison. La perte de sens au travail est immédiate. Mais, c'est encore plus difficile de gérer le salarié d'une concession automobile près de la frontière belge qui risque d'être licencié parce que les clients fidèles achètent leur voiture de l'autre côté de la frontière pour des raisons d'économie. C'est une perte de sens quant à son environnement d'action. Les constats sont les mêmes, le management de la situation sera différent.

Les actuels succès de librairie, en France, sont assez significatifs. On ne parle que de ce qui va mal. Comme s'il y avait une forme d'autodérision à dire « ça ne marchera jamais ici ! ». Les ouvrages de Nicolas Baverez et Jacques Marseille, sur la perte de vitesse de la France, alertent sur une situation qui se dégrade. Pendant ce temps, l'ouvrage de Corinne Maier[1] diabolise l'entreprise, le travail et remporte un succès imprévu auprès des salariés. Les études sur le moral des Français font très souvent apparaître une baisse significative des sentiments positifs. L'environnement « mondial et libéral » participe à cette perturbation déstabilisatrice de sens pour les individus. Dans ce débat, les peurs et les incompréhensions sont alimentées par un débat médiatique qui met en exergue des situations dramatiques. Petit à petit, la société se bloque. Les acteurs acceptent les changements ou les adaptations, à condition que cela ne change rien pour eux. Les dirigeants vantent les mérites de l'ouverture des frontières, mais se tournent encore vers les pouvoirs publics à la première difficulté. Comment un salarié peut-il comprendre ces attitudes contradictoires ? Comment accepter le discours : *« Défoncez-vous pour l'entreprise, mais s'il y a des difficultés économiques, vous serez les premiers virés »* ?

Le propos de cet ouvrage n'est pas de parler de la perte de sens dans la société mais dans les entreprises, même si ces deux sphères de la vie sont intimement liées. Les mouvements anti CPE, au printemps 2006, sont-ils la partie émergée d'un malaise des Français qui ne voient plus l'entreprise comme un lieu de socialisation, producteur de valeurs, mais une machine financière sans âme traitant les femmes et les hommes comme de vulgaires marchandises ou une ressource à exploiter ? Le contrat social qui lie les salariés aux entreprises est-il en train de se déliter ? L'entreprise est-elle responsable de tous les maux dont on l'accable ? La notion d'entreprise ne peut-elle être valorisée que d'un point de vue comptable ? Ou, au contraire, ne recouvre-t-elle pas des réalités invisibles très différentes ? Notre société est peut-être en attente d'autre chose et, comme le démontre Jeremy Rifkin[2], nous sommes peut-être dans un mouvement de « fin du travail » ?

La problématique du sens pose de nombreuses questions, tant sur nos aspirations que sur notre environnement et notre volonté de participer à sa construction. Y a-t-il oui ou non perte de sens en entreprise ? Nous essaierons d'y répondre tout au long de cet ouvrage, en tentant d'objectiver le constat au travers de quelques chiffres et de signaux sociétaux, véhiculés par la presse et les ouvrages récents sur le sujet. Nous aborderons également les travaux de Weick sur

----

1. *Ibid.*
2. Jeremy Rifkin, *La fin du travail*, éd. La Découverte, 2006.

la théorie du *sensemaking* pour comprendre la notion de sens dans le fonctionnement des organisations. Ce chercheur américain est essentiel pour analyser les situations d'entreprise, trop souvent qualifiées de désespérées.

Les salariés ont-ils le moral ?

La problématique de la perte de sens nous conduit d'abord à nous interroger sur le moral des salariés. Une des conséquences immédiates se repère dans la détérioration du climat social ou du moral des salariés au travail. L'une des manières de démontrer la perte de sens consiste à analyser la motivation, l'envie et l'appétence des salariés au travail. Pour répondre à la question « Les salariés ont-ils le moral ? », nous proposons une synthèse de quatre enquêtes menées en 2004 et en 2005 par Ipsos/Accor, la Cegos, la CGPME et Capgemini. Les salariés sont-ils aussi malheureux en entreprise que peuvent le laisser penser certains titres dans la presse ?

L'étude Ipsos/Accor : des différences européennes

En 2004[3], Accor Services (division du groupe Accor, en charge de l'amélioration de la performance humaine) a mené une enquête pour déterminer un baromètre de l'implication et du bien-être au travail. Réalisée sur une population française, cette étude a été reproduite en 2005, en y intégrant les salariés de différents pays européens (Allemagne, Grande-Bretagne, Italie, Espagne, France, Belgique, Suède et Hongrie) par une démarche de *benchmarking* et d'explications culturelles. L'enquête de 2005 a été menée auprès d'un échantillon représentatif (en termes d'emplois) de 10 288 personnes. Cette enquête interrogeait les salariés sur leur satisfaction et leur implication au travail et leurs attentes sur ces sujets.

Le premier résultat de cette enquête est de montrer qu'en Europe, les salariés sont plutôt heureux au travail. 37 % des personnes interrogées pensent qu'elles sont « *souvent* » heureuses au travail, 52 % de « *temps en temps* » et seulement 9 % déclarent « *ne jamais être heureux* ». Le contenu du travail et l'ambiance sont des critères sur lesquels les salariés déclarent leur satisfaction à 70 %, quels que

____

3. http://www.ipsos.fr/

soient les pays. En revanche, sur des critères tels que l'implication, l'accomplissement, la relation ou la fidélité à l'entreprise, l'homogénéité européenne n'est plus vérifiée et l'on peut voir se dessiner quatre profils types de salariés.

Le modèle suédois : une séparation entre la sphère professionnelle et la sphère privée

Les salariés suédois sont ceux qui se déclarent être les plus heureux au travail. 70 % des salariés interrogés affirment qu'ils ne sont pas sollicités « plus souvent » par leur travail, en dehors de leurs horaires professionnels. Ils déclarent qu'il existe un cloisonnement réel entre la vie personnelle et la vie professionnelle. Cet équilibre entre les sphères privée et professionnelle explique, en partie, la fidélité à l'entreprise : 70 % des salariés suédois déclarent n'avoir *« jamais songé à quitter leur entreprise »* récemment. Cependant, cet équilibre et cette fidélité ne sont pas des facteurs d'implication, car la Suède a le score le plus faible du panel pour l'accomplissement personnel au travail : 25 % des salariés déclarent « *ne jamais s'accomplir dans leur travail* ».

Le modèle allemand : la fidélité à l'entreprise contre la sécurité

Le modèle allemand se rapproche du suédois pour l'équilibre entre vie privée et vie professionnelle et la forte fidélité à l'entreprise. 71 % des salariés allemands déclarent n'avoir *« jamais songé à quitter leur entreprise »*. À la différence des Suédois, les Allemands sont les salariés les plus impliqués et les plus satisfaits de leur rémunération, du contenu de leur travail et des relations avec leur hiérarchie. Ils sont très sensibles à la notion de sécurité qu'ils attendent de leur entreprise.

Le modèle anglais : des salariés satisfaits mais attentifs aux opportunités

Pour 83 % des salariés anglais, la rémunération est citée comme ayant une influence *« essentielle ou très importante »* sur leur implication, soit pratiquement 20 points de plus que la moyenne du panel étudié. Le travail est vu comme une contrainte. 40 % affirment que le travail est une routine et que leur implication dépend des conditions de travail. Le salarié anglais se dit prêt à changer d'entreprise si les conditions proposées sont plus intéressantes ailleurs. 55 %, au lieu d'un tiers en Allemagne ou en Suède, déclarent ainsi songer à quitter leur entreprise et « *examinent avec attention les offres qui se présentent* » ou ont déjà planifié leur départ. Les salariés anglais sont parmi les plus satisfaits de leur environnement de travail, des relations avec leur hiérarchie et de la possibilité de se former.

▨ Le modèle français : des attentes fortes et une déception grandissante

Entre 2004 et 2005, le pourcentage de salariés français se déclarant « *souvent* » heureux au travail a baissé de 9 points passant de 49 % en 2004 à 40 % en 2005. 60 % des salariés interrogés affirment être de plus en plus sollicités par leur travail, en dehors des horaires professionnels. Ce taux élevé est supérieur de 12 points à la moyenne du panel européen et se retrouve également en Italie et en Espagne. Les Français sont aussi ceux qui déclarent le plus « *traiter des sujets personnels pendant leurs heures de travail* ». La notion de plaisir au travail est très importante et recherchée par les Français. À la différence des Allemands qui évoquent plus spontanément la sécurité pour illustrer le sens au travail, 42 % des salariés français pensent qu'ils s'accomplissent au travail alors que la moyenne européenne n'est que de 30 %. Cependant, les Français apparaissent frustrés. Ils manifestent une forte attente vis-à-vis de leur entreprise. Elle ne leur apporterait pas de réponses satisfaisantes en termes de rémunération et de réalisation de leur projet professionnel. Ils sont très sensibles aux conditions et à l'ambiance sur le lieu de travail. Ils désirent quitter leur entreprise, mais ne le font pas par peur ou à cause du marché de l'emploi peu flexible. Une forte attente et une déception grandissante pourraient résumer cette enquête pour les salariés français.

L'enquête Cegos : un climat social contrasté

L'observatoire de la Cegos[4] a réalisé en 2004 une enquête sur le climat social et les relations sociales dans les entreprises françaises. Cette enquête a été conduite auprès de 130 responsables des ressources humaines et de 3 200 salariés.

88 % des DRH considèrent les relations sociales comme globalement satisfaisantes dans leur entreprise. Les salariés n'ont pas le

---

4. http://www.cegos.com/fr/

même optimisme et ne sont que 63 % à penser la même chose. Autre chiffre, quelque peu alarmant, 35 % des salariés pensent que leur direction cherche à améliorer le dialogue social. 56 % des salariés ont une opinion positive du climat social dans leur entreprise. Les points forts de la satisfaction au travail sont le climat (69 % d'opinions positives), les relations avec les collègues (63 % d'opinions positives) et le contenu au travail (62 % d'opinions positives). 79 % des personnes interrogées ont répondu positivement à « *je me sens bien intégré dans mon entreprise* ».

En parallèle de ce constat de satisfaction, l'enquête révèle pourtant une fracture très nette entre les salariés et la direction de l'entreprise. Seulement 30 % des salariés pensent que la dimension humaine est prise en compte dans les décisions stratégiques. Moins de la moitié des salariés, 44 %, pensent que « *les actions des dirigeants sont cohérentes avec les orientations stratégiques prises* ». Enfin, l'élément sur lequel la satisfaction est la plus faible est le salaire : 75 % pensent que les rémunérations sont inéquitables au même niveau de contribution.

L'enquête Cegos met en avant une fracture grandissante entre les salariés et leur management, en particulier vis-à-vis de leur direction. Beaucoup d'entreprises ne réalisent pas d'enquête de climat social. Seuls 28 % des DRH interrogés réalisent des enquêtes sociales dans leur entreprise. Espérons que les trois quarts restants n'aggravent pas les résultats de cette enquête.

L'enquête Ipsos/CGPME : les PME ont une bonne image

Cette enquête a été réalisée par Ipsos pour le compte de la CGPME[5] en février 2006, auprès d'un échantillon de 1 010 personnes. Pour 76 % des Français, les petites entreprises ont une bonne image. Ce taux est en revanche beaucoup plus faible pour les grandes entreprises : 49 % d'opinions positives pour les grandes entreprises et seulement 31 % pour les multinationales. Cette tendance est accentuée quand on évoque les chefs d'entreprise. Les patrons des grandes entreprises ont une image négative pour 52 % des sondés. Le résultat est de 66 % pour les dirigeants des multinationales.

---

5. http://www.cgpme.fr

L'étude Capgemini : à l'écoute des Français au travail

Réalisée par TNS Sofres au second semestre 2004, cette enquête intitulée « *À l'écoute des Français au travail* »[6] a été publiée en avril 2005. Elle nous apporte des éléments chiffrés sur la perception du travail par les salariés. 40 % des salariés pensent qu'ils sont perdants entre « *ce qu'ils apportent à l'entreprise et ce qu'ils perçoivent en retour* ». Alors que 77 % des Chinois et 45 % des Américains croient que « *le monde va dans la bonne direction* ». Seulement 15 % des Français le pensent. Ce pessimisme se retrouve également dans la confiance que les salariés expriment à l'égard de leurs dirigeants. En 1997, 37 % des Français faisaient confiance à leurs chefs d'entreprise, contre 21 % en 2005. L'étude montre que la désillusion est forte chez les quadras (40-50 ans). Ils sont 46 % à avoir l'impression que leur situation se dégrade (contre 40 % en moyenne). Un sur trois estime avoir un rôle à jouer dans les changements, contre un sur deux pour les moins de 40 ans. Dans ce panorama, la fonction publique apparaît sinistrée avec seulement 5 % des salariés qui estiment que leurs mérites seront reconnus et récompensés. Pour les salariés des grandes entreprises privées, ce chiffre est de 21 %.

État des lieux bibliographique

Dans un ouvrage de 2005, Christophe Lambert[7] faisait état de blocages sociaux. Les Français auraient peur de perdre leurs acquis, d'affronter le monde et de ne plus être en situation de force dans de nombreux domaines. Selon l'auteur, cette situation de peur les conduirait à devenir plus individualistes (chacun pour soi), à rejeter tout changement et à opter pour des comportements de repli sécuritaire. La situation serait-elle aussi catastrophique que le laisse transparaître ce type d'ouvrage ? Y aurait-il un tel blocage au changement dans notre pays, comme peut le laisser supposer un courant d'auteurs que certains nomment « *les alerteurs* » ou parfois « *les déclinologues* ».

---

6. http://www.fr.capgemini.com
7. Christophe Lambert, *La société de la Peur*, éd. Plon, 2005.

▦ Nicolas Baverez : la fin est proche

Nicolas Baverez a été l'un des premiers auteurs à dire qu'il y avait un problème fondamental en France. À cause de l'enfermement dans nos modes de pensée et de fonctionnement, nous étions en train de sortir du jeu mondial et de nous paupériser. Dans son dernier ouvrage[8], Baverez présente une série de textes pour mieux appréhender les enjeux actuels, auxquels la France doit faire face pour continuer à exister en tant que grande puissance. Dans un autre ouvrage[9], l'auteur est moins prospectif et fait un état des lieux clinique des faiblesses du pays.

▦ Jacques Marseille : la guerre des deux France, celle qui avance et celle qui freine

Dans ses ouvrages[10], Jacques Marseille utilise des séries statistiques sur des périodes de 30 ans pour tenter d'expliquer le sentiment de malaise qui déprime la société française. En précisant que les Français sont des experts de l'autoflagellation et préfèrent regarder ce qui va mal plutôt que ce qui va bien. Il met en avant la thèse selon laquelle il y aurait une France rétrograde qui refuse le changement et reste derrière des acquis qui ne sont plus que des privilèges et une France de la modernité qui prend des risques. *« Et l'exception française, ce n'est rien d'autre, au fond, qu'une France "du front" qui doit supporter le conservatisme d'une France "de l'arrière". »* Ce sentiment d'entre-deux divise et perturbe les Français qui ne sauraient plus ce qui est juste et ce pourquoi il est important de s'investir. Dans son dernier ouvrage[11], il retrace l'histoire des guerre civiles et les modalités par lesquelles la France a évolué par rupture dans le temps. Peut-être est-ce le moment d'une nouvelle rupture ?

▦ Corinne Maier : le révélateur d'un sentiment partagé

Lorsque Corinne Maier[12] a publié *Bonjour Paresse*, peut-être ne pensait-elle pas répondre aux attentes latentes de nombreux lecteurs. Le succès de l'ouvrage montre que les salariés avaient envie

---

8. Nicolas Baverez, *Vieux Pays, siècle jeune, La France et Le monde 2001-2005*, éd. Perrin, 2006.
9. Nicolas Baverez, *La France qui tombe*, éd. Perrin, 2004.
10. Jacques Marseille, *La guerre des deux France*, éd. Perrin, 2003 ; *Le grand gaspillage*, éd. Perrin, 2004.
11. Jacques Marseille, *Du bon usage de la guerre civile en France*, éd. Perrin, 2006.
12. *Ibid.*

d'entendre un autre discours sur le monde de l'entreprise que celui de la performance financière. Sans être révolutionnaire, mais juste ce qu'il faut d'impertinent, l'ouvrage met en scène le ressenti d'une salariée sur le fait qu'elle ne croit plus aux arguments convenus sur la figure d'un manager omniscient. Elle crie son envie d'autre chose et cherche à faire tomber la façade bâtie sur l'obéissance hiérarchique, la primauté de la performance, la moralité de l'engagement et l'obligation du changement. En rupture avec tous les livres actuels de management qui prônent les notions de performance, de réactivité et de clients. Ce livre ouvre un débat intéressant sur la motivation au travail. L'auteur met en avant la notion de rupture entre la classe dirigeante et les salariés, qui ne comprennent plus ce qu'on attend d'eux dans un contexte où ils ont l'impression de ne plus être qu'une variable d'ajustement aux stratégies personnelles de quelques privilégiés. Mais la position quelque peu dogmatique de Maier sur l'anti-travail, n'est plus une critique du système entreprise, mais un manque de respect des travailleurs. Ceux qu'elle prétend défendre.

■ François Dupuy : la fatigue des élites

Dans son ouvrage[13], François Dupuy traite de la rupture d'une catégorie de salariés : *« Les cadres vivent de plus en plus difficilement leurs situations quotidiennes au travail, ne s'identifient plus aussi facilement au destin de leur firme, cherchent à se dérober aux pressions croissantes de leur environnement, voire adhèrent aux critiques les plus frontales du nouvel ordre économique qu'ils ont vu se mettre en place dans les années 1990 et dont le client et l'actionnaire tiennent le haut bout. Bref, ils commencent à jouer "contre", eux, dont on croyait jusque-là qu'ils joueraient toujours "avec". »* Victimes du volontarisme des dirigeants qui accentuent leur pression décisionnelle sans se soucier du « comment » et des revendications plus fortes en termes de rétributions sociales et financières de la base, les cadres ont un sentiment de perte d'identité, de manipulation et d'absence de lisibilité. Selon Robert Castel[14], pour les cadres et l'ensemble des salariés, le travail n'a pas perdu son importance mais sa consistance.

---

13. François Dupuy, *La fatigue des élites*, éd. du Seuil, p. 5, 2005.
14. Robert Castel, *L'insécurité sociale, Qu'est-ce qu'être protégé ?*, éd. du Seuil, 2003.

▩ Henry Mintzberg : des vrais managers

Dans son dernier ouvrage[15], Mintzberg critique les méthodes de management actuelles et leur système de formation. Il fait état de nombreuses études montrant que les enseignements des MBA sont trop théoriques et très peu utilisés en entreprise. Centrés sur le client et l'actionnaire, les enseignements et donc les pratiques des futurs managers ont oublié la dimension humaine de l'entreprise. Les managers, trop focalisés sur la prise de décision, omettent de s'intéresser à la mise en application des décisions. Ce mode de fonctionnement, qu'il qualifie de « *Lean and Mean* » (maigre et avare), conduit à une grave crise de perte de sens pour les salariés pouvant conduire à des phénomènes de retrait et d'opposition. Pour illustrer ce propos, il cite une étude faite par le journal *Fortune* du 4 février 2002 sur les entreprises considérées comme offrant les meilleures conditions de travail. Réalisée auprès des salariés, cette enquête montre qu'aucune entreprise cotée à la bourse de New York apparaissait bien placée. Toutes les entreprises citées étaient des moyennes organisations. Le seul nom connu était Cisco qui était à la 15e place. Y aurait-il un lien inversement proportionnel entre le degré capitalistique de l'entreprise et la satisfaction des salariés ?

▩ Jeremy Rifkin : serait-ce la fin du travail ?

Dans son ouvrage[16], Jeremy Rifkin nous invite à une réflexion historique sur la relation au travail. En prenant les grandes vagues de licenciements, il s'interroge sur l'avenir du travail industriel en mode salariat tel qu'on le vit actuellement : « *Depuis ses débuts, la civilisation s'est largement structurée autour du concept de travail. Du chasseur-cueilleur paléolithique au cultivateur néolithique, de l'artisan médiéval au travailleur à la chaîne contemporain, le travail a toujours été présent dans la vie quotidienne. Aujourd'hui, pour la première fois, il est systématiquement éliminé, sous sa forme humaine du processus de production. En moins d'un siècle, les "masses ouvrières" du secteur marchand seront vraisemblablement évacuées de la quasi-totalité des pays industrialisés du monde. Une nouvelle génération de technologies de l'information et de la communication déferle sur la plupart des branches d'activité. Des machines intelligentes remplacent les êtres humains dans*

---

15. Henry Mintzberg, *Des Managers des vrais pas des MBA*, Éditions d'Organisation, 2005.
16. Jeremy Rifkin, *ibid.*, p. 21.

un nombre infini de tâches, rejetant des millions de cols blancs ou bleus dans les rangs des sans-emploi ou vers les soupes populaires. »

Selon l'auteur, les entreprises auraient investi plus de 1 000 milliards de dollars en automatisation et en informatisation au cours des années 1980. Ces investissements n'ont pas eu de retours immédiats sur les résultats comme le mentionne le paradoxe de Solow. Les investissements dans les technologies de l'informatisation nécessitent de revoir les organisations et les fonctionnements pour que ces nouvelles technologies soient utilisées au mieux de leurs fonctionnalités. Ce qui explique la vague de réingeniering des années 1990 dont l'objectif était de repenser les organisations avec ces nouvelles technologies. Michael Hammer[17], l'un des tenants de ce mouvement et professeur au MIT affirme que le réingeniering entraîne en moyenne la suppression de 40 % des emplois et que cela peut aller jusqu'à 75 %. Hammer estime même que 80 % des cadres moyens sont susceptibles de voir leur poste disparaître. À titre d'exemple, l'auteur cite Asea Brown Boveri (ABB), qui a reconfiguré en 1994 son organisation en éliminant 50 000 emplois et en augmentant son chiffre d'affaires de 60 %.

Rifkin nous invite à repenser le travail et son organisation dans nos sociétés. Il préconise également la création d'un quatrième secteur constitué d'organisations hybrides entre les secteurs public et privé (associations et petites entreprises) qui assumeront des activités sociales, d'accueil, de formation et autres services de proximité individuels qui pourront donner du travail à un plus grand nombre, mais également instaurer d'autres modes de fonctionnement que ceux purement orientés vers la satisfaction de l'actionnaire.

La théorie du *sensemaking*

Des salariés qui perdent leurs repères, un marché de l'emploi menacé et des discours alarmistes constituent un panorama peu réjouissant du travail en France. Dans ces conditions, le seul mot d'ordre que nous pouvons avancer comme solution, c'est la volonté d'innovation sociale et organisationnelle. Il s'agit de mettre tous les salariés en situation de créer et de réinventer la production et le manage-

---

17. « Stresses job innovation », *Washington Post*, 21 juillet 1993, p. D5 ; « A rage to Re-engineer », *Washinghton Post*, 25 juillet 1993, p. H1.

ment au quotidien. Dans cet ouvrage, nous traitons de l'innovation managériale afin de mettre en œuvre des dispositifs de management pour que les salariés trouvent et créent du sens dans leur relation de travail. Cette notion de sens est très ancienne dans les domaines philosophique et politique, mais sa faible traduction concrète dans les situations professionnelles l'avait écartée des débats sur le management. Aucune instrumentation et aucun outil ne sont venus alimenter la réflexion sur la direction des entreprises.

L'auteur qui a le plus fait pour la formalisation de la notion de sens dans le domaine du management est Karl Emmanuel Weick, qui a façonné, au travers de ses écrits[18], la théorie du *sensemaking* et proposé un nouveau paradigme pour expliquer le fonctionnement des organisations.

Karl Emmanuel Weick, ou la construction du sens dans l'action

Le sens n'est pas construit avant l'action mais pendant l'action. Karl Emmanuel Weick se situe comme un auteur constructiviste pour qui l'individu est projeté dans ses activités, de manière plus ou moins consciente et volontaire, au gré des interactions qu'il se crée avec les autres. C'est au cours de ces échanges qu'il réalise ses actions et construit du sens. Par exemple, vous arrivez au bureau et l'on vous demande de retravailler sur un dossier. Vous entrez en interaction avec un ou plusieurs collègues et cet échange va simultanément vous projeter dans une action d'analyse, donner des éclairages nouveaux sur une réalité connue et vous permettre d'expérimenter de nouvelles opportunités intellectuelles et relationnelles. En projetant l'individu dans l'action, les interactions deviennent un lieu d'expérimentation par lequel l'acteur trouvera des éléments créateurs de sens qui justifieront son engagement. Ce qui signifie qu'il ne faut pas que l'individu attende du système entreprise un sens préétabli, mais qu'il s'engage dans un processus interactionnel pour construire simultanément une dynamique d'action et de sens. L'entreprise ne fournit naturellement pas ce sens, qui doit être construit individuellement, mais apporte un environnement de travail qui favorisera cette construction.

---

18. Karl E. Weick, *The Social Psychology of Organizing.* Reading, MA, Addison-Wesley, 1979 ; *Sensemaking in Organizations*, Thousand Oaks, Sage, 1995.

La création du sens comme capacité de résilience

Ce processus d'expérimentation met les individus en situation d'apprendre de nouveaux modes d'action afin de renforcer la résilience d'une entreprise, c'est-à-dire sa capacité à résister aux imprévus. Pour expliquer la création de sens, Weick s'est intéressé aux situations de catastrophes en étudiant, entre autres, l'accident de *Challenger* et l'accident mortel d'une équipe de pompiers lors d'une intervention. Dans ces travaux, il a recherché ce qui bloque un fonctionnement et peut conduire à une catastrophe. Dans son article[19] sur la catastrophe des pompiers de Mann Gulch, il s'intéresse aux conditions et situations qui conduisent à la perte de sens et montre comment des pompiers, confrontés à une situation nouvelle et imprévue, vont paniquer et perdre tous les repères leur permettant de se coordonner et de réaliser leurs actes de production. Qu'est-ce qui explique, à un moment donné, que la « machine » se bloque de telle manière que l'action devienne impossible ? Comment se déploie un processus de destruction de l'intégrité organisationnelle ou physique d'un groupe ? La catastrophe de Mann Gulch peut être considérée comme une situation nouvelle, voire imprévue, pour certaines catégories d'acteurs pour lesquels la « *représentation rationnelle* » de l'environnement s'effondre. L'incapacité de l'organisation à expliquer et gérer l'événement conduit ses principaux participants à se replier sur eux-mêmes et à envisager leur survie individuelle au détriment de l'intérêt collectif. Il constitue pourtant le meilleur moyen de construire un sens nouveau, d'où émergeront des solutions innovantes. La problématique des entreprises face au changement consiste alors à éviter qu'il ne se transforme en épisode cosmologique[20] : « *Un épisode cosmologique se produit quand les gens ressentent soudainement et profondément que l'univers n'est plus un système rationnel et ordonné. Ce qui rend un tel épisode si dramatique, c'est que le sens de ce qui se passe s'effondre en même temps que les moyens de le reconstruire.* »

---

19. Karl E. Weick, « The Collapse of Sense-making in Organizations : The Mann Gulch Disaster », *Administrative Science Quarterly*, 38(December), p.p. 628-653, 1993.
20. Karl E. Weick, B. Vidaillet (dir.), *Le sens de l'action*, trad. Laroche, éd. Vuibert, p. 65, 2003.

Pour que le changement ne conduise pas à un effondrement de sens, il faut alors s'assurer que des moyens permettant de le reconstruire sont toujours opérationnels (principe de la résilience des organisations). Weick[21] identifie quatre sources de résilience des organisations :

- *« l'improvisation et le bricolage : ne pas se replier sur les réponses habituelles même sous la pression ;*
- *les systèmes de rôles virtuels : le système de rôle, même lorsqu'il n'est plus opérationnel dans la réalité, demeure intact dans l'esprit des individus ;*
- *la sagesse comme attitude : savoir être curieux, ouvert, aborder de nouveaux domaines complexes, savoir douter de ses connaissances ;*
- *et l'interaction respectueuse : la confiance, l'honnêteté et le respect de soi. »*

Pour Weick, ces pistes d'action sont réelles et opérationnelles, si l'organisation offre à ses salariés les trois sources de sens que sont la stratégie, la culture et la structure.

Les sources de sens : stratégie, culture et structure

La culture est prise au sens de « valeurs reconnues » comme étant celles de l'institution, que l'on partage et auxquelles on adhère. La culture produit des repères idéologiques, philosophiques ou de valorisation sociale : *« Je suis dans une entreprise humaniste, internationale, coopérative... »*.

La stratégie est un discours prévisionnel qui conditionne les contrats de chacun. Elle apporte une lisibilité sur les décisions, mais également sur la contribution des acteurs qui participent au système d'action collectif. Comme l'illustre Weick[22], avec l'anecdote des militaires qui utilisent une carte des Pyrénées pour se diriger dans les Alpes, les individus ont besoin de visualiser le chemin qui va leur permettre de réaliser les objectifs qu'ils se sont fixés. La visualisation de ce chemin leur donne les clés pour les accomplir et l'engagement nécessaire pour lequel ils sollicitent des rétributions.

La structure est un concept très difficile à préciser et à mobiliser en science de gestion. Weick parle plus volontiers de processus de

---

21. Karl E. Weick, B. Vidaillet (dir.), *ibid.*, p.p. 70-76.
22. Karl E. Weick, « Subsitutes for corporate strategy », in D. J. Teece (dir.), *The Competitive Challenge*, p.p. 221-233, Cambridge, Ballinger, 1987.

structuration que de structure. Ranson, Hining et Greenwood[23] définissent la notion de structuration par la mise en relation de deux figures : les structures formelle et informelle. La structure formelle est un cadre qui valide, codifie et institutionnalise les rôles, règles, procédures, activités configurées et relations d'autorité donnant les clés de la signification. La structure informelle est la capacité de la structure formelle à créer les occasions d'interaction au cours desquelles les individus échangent et créent un sens partagé.

Et le management dans tout cela ?

Est-il simplement un ensemble de dispositifs normatifs de contrôle *a posteriori* ou bien un mode d'actions relationnel qui cherche à construire du sens en fonction des attentes des individus et des ressources de l'entreprise pour favoriser leur engagement dans le travail ? Sans passer à un management individualisé, trop coûteux à mettre en place, n'y a-t-il pas une autre manière de piloter une activité que de jouer sur les sanctions et les récompenses ?

C'est l'objectif de cet ouvrage que de puiser dans le paradigme du *sensemaking* pour proposer un management innovant, en réponse aux attentes de sens de la plupart des salariés.

23. S. Ranson, B. Hinning, R. Greenwood, « The Structuring of organizational structures », *Administrative Science quartely*, vol. 25, n° 1, p.p. 1-17, 1980.

Chapitre 2

Le vécu des salariés

Quand vous rencontrez un collègue dans un couloir de l'entreprise et que vous lui demandez comment il va, vous avez une très forte probabilité d'avoir une réponse du type : « *Je suis débordé, je suis stressé, j'en ai marre de ce fonctionnement où il faut tout faire dans l'urgence sans avoir un merci.* »

Pourquoi très peu de gens vous disent : « *Je suis heureux, tout va bien, c'est super* ». Cet excès de pessimisme est-il réel ou surévalué ? Est-ce une manière de conjurer le sort ? Est-ce une rémanence de notre culture chrétienne ou faut-il montrer qu'on souffre pour avoir le droit d'être heureux ? Y a-t-il une telle dégradation des conditions de travail ? Quels seraient les facteurs de ce pessimisme et du stress qui lui est très souvent associé ? Une cadre dans une grande entreprise française nous a confié : « *Je n'ai plus la "niac", on est en permanence stressé pour sortir des documents qui ne seront jamais lus. Notre chef reste jusqu'à des heures impossibles pour nous faire culpabiliser. Quand quelqu'un essaie d'être gentil, c'est parce qu'il a fait un stage de développement personnel et que c'est inscrit sur sa liste mais pas parce qu'il le désire réellement ou qu'il a envie de nous faire plaisir.* » L'une des phrases qui revient le plus souvent est : « *On n'y croit plus* », comme s'il y avait eu un cataclysme nous faisant douter de l'équilibre social pour lequel nous œuvrons au quotidien. Pour reprendre l'expression d'un cadre d'une grande banque : « *Je n'ai pas l'impression de partager quelque chose mais simplement d'être un numéro* ».

Un sentiment de frustration et d'épuisement naissant

Ce constat de délitement et de dégradation du sens se retrouve également chez les cadres qui ne savent plus comment concilier la dimension humaine de leur travail avec les exigences de performance financière et de réactivité commerciale. Plongés dans un tourbillon de nouveautés, ils ont du mal à prendre suffisamment de temps pour bien faire et s'occuper à leur juste valeur des personnes qui travaillent avec eux. Sans toujours savoir comment répondre à la demande de reconnaissance tant attendue, ils ne savent plus comment motiver leurs troupes. Ce mode de fonctionnement les conduit souvent à une dévalorisation de leur fonction qui peut se traduire par des situations de stress et d'épuisement professionnel. Beaucoup de salariés ne comprennent plus vraiment l'environnement de travail dans lequel ils agissent au quotidien. Le périmètre de l'entreprise change au rythme des achats, des fusions ou des cessions. La performance s'évalue selon des critères complexes et parfois par des acteurs externes, les agences de notation financière par exemple. Les équipes de travail changent en permanence. On demande aux salariés de travailler en management de projet, d'être flexible, de garantir une performance et un niveau de compétences sans cesse supérieur. Le management dit « moderne » tente de rendre les salariés performants à 120 % tout le temps. Mais aucun être humain ne peut travailler en situation de suractivité permanente. À un moment ou à un autre, le désengagement, le stress ou la maladie deviennent la seule réponse possible.

Les quatre mondes du tableau ci-dessous résument la plupart des attentes des salariés. La perte de sens est une perte de référence à l'un ou l'autre de ces univers.

Les quatre mondes de la création de sens	
1. La participation à un projet : réalisation de projets individuels et collectifs.	**2.** La solidarité et la coopération dans le groupe : plaisir d'être ensemble dans le groupe social proche.
3. La professionnalisation et le métier : se doter de compétences reconnues.	**4.** Le sentiment d'appartenance à l'entreprise : intégration à une communauté.

Sans sombrer dans le catastrophisme et en essayant de traiter de manière objective une situation, nous avons, pendant 24 mois, observé et interrogé quelque 300 personnes pour étudier au jour le jour, dans une cinquantaine d'entreprises et d'administrations, les réactions des salariés. Le constat est un mélange de défaitisme, de colère et, en même temps, de l'espoir qu'ils expriment.

La dégradation du sens varie en fonction des situations de travail

Les personnes interviewées font le constat d'une perte de sens dans les relations de travail, tout en précisant qu'il n'y a pas un effondrement mais plutôt une lente dégradation de leur quotidien dans l'entreprise. Les salariés ont l'impression de travailler dans un environnement qui se dégrade et où ce qui faisait sens pour eux se délite, sous la pression de différents facteurs que nous allons détailler ici.

Le constat est plutôt un message d'alerte qui invite les dirigeants à la réflexion pour tenter d'y apporter des solutions. La relation entre l'entreprise et le salarié a été profondément transformée ces dernières années : la mondialisation, la concentration, la vitesse du changement entraînent une nécessaire « variable d'ajustement ». Les responsables d'entreprise ont trop rapidement joué sur les effectifs pour s'adapter à ce nouvel environnement, sous peine de voir disparaître leurs organisations s'ils n'ajustaient pas leurs structures à ces nouveaux défis. Ce discours rationnel et justifié n'est pas compris, encore moins admis, par les salariés.

Une autre vision du travail pour les salariés

Dans les discussions informelles sur l'activité professionnelle, chacun peut constater les profonds changements de l'entreprise. Le sens du travail a évolué. Faire carrière aujourd'hui, c'est savoir saisir les opportunités, changer d'entreprise tous les ans ou tous les deux ans. Autrement dit, l'aventure professionnelle devient individuelle plus que collective. Le sentiment d'appartenance à l'entreprise ne dure pas. On imagine son avenir professionnel dans cette organisation seulement si elle offre une progression rapide. Si une opportunité se présente, les salariés, en particulier les jeunes, la saisiront sans état d'âme. Les arbitrages entre les vies personnelle et professionnelle sont vécus comme un choix et non plus comme une contrainte. Cette situation est le résultat, d'une part, du mouvement du cocooning et du new age, amorcé dans les années 1980, et, d'autre part, du fait que beaucoup d'entreprises ont considéré les hommes comme la variable d'ajustement aux contraintes économiques. Au final, c'est à l'entreprise de redonner du sens au travail, si elle ne veut pas perdre ses compétences et constater une perte de productivité. Les salariés ne demandent qu'à comprendre à nouveau pourquoi ils travaillent.

Les interviews réalisées confirment également la lente dégradation dans les relations de travail. La perte de sens conduit à un moindre engagement de la part des salariés dans leur environnement de travail ou à un engagement différent de celui des précédentes générations. L'attachement à l'entreprise dans une relation à long terme, comme dans le modèle japonais, a tendance à devenir une relation de court terme dans laquelle le salarié tente de préserver un équilibre entre sa vie professionnelle et sa vie personnelle. L'entreprise est alors davantage perçue comme un portefeuille de ressources alimentant un processus d'apprentissage ou d'évolution individuel, plutôt que le lieu de la création d'une identité professionnelle durable.

« Il y a une distanciation du lien avec l'entreprise. Vous passez quelqu'un directeur, il vous dit merci et vous demande d'exercer cette nouvelle fonction au 4/5 avec une voiture de fonction et des indemnités pour un plein temps. Cela ne le dérange pas. Nous avons eu récemment le cas d'un chef de groupe marketing qui nous a dit "je pars faire le tour du monde en bateau pendant 10 mois" alors qu'il venait d'être nommé. Il y a une revendication à la liberté individuelle. » (DRH, agro-alimentaire)

Cet extrait d'interview montre que certains salariés n'hésitent plus à « exiger » de leur entreprise une reconnaissance de leur projet personnel et du respect de leurs propres désirs. Le temps du sacrifice pour sa carrière n'est plus. Cela ne traduit pas un désintérêt pour le travail, mais le sentiment que l'équilibre entre travail et plaisir est l'une des conditions de la réalisation de soi. Il peut exister des moments où le salarié privilégie sa vie personnelle, sans renoncer à ses ambitions professionnelles.

« L'investissement, on le recherche ailleurs. Avant, c'était dans l'entreprise, maintenant les gens cherchent le sens ailleurs : les enfants, les loisirs, les associations, etc. C'est également l'effet induit des 35 heures : je donne X heures à l'entreprise et pas plus. Aujourd'hui, les gens comptent beaucoup plus leurs heures. » (DRH, entreprise publique)

D'autres salariés considèrent le travail comme un moyen et non plus comme une fin. Bien sûr, en France, les 35 heures ont accéléré ce mouvement. Les entreprises doivent reconstruire une relation saine avec leurs salariés. La productivité ne dépend plus du temps de présence. La volonté de marquer une frontière nette montre une forme de désengagement.

La perte de sens varie en fonction de la place dans l'organisation

Cette perte de sens change en fonction des conditions dans l'entreprise et des groupes sociaux en présence. Une situation de travail se définit comme un ensemble de transactions et de relations réalisées dans un but déterminé. La réalisation d'une mission avec ses collègues ou la conclusion d'une affaire avec un client pourra avoir du sens pour des salariés. Mais, deux heures plus tard, une réunion avec la direction générale, au cours de laquelle elle présentera une énième réorganisation, œuvrera en sens inverse. Il est alors possible de se demander si les oscillations de situations de création et de perte de sens ne conduisent pas, au final, à des formes de dégradation des environnements professionnels qui engendrent une perte de sens de plus en plus durable.

Au niveau des groupes, les deux extrêmes dans la chaîne décisionnelle, direction et opérationnels, sont moins touchés par la dégradation du sens que les cadres intermédiaires. Les directeurs sont moins affectés car, à travers la définition de stratégies, ils donnent du sens à leur engagement dans l'entreprise. Pour les opérationnels, la relation qu'ils entretiennent avec la production ou le client crée une proximité qui donne du sens à leur travail. Dans les deux cas, ils ont le sentiment de matérialiser les résultats de leur activité.

« Les collaborateurs s'impliquent car la force de cette entreprise, c'est une cohésion au niveau des équipes et des gens qui ont une conscience professionnelle. Il existe un esprit d'équipe une sorte de dévotion au client. » (chef d'équipe, PME)

Ce genre de discours, fréquent dans l'entreprise, résulte d'une configuration particulière : lorsque les parties prenantes de l'entreprise trouvent un équilibre entre les contraintes de rentabilité à court terme et l'investissement immatériel à long terme.

> *« La perte de sens concerne toutes les catégories, mais c'est moins important pour les ouvriers car on peut avoir des projets locaux, une fierté d'appartenance à la production d'un produit. »* (DRH, industrie)

Les discours sur la perte de sens suivent souvent une période de changements ou de restructuration, lorsqu'on a oublié dans la reconfiguration qu'il fallait que les salariés comprennent l'environnement dans lequel ils travaillent.

Les managers intermédiaires à la recherche de sens

Les plus concernés par la perte de sens sont donc les managers intermédiaires qui n'ont ni le contact direct avec le produit ou le client, ni les prérogatives pour définir la stratégie. Ils doivent appliquer des directives dont les difficultés opérationnelles créent des situations de flou et d'incertitude qui rendent leur management complexe. Les changements fréquents d'organisation et d'équipe impliquent un management plus adaptatif. Or, le sens au travail se construit aussi dans les relations interpersonnelles nouées sur le lieu de travail. Aucun salarié n'est simplement le titre qu'il porte sur sa carte de visite. Les relations humaines se construisent dans la durée. C'est le rôle de l'encadrement intermédiaire de créer un climat favorable. Le manager opérationnel ne parvient plus à exercer cette prérogative dans un univers en perpétuel reconfiguration et dans un système entreprise dans lequel une part de son autonomie a disparu.

Beaucoup de cadres se démotivent, tout simplement, parce qu'ils ont le sentiment de perdre la maîtrise de leur environnement de travail. Ils remettent alors en cause le sens de leurs actions et se sentent déconsidérés. Il ne faut pas s'étonner alors d'une diminution très forte du sentiment de fidélité chez les cadres, en particulier chez les jeunes diplômés, et donc du raisonnement opportuniste évoqué précédemment.

> *« Nous les managers, on nous demande de faire accepter l'inacceptable ou des choses contraignantes pour le client et les salariés au nom de stratégies qui apparaissent plus comme des discours généraux que des orientations opérationnelles. »* (chef d'équipe, informatique)

Les choix stratégiques ne sont plus immédiatement compréhensibles par les acteurs en contact avec les clients ou les produits. Ce salarié l'exprime clairement. L'éloignement des directions générales renforcent souvent ce sentiment de généralité.

> *« Ceux qui prennent conscience des changements sont les stratèges et les personnes de terrain (en relation avec les clients et/ou l'exigence de production). Au milieu, c'est variable en fonction du potentiel managérial des cadres. Ils sont au milieu de la vague montante et descendante, soit ils surfent sur ces dernières, soit ils attendent que le mouvement se stabilise avant de s'investir. »* (directeur de projet, énergie).

La complexité et l'instabilité des structures placent de nombreux salariés de l'encadrement intermédiaire dans une situation ambiguë : la responsabilité de la stratégie concrète sans la maîtrise, la nécessité de motiver les collaborateurs sans les moyens.

> *« Pour les cadres en dessous de la direction et au-dessus des agents de maîtrise : ils ne cherchent plus dans le travail un sens à leur vie. Ils ont une identité en étant père de famille, propriétaire d'un appartement à Paris, etc. »* (DRH, agro-alimentaire).

Doucement mais sûrement, beaucoup de salariés se réalisent en dehors de l'espace de travail car ils ont le sentiment que leur vie professionnelle est bloquée. C'est une perte d'énergie pour l'entreprise qui ne pourra perdurer sans une perte de rentabilité, à un moment ou à un autre, lorsque le désengagement sera plus important.

Ces mouvements sont engagés depuis de nombreuses années, dans la plupart des pays développés. Cependant, il est urgent que l'entreprise apporte des réponses à ce lent désengagement, souvent invisible, de nombreux salariés. Encore faut-il comprendre le sens de la réaction des acteurs, être capable d'analyser les comportements et proposer des réponses concrètes que les acteurs s'approprieront.

Le triptyque finance-normalisation-déshumanisation au cœur de la perte de sens

Parmi les facteurs explicatifs de cette dégradation du sens dans les entreprises, ceux qui reviennent systématiquement sont la financiarisation à court terme de l'activité, les nombreux projets de changement qui se superposent et parfois se contredisent, l'absence de visibilité d'une finalité explicite et la perte d'identité au travail. Tous ces facteurs contribuent à un comportement attentiste qui se traduit par un repli sur soi et une attente de « quelque chose » de plus sécurisant pour redonner aux salariés l'envie de s'engager et de s'investir à nouveau dans et pour l'entreprise.

Le retour de l'acteur

Pendant ces vingt dernières années, l'environnement, la stratégie, les structures et le management des organisations ont été profondément transformés. On a trop facilement cru que les hommes s'adapteraient à cette nouvelle donne. Beaucoup d'entreprises paient aujourd'hui d'avoir oublié une règle de base de la psychologie, les 3M : tout individu a besoin d'un Minimum de sécurité, d'un Minimum de reconnaissance et d'un Minimum d'avenir pour vivre. Il s'agit bien d'une condition nécessaire mais non suffisante. Ne pas la respecter conduit souvent à transformer l'opinion des personnes sur leur propre vie. Dans le chapitre 5, nous verrons comment mettre en œuvre une réponse à la règle des 3M dans une entreprise moderne, internationalisée et soumise aux exigences des marchés financiers.

La financiarisation de l'économie depuis 20 ans

L'un des premiers facteurs évoqués par les interviewés est la financiarisation de toutes les activités de l'entreprise à court terme. Cela peut se matérialiser dans les discours stratégiques de l'entreprise sous la forme d'injonctions du type : « *Nous devons avoir telle valeur boursière et obtenir un rendement de X % pour notre actionnaire* » ; ou par une tentative de motiver les salariés par un discours abstrait sur l'EVA[1], l'EBITDA[2] ou le *cash-flow*. La plupart des acteurs ne voient aucune correspondance entre ces concepts abstraits et leur travail au quotidien.

Ces discours peuvent être discrédités par une remise en cause du système capitaliste et plus particulièrement de ses excès boursiers qui condamnent des entreprises saines sur le seul critère de leur niveau de rentabilité. Si dans une logique financière, un plan de licenciement crée mécaniquement de la valeur pour l'actionnaire, dans le monde réel, on a l'impression d'une absurdité ou d'un nonsens. Le mot « valeur » n'a pas la même signification au CAC40 et dans le langage commun.

---

1. EVA : *Economique Value Added*. Méthode d'évaluation des entreprises qui tient compte d'un niveau de risque.
2. EBITDA : *Earning before Interest, Taxes, Depreciation and Amortization*. Indicateur d'évaluation des entreprises qui donne le profit avant charges financières, impôts, taxes et dotations aux amortissements et provisions.

La finalité d'une entreprise consiste donc à produire des biens et des services utiles à la société, dans un souci d'équilibre économique et de performance. Si la rentabilité de l'activité est une nécessité pour la survie à moyen et long termes, l'entreprise ne doit pas devenir une machine à *cash-flow*, sans autre finalité et au profit de quelques bénéficiaires se désintéressant des conséquences humaines. La théorie moderne des parties prenantes devrait « obséder » les dirigeants, car l'équilibre social de l'entreprise en dépend.

La contrainte financière peut également intervenir à un niveau plus local, dans le fonctionnement d'un service. Il est demandé aux managers de réduire les coûts, de supprimer certains postes de dépenses dans leurs budgets, de limiter les investissements qui ne seront pas profitables à très court terme. Ces exigences, indispensables pour une recherche de performance, peuvent être interprétées comme des contraintes qui ne tiennent pas compte des réalités opérationnelles de production, de qualité et de sécurité.

> « *Je ne pense pas que produire du ROI (Return On Investment) pour des fonds de pension anglais ça motive les gens... On nous demande de faire de la qualité et, en même temps, on réduit nos budgets de 15 %.* » (responsable d'équipe, industrie)
>
> Ce salarié s'interroge sur le sens de son travail et à qui il doit profiter. Ce n'est pas « le patron » qu'il critique, mais un être inconnu, lointain.
>
> « *Quand on nous annonce une baisse des primes ou un plafonnement des salaires, on incrimine toujours l'actionnaire même si la direction est tout aussi responsable que lui.* » (cadre, banque assurance)
>
> Ce discours est plein de bon sens, du point de vue du salarié. Si le management général traduisait dans le quotidien la théorie des parties prenantes et donnait du sens à ces actes, les réductions de coût seraient mieux comprises, à défaut d'être acceptées.

La financiarisation de l'économie a entraîné de nombreuses incompréhensions. Si plus personne ne remet en cause la nécessité pour une entreprise de faire des bénéfices, en revanche, les moyens d'y parvenir sont critiqués. Le langage des marchés financiers n'a pas de sens pour les salariés dans leur travail au quotidien. Pourtant, les tentatives d'actionnariat des salariés sont intéressantes dans le principe. La distribution d'actions aux salariés (pour qu'ils adoptent un raisonnement d'actionnaires) peut avoir des effets contraires et devenir un sujet de discorde entre les dirigeants de l'entreprise et les salariés actionnaires, parfois avec une certaine confusion, comme l'illustre l'exemple suivant.

Le salarié peut-il supporter le risque de l'actionnaire ?

Les salariés d'un grand opérateur national ont massivement souscrit aux actions qui leur étaient réservées au moment de la privatisation partielle. Les dirigeants espéraient ainsi traduire dans les faits l'idée d'une communauté d'intérêts entre actionnaires et salariés. Les actionnaires salariés montraient leur attachement à l'entreprise par cet investissement et leur confiance dans l'avenir de l'opérateur.

Les variations à la baisse du cours de bourse n'ont pas été comprises par les salariés. En tout cas, le sentiment d'une dissension entre les efforts des salariés et la valorisation boursière a marqué les esprits. Finalement, les incompréhensions ont favorisé l'installation d'idées contraires à celles espérées. Le sentiment de connivence est maintenant à reconstruire.

Pression et normalisation

Les entreprises se sont engagées dans de multiples changements organisationnels, en réponse à un environnement devenu incertain. Ces changements ont conduit les salariés à participer à des projets de transformation plus ou moins structurants, les conduisant à revoir certaines de leurs pratiques, organisations et valeurs. Or, l'acceptation d'un changement ne se décrète pas. Les salariés se l'approprient s'ils le comprennent, l'acceptent et le mettent en œuvre. Ces trois phases nécessitent des temps « d'incubation », parfois supérieurs à l'actualité du projet, conduisant les entreprises à initialiser de nouveaux changements alors que les précédents ne sont pas encore finalisés et intégrés par les salariés. Cette inflation de changements met les salariés dans une situation de « valse permanente ». Ils peuvent alors préférer se désengager de ce mouvement, s'ils ont l'impression de ne plus le maîtriser.

« On centralise puis on décentralise. Un coup, on dit que les techniciens doivent être orientés vers le client. Ensuite, on leur dit que non. Les multiples réorganisations ont eu pour effet d'insensibiliser les gens. Tout change autour de moi, je n'y comprends plus rien, alors je continue à faire mon travail comme si de rien n'était. » (cadre opérationnel, informatique)

Tous ceux qui observent les entreprises constatent l'instabilité actuelle des structures. Les équipes, l'organisation changent en moyenne tous les six mois. Comment ne pas s'étonner du discours de ce salarié qui ne comprend plus vraiment son entreprise et qui reproduit alors ses comportements habituels comme si rien n'avait changé ?

L'accélération du changement dans les entreprises peut conduire à une perception d'incohérence managériale qui se matérialise par de nombreux projets non coordonnés entre eux et parfois concurrents. Ces projets mettent alors les acteurs dans des situations de surinvestissement ou d'incohérence.

« On passe d'un management hiérarchique à un management par processus. On manage aussi par filière métier. Les personnes ont du mal à se situer. Il existe aussi un double discours très perturbant pour les personnes. Par exemple, on leur demande d'être autonome, de prendre des responsabilités et, en même temps, on leur impose une hyper standardisation des activités. » (DRH, entreprise publique)

Encore une fois, la règle des 3M (sécurité, reconnaissance, avenir) n'est pas respectée et le salarié ne comprend plus vraiment son environnement de travail. Les paradoxes sont nombreux dans les entreprises lorsque les décisions se succèdent sans une réflexion sur leur cohérence et leur articulation avec le projet global.

Les incertitudes et les turbulences de l'environnement ne sont pas les seuls facteurs explicatifs de la multiplication des changements. La généralisation de l'outil informatique permet d'obtenir, de manière quasi-instantanée, des données chiffrées sur les résultats et les activités. Si ces derniers ne correspondent pas aux objectifs poursuivis, les managers initient alors des projets de changement afin de remédier aux faibles performances observées. Cette réactivité a un coût : celui de l'adaptation permanente, de l'incompréhension de ces mouvements par des acteurs en quête de sens. Les dirigeants gagneraient beaucoup à expliquer pourquoi ils mettent en œuvre telle ou telle décision. Les salariés ne sont pas opposés aux évolutions, mais à ce qu'ils ne comprennent pas et à ce qu'ils ont l'impression de subir.

« Ça va très vite, grâce à l'informatique, dans la notion de constat. Si on a un ratio qui montre que ça ne va pas, on fait évoluer la stratégie ; on a les preuves sous le nez des dysfonctionnements, des risques et des crises. Ceux qui ont ça sous le nez prennent des décisions et ça va assez vite. C'est un mode de fonctionnement plus fatiguant et plus stressant. » (contrôleur de gestion, industrie du luxe)

La réactivité est la norme dans les entreprises. C'est l'un des moyens privilégiés de gérer le CRM[3]. Toutefois, il faut accompagner cette évolution dans les pratiques de gestion de la relation client par un ajustement des méthodes de sanction et de récompense des salariés.

Toutes les transformations menées peuvent conduire à des situations dans lesquelles la finalité de l'entreprise s'est diluée ou a disparu. Une personne interviewée a relaté l'histoire de son entreprise durant les six dernières années.

« Nous avons été vendus à des investisseurs par notre maison mère, qui était un gros groupe de l'agro-alimentaire avec une forte culture. Ensuite nous avons racheté et intégré 5 PME, restructuré nos sites de production pour centraliser les fonctions supports et, enfin, nous avons été revendu à un groupe agro-alimentaire étranger. » (cadre dirigeant, agro-alimentaire)

La succession des changements de périmètre de l'entreprise brouille le sentiment d'appartenance des salariés. Les concentrations sont souvent vécues comme des deuils.

« Quand on doit repenser notre activité et notre fonctionnement, on fait des schémas (ronds et flèches dans des documents) qui sont trop simplistes et qui ne représentent pas la richesse de la réalité. Cet appauvrissement, nécessaire, peut nous conduire à des choix et des orientations qui vont à l'encontre de ce qui fonde le sens de notre activité. » (chef de projet, industrie pharmaceutique)

Le langage managérial doit faire immédiatement sens pour les acteurs. La critique porte ici sur l'absence de signification concrète des concepts. Le salarié a le sentiment que son intelligence tourne à vide et que l'on ne tient pas suffisamment compte de la connaissance des gens de terrain.

Lors de mouvements aussi déstructurant que ceux évoqués dans les précédents témoignages, l'un des enjeux du management consiste à construire et à définir explicitement les finalités, en tenant compte du fait que l'acceptation sera le résultat d'une cohérence avec l'état des relations entre les personnes. Un tel enjeu nécessite de nombreuses expérimentations, qui seront autant d'occasions pour les individus de recréer de nouveaux symboles, routines, vocabulaires et mythes fondateurs de leur culture au travail. Aussi urgente soit-elle, la reconstruction, de même que le renforcement des finalités, ne doit pas se faire au détriment de la diversité de

---

3. CRM : *Customer Relationship Management*. Logiciel de gestion de la relation client.

l'entreprise et du caractère historique et relationnel de toute organisation humaine.

La déshumanisation

▪ La crise identitaire des salariés

Les incessants changements stratégiques et organisationnels, l'importance des marchés financiers dans la prise de décision et la perte de compréhension favorisent les crises identitaires des salariés. Ceux-ci s'interrogent, de plus en plus, sur la finalité de leur engagement à une entreprise collective qui donne l'impression de les oublier en route et de seulement voir en eux une force de travail et une variable d'ajustement à l'environnement. Les acteurs ont ainsi l'impression de ne plus pouvoir réaliser leurs idéaux individuels et collectifs dans l'activité professionnelle.

« Comprimés entre les procédures, les systèmes informatiques structurant et la pression du résultat, il nous reste peu de temps pour exister et penser. » (responsable back-office, banque)

Chaque salarié a besoin d'avoir le sentiment de maîtriser son environnement de travail pour s'investir. Manifestement, ce responsable ne l'a plus.

« Il n'y a pas de révolte, mais une démotivation, un phénomène de retrait, de repli. Les personnes du terrain se replient sur le management de proximité, elles attendent tout de leur chef, qui a, lui aussi, perdu ses repères. Les personnes ont le sentiment qu'il existe un fossé entre les discours managériaux et le terrain. Il y a désaccord entre l'organisation prescrite et la réalité. Ainsi, les managers ont l'impression, au lieu de faire leur métier, d'avoir à gérer des situations d'urgence et des dysfonctionnements dont ils ne se sentent pas responsables. » (chef de projet, informatique, banque)

La perception d'une perte de sens dans son travail au quotidien conduit irrémédiablement à la démobilisation de ce salarié. Ces situations de désimplication sont extrêmement difficiles à récupérer ensuite.

Comme nous l'avons évoqué précédemment, cette anxiété identitaire « ordinaire » concerne plus particulièrement les cadres intermédiaires, qui sont coincés entre les attentes grandissantes de leurs collaborateurs et l'impossibilité d'y apporter une réponse claire. Le cas français est significatif à cet égard.

■ Une plus forte centralisation

L'aplatissement des structures, la concentration du capital et les modes de décision entraînent paradoxalement une plus forte centralisation. Les salariés chargés d'animer la structure sont donc en charge d'un plus grand nombre de collaborateurs, mais ne disposent plus de l'information et du pouvoir pour les manager. Par exemple, le « toyotisme », basé sur trois niveaux hiérarchiques seulement, a plus de chance de se diffuser dans les entreprises françaises, où l'autonomie des salariés est une tradition. Dans les entreprises américaines, la division du travail est encore aujourd'hui plus poussée.

Le lien entre les salariés et l'entreprise se délite sous l'effet de l'évolution des organisations. Le retrait des collaborateurs peut entraîner, de manière invisible, une perte de productivité de 10 à 20 %.

■ La position d'intermédiaire

Si la perte d'identité est plus forte chez les managers, la position d'intermédiaire et l'éloignement de la stratégie et du terrain constituent des éléments qui ne contribuent pas à construire le sens de leur engagement dans l'entreprise. À cela s'ajoute une activité de plus en plus sujette à la standardisation et à « l'obéissance », comme le montre le témoignage suivant.

« Quand on est en situation de management, l'engagement diminue. Ce n'est pas un engagement facial. La ligne managériale est "mal dans ses baskets", car elle ne peut pas réconcilier l'inconciliable : elle est devenue un "passe-plat". Je démultiplie ce qu'on me demande, mais je ne paie pas de ma personne. Aujourd'hui, les managers sont plus disciplinés qu'avant. Il faut compenser son manque d'engagement avec ses tripes par un engagement formel. Cette tendance a été aggravée par les modes de management directifs (voire par la terreur). » (directeur d'unité, énergie)

La perception de ce salarié confirme les ambiguïtés du management « moderne ». D'un côté, il y a une demande d'engagement pour le projet stratégique de l'entreprise ; de l'autre, le sentiment d'avoir perdu sa capacité d'initiative dans la gestion au quotidien.

« On est dans une phase où l'on dit aux managers qu'ils sont autonomes et responsables. Comme il y a urgence, on fait peser sur eux un système de contraintes lourdes. On leur donne un dispositif très contraignant. Quand on a peur, on essaie de se border de tous les côtés, on multiplie les reporting, les comptes-rendus. Le reporting n'est plus un outil de pilotage, mais une assurance pour les managers. » (responsable d'équipe, administration)

La demande de surimplication conduit bien sûr au stress. Mais, au-delà, les comportements, tels que les décrit ce salarié sont courants. On ne peut pas demander au salarié plus d'autonomie et, en même temps, faire peser sur lui plus de contrôle.

« On a plusieurs attitudes du management. Il y a ceux qui refusent. Il y a ceux qui font semblant de faire quelque chose de temps en temps. Il y a des bons élèves qui appliquent les directives. Il y a ceux qui refusent parce qu'ils sont intouchables. Pour refuser, il faut avoir des possibilités de chantage. On développe une approche processus, sous couvert de la qualité, pour enfermer le manager dans un mode contractuel où l'on conçoit qu'il est d'accord parce qu'il a signé. Mais il n'a pas le choix. » (responsable de service, collectivité territoriale)

Encore une fois, la pression sur les salariés doit s'accompagner de reconnaissance financière et symbolique pour être efficace. Les attitudes rapportées par ce salarié sont compréhensibles. Elles montrent simplement l'intelligence des situations d'un être humain qui s'adapte à son environnement.

Ce mode de fonctionnement injonctif, où l'on demande aux individus de standardiser leurs pratiques et au management d'orienter son activité sur le contrôle et le reporting, ne favorise pas l'engagement. Le reporting prend le pas sur l'activité et les managers s'abritent derrière l'outil. Ils restent sur la réserve et ne s'engagent que sur des aspects formels. Le déploiement de fonctionnements standards avec des marges de manœuvre réduites, conduit les managers à se cantonner à faire ce qui est demandé, souvent au détriment des initiatives.

Un sentiment d'épuisement émergent

Les travaux sur le stress en milieu professionnel[4] et les paragraphes précédents sur le vécu des individus au travail nous permettent d'avancer l'hypothèse de l'existence d'un malaise qui peut se traduire par de la lassitude, de l'agacement ou encore par des formes d'épuisement plus ou moins importantes pour de nombreux salariés. On peut aller jusqu'à la mort clinique tel que le symptôme du *Karoshi*[5] le diagnostique. Pour illustrer ces situations, nous présenterons le

---

4. Christophe Dejour, *Travail usure mentale*, éd. Bayard, 2000.
Patrick Legeron, *Le stress au travail*, éd. Odile Jacob poche, 2003.
5. Le terme *Karoshi* a été décrit par des médecins japonais en 1982. Il désigne un ensemble de troubles cardiovasculaires associés à un temps de travail excessif, pouvant conduire à la mort.

concept d'épuisement organisationnel, ou *Burn out* (*cf.* Annexe 1, p. 231).

La notion de « *Burn out* » a fait son apparition dans la littérature américaine des années 1970. Herbert Freudenberger, dès 1974, utilise le terme pour désigner le sentiment d'épuisement chez des bénévoles dans le secteur social. Il définit ce concept[6] en 1987 par « *un affaiblissement et une usure de l'énergie vitale provoqués par des exigences excessives qu'on s'impose ou qui sont imposées de l'extérieur... qui minent nos forces, nos mécanismes de défense et nos ressources.* » Pour justifier ce terme, Freudenberger dira en 1980 : « *Je me suis rendu compte, au cours de mon exercice quotidien, que les gens sont parfois victimes d'incendie tout comme les immeubles ; sous l'effet de la tension produite par notre monde complexe, leurs ressources internes en viennent à se consumer comme sous l'action des flammes, ne laissant qu'un vide immense à l'intérieur, même si l'enveloppe externe semble plus ou moins intacte.* »

Bien qu'étant initialement réservé aux personnes qui devaient gérer des situations sociales, comme les éducateurs et différents intervenants dans le monde social, la notion de *Burn out* peut être étendue, comme le concept générique de l'évaluation de l'épuisement pour d'autres métiers, voire généralisée à l'ensemble des activités salariées. Pour Bérard et Duquette[7] : « *L'épuisement professionnel est un état causé par l'utilisation excessive de son énergie et de ses ressources, qui provoque un sentiment d'être épuisé ou encore exténué.* » Les différentes interviews recueillies auprès de salariés ne font-ils pas ce constat d'échec, d'extrême fatigue et de lassitude quand ils qualifient leur travail par un « *C'est n'importe quoi* » ou encore « *Je suis débordé* ».

Pour Freudengerger et Richelson, c'est « *l'épuisement des ressources internes de l'individu et la diminution de son énergie, de sa vitalité et de sa capacité à fonctionner qui résultent d'un effort soutenu déployé par cet individu pour atteindre un but irréalisable et ce, en contexte de travail, plus particulièrement dans les professions d'aide.* » Pour Pierre Canoui et al., « *le* Burn out *est la traduction de l'accumulation de la sommation d'événements face auxquels l'individu n'arrive plus à faire face. Le Burn*

______

6. Pierre Canoui, Aline Mauranges, *Le burn out, le syndrome d'épuisement professionnel des soignants*, éd. Masson, 3ᵉ éd., p. 30, 2004.
7. D. Bérard, A. Duquette, « L'épuisement professionnel, un concept à préciser », *L'infirmière du Québec*, septembre/octobre, p.p. 18-23, 1998.

out *représente la mise en échec d'une transaction équilibrée entre le sujet et son environnement. Les événements auxquels il est soumis sont le plus souvent mineurs mais répétés et émotionnellement difficiles à vivre. »* Ne serait-ce pas la situation vécue par beaucoup de salariés actuellement, une trop grande sollicitation due aux nombreux projets et à des demandes de plus en plus pressantes de la hiérarchie, des collaborateurs et des collègues ? Dans une étude menée auprès de cadres, en 1998, sur le thème « Comment un cadre organise son temps de travail ? », D. Autissier et S. Lalhou[8] avaient montré qu'un cadre était, en moyenne, interrompu environ 70 fois par jour par des rendez-vous, des courriels, des appels téléphoniques et autres sollicitations. Il est condamné ainsi à être en permanence en situation de réponse, sans avoir le temps de préparer ses dossiers et se donner de la disponibilité pour traiter des sujets de fonds.

La sur-sollicitation, l'ambiguïté des rôles, le manque de soutien, la non-reconnaissance, le fait de ne pas pouvoir parler de ce qui ne va pas, le cloisonnement, l'absence de projets, la multiplication des conflits, l'importance de la charge de travail et l'absence de conditions matérielles de travail favorables sont autant d'éléments qui peuvent conduire à un phénomène d'épuisement organisationnel. Or, que reprochent les salariés aux organisations, si ce n'est tout cela ?

8. David Autissier, Saadi Lalhou, « Les limites organisationnelles des TIC : émergence d'un phénomène de saturation cognitive », *Actes de la IVe conférence de l'AIM, Cergy mai 1999.*

Chapitre 3

L'action des entreprises pour maintenir le sens

Les deux premiers chapitres ont montré l'évidence d'une dégradation du sens dans les entreprises, qui ne conduit pas à un effondrement mais à une érosion progressive de l'envie des salariés de participer à l'effort collectif. Comment les dirigeants prennent-ils conscience de ce phénomène et quels sont les dispositifs qu'ils mettent en place pour y remédier ? Nous avons interviewé une cinquantaine de managers et de DRH sur le thème « Que faites-vous pour créer du sens dans votre entreprise ? ». Pour beaucoup, la réponse n'a pas été spontanée, comme si cela ne faisait pas partie de leurs attributions ou bien que le problème ne se posait pas. Cependant, toutes les personnes interrogées ont relevé un paradoxe. La dégradation du sens est une préoccupation partagée, mais aucun dirigeant n'a initié une réflexion, un diagnostic ou des actions à ce sujet. Pourquoi ? Par peur de mettre en avant des éléments vis-à-vis desquels leurs pratiques risquent d'être pointées du doigt ? Peut-être par incapacité à appréhender ce qu'est la création de sens en entreprise de manière concrète et opérationnelle ? Les réponses que nous avons obtenues ont plus été une liste à la Prévert d'actions éparses d'animation et de motivation qu'un dispositif cohérent et borné dans le temps.

Des actions dispersées

Les dispositifs relevés sont le mode projet, la conduite du change-ment, l'accompagnement des ressources humaines, l'investissement des dirigeants, les actions *spot*, les processus et la place du client. Ces différentes démarches peuvent être classées selon deux dimensions : leur capacité à favoriser la création de sens et le niveau de l'organi-sation où elles sont déployées. Ainsi, pour la première dimension, certains dispositifs ont été jugés par les acteurs comme favorisant, plus que d'autres, la création de sens. Pour la seconde dimension, certains dispositifs sont plus à même de favoriser la création de sens au niveau des individus ou d'un petit groupe, alors que d'autres interviendront à un niveau plus global de l'entreprise.

Figure 1 : Typologie des dispositifs favorisant la création de sens

Création de sens		
Actions *spot**		Légitimité des dirigeants
Conduite du changement		Accompagnement ressources humaines
Mode projet		Organisation par processus
	Local	Global

** Les actions spot sont des actions concrètes dans l'environnement de travail. Leur partici-pation et leurs résultats sont immédiatement visibles par ceux qui y participent.*

Les dispositifs agissant à un niveau plutôt local

De tels dispositifs traduisent des actions engagées au niveau d'un service ou d'un petit groupe. Ils concernent donc un nombre réduit d'individus simultanément, même s'ils peuvent être reproduits dans différentes unités de l'organisation et à différents moments. Ces activités ponctuelles dans l'entreprise créent des événements qui engagent les salariés dans l'action. De fait, les interactions, les actes et les résultats sont porteurs de sens.

Le mode projet

La notion de projet, très développée pour la mise en place de nouveaux produits ou d'un système informatique, tend à se généraliser pour les enjeux organisationnel et managérial : projet qualité, projet processus, projet tableau de bord ou projet compétences managériales. Cette inflation des projets en entreprise conduit les managers à gérer un portefeuille de projets, en plus de leur activité quotidienne ou à être intégrés dans des équipes dédiées aux *task force*. Le projet produit de la nouveauté aussi bien par rapport à sa finalité qu'à son organisation et son mode de fonctionnement. Les acteurs sont focalisés sur un objectif précis avec des échéances et des tâches précises à réaliser.

« C'est plus facile de mobiliser des gens dans une équipe projet que dans des organisations pérennes. Les gens sont plus intéressés par la dynamique du mouvement que par l'exploitation du présent. » (agent comptable, administration)

Le projet crée une mobilisation des participants, mais également des incertitudes. Les objectifs et l'organisation peuvent changer très rapidement, du fait qu'ils se construisent aussi « chemin faisant ». L'expérience d'un jour conduit parfois à modifier les objectifs, l'organisation et les moyens du lendemain. Cette exigence de flexibilité nécessite d'avoir des participants qui comprennent et intègrent ce mode de fonctionnement réactif.

« Dans un projet, il faut savoir être très contractuel et en même temps très adaptatif. L'une des manières de sensibiliser les gens est d'avoir des instruments de mesure des risques. Il faut que les gens mobilisent leur énergie à trouver les solutions techniques et pas à s'interroger sur ce qu'ils doivent faire. » (chef de projet, banque)

Le concept de projet apparaît très souvent comme mobilisateur pour les salariés. Il peut jouer le rôle de « réveil » participatif et ainsi favoriser la création de sens sous certaines conditions :
- le projet doit être suffisamment opérationnel pour que les participants en perçoivent l'impact et l'intérêt dans leur activité quotidienne et visualisent les résultats pour l'entreprise ;
- les objectifs assignés doivent être perçus comme acceptables et faisables, au regard de la situation présente, des moyens alloués et des idéaux culturels ;
- le pilotage doit être réalisé par des acteurs légitimes.

> *« Tous les acteurs se prêtent au jeu du projet. On voit des salariés qui se remettent à travailler. On recrée un sentiment d'appartenance. Les personnes sont fières d'appartenir à un projet et de voir concrètement les réalisations de ce dernier. »* (directeur technique Télécom)

Toutefois, la mobilisation, ainsi que le sentiment d'engagement et d'appartenance des participants sont associés à cet événement et non à l'entreprise dans son ensemble. Elle ne dure donc que le temps du projet. Cela signifie que l'engagement se fait épisodiquement sur des enjeux locaux, obligeant le management à gérer un portefeuille de projets de manière permanente pour activer la création de sens.

La conduite du changement

Les entreprises vivent avec de nombreux projets qui créent des perturbations, voire des blessures pour certaines catégories de personnels. Le management des projets se fait essentiellement par une gestion du planning et des coûts sur une durée limitée. L'acceptation et l'adhésion des acteurs qui portent concrètement le projet dans l'activité au quotidien n'apparaissent pas systématiquement au sein du pilotage des projets. Ainsi, pour tenter de créer les conditions favorables à l'adhésion sur le long terme, de nombreuses entreprises investissent les techniques de conduite du changement, en faisant appel à des consultants externes ou en professionnalisant leurs collaborateurs.

> *« Nous avons conçu un kit conduite du changement qui contient un ensemble d'outils pour : faire une cartographie des acteurs, une étude d'impacts, un plan de communication, une analyse des résistances, un plan de formation et un tableau de bord du changement. Ce kit est donné à tous les chefs de projet et responsables de la conduite du changement. Chaque projet doit avoir un volet conduite du changement, en précisant les ressources allouées, environ 15 % du montant global du projet, les livrables et l'organisation prévue. »* (directeur informatique, banque)

Les actions *spot*

Les grands discours sur le thème *« Nous devons changer pour nous adapter aux marchés mondiaux et à la concurrence »* ne font plus sens pour beaucoup d'individus qui, s'ils le comprennent, ne voient pas comment y apporter des réponses dans leur activité. Parallèlement à ces discours, dépourvus de sens opérationnel, de nombreuses actions locales se développent sous la forme de microprojets. Ce sont des initiatives locales qui participent à la création de sens, au sein d'un petit groupe ou d'une équipe. Ces actions ont l'avantage d'être concrètes, immédiates et porteuses d'un engagement bénéfique à l'activité quotidienne.

« Les projets mobilisateurs j'en ai soupé, non aux actions médiatiques et oui aux actions du quotidien. Il faut que les gens se disent entre amis "ma boîte est bien et j'ai envie d'y rester". Hier entre midi et deux on a fait 2000 enveloppes avec des bons de réductions pour les salariés du groupe à valoir sur nos produits. » (DRH, agro-alimentaire)

Ces actions, en rapport direct avec l'activité, permettent de développer le sens de l'équipe, en s'appuyant sur des valeurs humaines comme on le voit dans les pays anglo-saxons avec les *charities*. Elles correspondent à l'envie des individus de s'investir dans des causes humanitaires.

« Il y a deux ans, j'ai signé un accord avec la Banque alimentaire. Les fédérations des banques alimentaires fonctionnent avec des bénévoles. Quand on a une personne qui part à la retraite, elle fait de la formation gratuite à des bénévoles de la banque alimentaire. Ainsi, les nouveaux retraités ont l'impression d'être utiles : ça crée du lien. Le dernier week-end de novembre, on participe à la collecte de la Banque alimentaire dans les supermarchés. L'année dernière, on a investi trois supermarchés et on a fait la collecte de produits alimentaires pour un équivalent de 3 000 repas. Pour mon équipe, c'est important de dire "je l'ai fais, j'y étais". » (DRH, agro-alimentaire)

Les actions à un niveau local donnent, pour un temps, aux salariés impliqués le sentiment de participer à des enjeux généraux, dont les résultats les concernent directement, soit parce qu'ils améliorent leurs actions quotidiennes, soit parce qu'ils remplissent une mission interne ou externe à l'entreprise.

Les dispositifs agissant à un niveau plus global

Les dispositifs au niveau global visent à favoriser la création de sens, non pas au sein d'un petit groupe mais de manière générale sur des composantes de l'entreprise : la culture, le système de gestion, ou les outils de management. À partir de ces démarches, les salariés se construisent une représentation de leur entreprise et une identité au travail. À travers de tels dispositifs, l'organisation cherche surtout à créer les conditions de l'émergence d'un sens collectif reconnu, par tous.

L'organisation par processus

Héritage porterien[1] de la chaîne de valeur, du *réingeniering* et des démarches qualité, les processus sont apparus, il y a une vingtaine d'années, dans les entreprises comme une réponse opérationnelle au décloisonnement fonctionnel et à l'exigence de transversalité. Aujourd'hui, leur utilisation au sein des entreprises apparaît comme une opportunité pour redonner du sens et rationaliser les flux d'activité. La formalisation par processus permet à chaque salarié de se positionner dans les activités de l'entreprise, plutôt que d'avoir une vision restreinte de son environnement de travail.

« L'approche par processus permet à un individu de voir sa contribution dans une chaîne : ça donne du sens à ce qu'il fait à condition que les processus soient lisibles et communiqués. » (cadre opérationnel, banque)

Le déploiement des processus s'effectue parfois au détriment des objectifs de lisibilité et de transversalité. La mise en œuvre dans le cadre d'une démarche, ne visant pas en premier lieu la recherche de transversalité ou de coopération entre les services, provoque en général l'effet inverse à celui recherché. Elle conduit ainsi aux renforcements des organisations en « silos » où chacun défend son territoire. C'est le cas des démarches qualité dont l'objectif principal est la certification ou des projets de *réingeniering* qui visent avant tout à l'augmentation de la productivité, en réalisant les mêmes activités avec moins de personnes. L'extrait d'interview qui suit illustre parfaitement cette situation. Il met en avant la volonté des individus de trouver, à travers l'identification à des processus, un mode de management basé sur une coopération plus affective. Plus que l'efficacité des processus (au niveau de la qualité du produit ou du service, ou de la productivité), les individus cherchent de cette manière une culture de l'échange.

---

1. Michael Porter, *L'avantage concurrentiel*, Interéditions, 1986.

« On observe un manque de coopération des services entre eux : on se replie sur la procédure qualité. Chacun dit avoir respecté la procédure et que c'est l'autre qui ne l'a pas appliquée. On n'arrive pas à trouver de réponse, chacun se renvoie la balle. La solution se trouve dans la coopération affective : je vais essayer d'aider l'autre parce qu'il m'a déjà rendu service ou parce que je le connais bien. » (responsable management et performance, énergie)

Les processus mettent souvent en avant la notion de clients internes ou externes. Ils tentent de relier l'ensemble des activités opérationnelles entre elles pour apprécier la participation de chacun à la satisfaction des clients. La finalité de la production de biens ou de services réside bien souvent dans la satisfaction de la demande des clients. De nombreux discours publicitaires montrent *« un client au cœur de nos préoccupations »*, alors que les discours managériaux parlent plutôt du client comme source de profit et non comme d'un partenaire auquel on doit apporter un service de qualité pour satisfaire ses besoins.

Sans sombrer dans un idéalisme communautariste, il s'agit de redonner du sens à ce qui est fait pour le client et la satisfaction de ses besoins, car nous sommes tous alternativement des clients, des producteurs et des consommateurs. La nécessaire spécialisation des salariés dans l'entreprise entraîne souvent l'ignorance de la complexité des activités. Les acteurs se concentrent alors naturellement sur leur périmètre et leurs responsabilités. Le sens au travail est alors lié à leurs compétences et leurs projets personnels plutôt que les enjeux de l'entreprise. La gestion par processus les oblige à attribuer du sens aux activités spécifiques par rapport aux finalités de l'ensemble de l'organisation. C'est un effet de positionnement des salariés dans l'entreprise qui crée pour eux du sens.

« En replaçant le client final dans notre modèle, on a remotivé nos collaborateurs, ils comprennent que leur travail est orienté vers la satisfaction d'un client final qui est comme eux. » (directeur informatique, industrie)

■ L'accompagnement RH (Ressources Humaines)

Au regard de la problématique de la création de sens et de l'engagement des salariés dans un système d'actions collectif, les ressources humaines apparaissent comme une fonction centrale (*cf.* chapitre 9). Les responsables interviewés mentionnent des leviers tels que l'entretien annuel, la gestion des compétences et la formation, en soulignant également les limites de ces dispositifs.

> « Avec l'entretien annuel d'évaluation, on essaie de mettre les managers en situation d'échange avec leurs collaborateurs, en s'interrogeant sur le futur et la capacité des uns et des autres à progresser. Toutefois, certains managers ne disposent pas toujours des compétences pour mener à bien ce type d'action. » (DRH, industrie)

> « On essaie de mettre en place des référentiels de compétences par métier : on élabore des fiches de compétences par métier pour donner des repères aux personnes, afin de savoir sur quelles bases elles seront évaluées. Les référentiels compétences sont très peu utilisés par les managers au quotidien. » (DRH, optique)

> « Un autre levier est la formation. Cette action est de moins en moins pensée dans le cadre d'un parcours professionnel à long terme, mais davantage comme une forme de rétribution personnelle ou bien comme une urgence pour répondre à un besoin immédiat. » (chef d'équipe, banque)

Les limites des démarches RH, soulevées précédemment, montrent à quel point il est difficile de mobiliser les énergies, au-delà des préoccupations opérationnelles. En privilégiant le court terme, le financier et l'opérationnel au détriment de l'humain, du long terme et de l'expérimentation, les entreprises risquent de déposséder le management et les ressources humaines de leur capacité à construire du lien social, pourtant essentiel à l'engagement des salariés pour l'entreprise.

> « Il y a eu une époque faste où les grandes entreprises se donnaient les moyens de leur expérimentation. Il y a eu une période de recherche et de réflexion, période que l'on a perdue en raison de la tension économique. » (responsable management et performance, industrie)

■ La légitimité des dirigeants

Selon les personnes interviewées, il y aurait une relation inversement proportionnelle entre la perte de sens et l'importance accordée à la légitimité des dirigeants. Dans des moments de forte perturbation, où les sollicitations sont importantes, la personnalité du dirigeant et son implication dans la vie sociale de l'entreprise sont des facteurs de création de sens. Certains interviewés associent même la perte de sens au fait que les dirigeants ont troqué leur charisme managérial au profit d'une technicité financière.

« Nous manquons de dirigeants qui affichent une véritable volonté pour leur entreprise. Les dirigeants sont plus préoccupés par l'idée de ne pas faire de faute. Un manager est un réducteur d'incertitude et non un amplificateur. » (directeur commercial, informatique)

Les salariés attendent des dirigeants qu'ils leur donnent des messages explicites sur leur avenir. Leur attente est une très forte attente concernant certaines questions. Les dirigeants jouent un rôle repère pour les salariés. Qu'allons-nous devenir ? Qu'est-ce qui va changer concrètement ? Que devrons-nous faire demain ? Les individus acceptent le changement et le risque qui lui est associé, s'ils ont l'impression que les dirigeants savent où ils vont et pourquoi. La nature ayant horreur du vide, les salariés préfèrent que les dirigeants leur fassent part des incertitudes que de ne pas être informés du tout. Dans ce cas, ils ont tendance à penser au pire et à colporter des messages non fondés, traduisant une crise de confiance envers les dirigeants.

« Nous avons appris par la presse qu'une partie de notre entreprise avait été vendue et nos dirigeants ne nous avaient rien dit. Comment voulez-vous être motivé dans ces conditions ? » (directeur commercial, presse)

« Je suis dans une direction qui a perdu des métiers et activités. Nous n'avons eu aucun discours de nos dirigeants sur ce thème. Ils n'ont pas voulu affronter les salariés et leurs préoccupations concrètes. Comment voulez-vous motiver les gens après ? Des plans et des projets, nous n'en manquons pas, mais des chefs qui s'investissent, c'est plus rare. » (directeur d'unité, énergie)

En réponse au besoin effectif de présence managériale, certaines entreprises entreprennent des démarches de mesure de la qualité des managers par leurs subordonnés, comme l'a fait le directeur de l'entreprise Benoît en son temps. Ce dernier se faisait élire par ses collaborateurs tous les ans à son poste de directeur. Sans aller jusqu'à une épreuve électorale annuelle, certaines entreprises mettent en place des techniques de mesure et d'appréciation de la qualité managériale des dirigeants et des responsables pour les aider à prendre conscience de leur rôle de leader. L'outil du 360° répond à cette demande de *feed-back* des managers et à la volonté d'apporter une opinion sur le système de gestion pour les salariés.

> *« Tout le monde veut avoir le titre, mais pas diriger. Diriger, cela signifie savoir dire non, afficher des décisions, aller à la rencontre des gens sur le terrain, savoir se faire comprendre. Un bon dirigeant n'est pas celui qui fait la meilleure performance financière en liquidant les actifs, mais celui qui fait grandir tout le monde. L'efficacité dépend de la motivation, qui dépend elle-même du management. Nous avons mis en place un outil d'évaluation des managers par les salariés, le référentiel management. C'est une évaluation des différentes missions d'un manager qui est ensuite discutée en réunion de service. »* (DRH, agro-alimentaire)

Les démarches à un niveau plus global apportent aux salariés une vision de leur activité, des outils d'évaluation de leur contribution et des repères sur leur situation. Toutes les expériences peuvent être mobilisées dans les entreprises, à condition de les inscrire dans un projet plus ambitieux de création de sens pour l'entreprise (*cf.* chapitre 8).

Les enquêtes de satisfaction des salariés

Comme le mentionne l'étude de Cegos dont nous avons parlé dans le chapitre 1, 28 % des entreprises, plus généralement les grandes, réalisent régulièrement des enquêtes de satisfaction du personnel et de climat social (*cf.* Annexe 2, p. 237). Cette pratique tend de plus en plus à se répandre, en réponse à une attente d'expression des salariés.

Pendant très longtemps, la dimension sociale était traitée au travers des indicateurs du bilan social[2], qui *« récapitule en un document unique les principales données chiffrées permettant d'apprécier la situation de l'entreprise dans le domaine social, d'enregistrer les opérations effectuées et de mesurer les changements intervenus au cours de l'année écoulée et des deux années précédentes »*[3]. Il est obligatoire pour les entreprises de plus de 299 salariés. Ses indicateurs reflètent une réalité de l'activité sociale, comme le nombre d'embauches ou le nombre d'heures travaillées, mais pas le ressenti et la perception des salariés sur leur travail.

Les enquêtes de satisfaction des salariés sont le révélateur d'un climat interne, de l'état des relations et des attentes latentes. Si les dirigeants décident d'y recourir, les enquêtes permettent aux

---

2. Loi de juillet 1977.
3. Art. L. 438-3 du Code du travail.

acteurs d'exprimer leurs ressentis sur la situation de l'entreprise. Une fois enclenché, le processus doit être conduit à son terme par des actions concrètes. Lorsqu'un problème est volontairement explicité, sa résolution devient obligatoire. À défaut, les salariés seraient frustrés et les effets en retour seraient bien plus dommageables que l'ignorance initiale.

Ce que les salariés attendent

À la lecture de ces actions menées, mais également des mouvements de repli développés dans les chapitres précédents, il apparaît urgent de trouver des solutions à la création de sens pour enrayer la dégradation de la situation dans certaines entreprises. Comment cela peut-il s'envisager ? Des solutions « monobloc » assurant un renouveau du sens par un ensemble de dispositifs instrumentalisés n'apparaissent pas clairement. En revanche, la convergence d'un équilibre socio-organisationnel, de l'engagement des individus et la culture de la co-construction peuvent conduire à créer les conditions favorables à l'émergence de sens. Les acteurs le construiront eux-mêmes par intermittence dans leurs activités quotidiennes, les relations interpersonnelles et en interprétant les messages des dirigeants.

Les nombreuses transformations réalisées depuis une dizaine d'années dans les organisations (restructuration, projets informatiques, changement de stratégie, externalisation) auraient laissé des séquelles chez les acteurs dans leur envie de se mobiliser. Comme nous avons pu le voir précédemment, les promesses non tenues, la non-reconnaissance de l'effort consenti, la dérive financière au détriment de l'humain et les scandales financiers à répétition seraient autant d'éléments qui contribueraient à ces blessures, qui seront longues à guérir. La dégradation actuelle du sens en entreprise est sous-estimée par de nombreux dirigeants.

« Quand les gens arrêtent de s'engager, c'est qu'ils sont blessés. J'ai vu beaucoup de grèves et l'on ne fait pas grève pour de l'argent mais à la suite de blessures. On ne peut pas dire que l'on fait grève parce que l'on ne nous aime pas. Quand un patron n'émet aucun signe de reconnaissance alors que les salariés se sont mobilisés dans un projet de changement, ces derniers peuvent ressentir une blessure de non-reconnaissance. » (DRH, industrie)

L'un des enjeux de la création de sens serait donc de reconstruire un contrat social permettant à chaque partie de se positionner et de revendiquer son identité, sans aller jusqu'à des pratiques d'affrontement, dont les coûts direct et indirect seraient très lourds pour l'entreprise.

Le développement de l'engagement

Les grands projets structurants de l'entreprise ne pourront pas se faire sans l'adhésion des acteurs. Les succès de certains projets sont trop souvent affichés avec des critères techniques (installation d'un logiciel avec toutes ses fonctionnalités) et de planning (réalisation du projet à telle date), sans s'interroger sur le niveau de compréhension, d'acceptation et d'utilisation par les acteurs. Ces trois notions ne relèvent pas de la gestion de projet, mais de l'acceptation et de l'engagement des individus. Le processus de *sensemaking* nous enseigne que les individus se créent du sens dans les interactions avec les autres. Ainsi, le plus important dans un tel processus n'est pas tant de créer ce sens (de toute façon, il nous échappe) que d'imaginer les conditions pour que l'individu s'engage dans les interactions constitutives de sens.

En positionnant l'engagement comme un élément stimulant du processus de création de sens, il convient de s'interroger sur les conditions qui permettent de le développer. Ainsi les interviewés invitent-ils les chercheurs en sciences de gestion à s'intéresser à la reconnaissance dans les relations de proximité.

> *« Le management par le sens doit passer par des petites choses très modestes : la reconnaissance du service rendu, la reconnaissance des gens et pas seulement sous l'angle financier. Les gens ont besoin de se sentir utiles. L'engagement se retrouve beaucoup dans la relation de proximité avec la hiérarchie : on s'engage parce que le manager nous montre qu'il nous fait confiance. »* (manager d'équipe, Télécom)

Le quotidien de l'entreprise est une succession de relations contractuelles, explicites et implicites, temporaires ou durables. À la différence des relations dans le cadre domestique, la vie organisationnelle met en scène beaucoup de contrats interindividuels. Les relations hiérarchiques, les rites organisationnels ou les mécanismes d'évaluation de la performance, par exemple, sont des moments privilégiés dans lesquels le salarié est impliqué. Ils l'engagent dans une gestion individuelle très complexe des relations dans son environnement relationnel.

Une culture de la co-construction

Comme le soulignent la plupart des personnes interviewées, les individus sont en situation d'attente de nouvelles relations sociales dans l'entreprise. Cette attente s'exprime en termes de contrat social et de culture de l'échange. En effet, il émane un sentiment de « duperie » par rapport aux communications managériales descendantes qui promettent beaucoup et ne font pas grand-chose. Les individus ne se contentent plus de beaux discours, et demandent aussi une reconnaissance plus forte de la part de leur direction. Elle passe par leur implication et leur participation à des décisions concernant l'avenir de l'entreprise.

« On a de plus en plus de communications descendantes avec des kits, des conférences, des procédures, des mails, etc. Il y a des grandes déclarations sur l'autonomie et l'initiative, mais, au quotidien, nous ne pouvons rien faire et rien ne nous montre la considération que l'on a pour nous. » (salarié, Télécom)

Un projet en cours de déploiement dans l'une des entreprises interviewées s'intitule *« Redonner la fierté aux salariés »*. Le nom donné à ce projet résume une situation dans laquelle les salariés ne se sentent plus reconnus et n'ont plus d'appartenance sociale autre que celle qui les lie contractuellement à l'entreprise. Cette initative passe par une phase de création et de construction en commun d'un système de valeurs partagées, permettant l'engagement des individus et la mise en mouvement de l'organisation.

« Beaucoup de cadres doutent et sont sur la réserve. Si on trouve l'astuce, ils peuvent redémarrer assez vite. On peut organiser le changement et le susciter. Ils peuvent, à court et moyen terme, produire des résultats performants. Il faut avoir une vision, l'assumer dans la durée et trouver une méthodologie. » (directeur d'unité, médias/communication)

La dégradation du sens apparaît réelle dans la plupart des entreprises étudiées. Elle affecte surtout les cadres intermédiaires. Les facteurs explicatifs de ces différents constats traduisent un manque d'identité collective ou la difficulté d'en construire une nouvelle.

Ainsi la dégradation du sens pose-t-elle la question de la relation de l'individu au collectif et des modalités de sa participation. Comment une personne se construit-elle une représentation de son environnement et quels sont les facteurs de son engagement ? Cet engagement peut être une contrainte hiérarchique, un contrat de travail, une rétribution financière ou une combinaison de ces éléments à découvrir.

Partie 2

Les conditions de la création de sens en entreprise

*« Comment des start-up parviennent-elles à faire plus vite
et mieux que certains grands groupes ?
Parce que leurs salariés y croient ! »*

Chapitre 4

La gestion du désengagement et des crises

Les trois chapitres de la partie 1 nous ont montré que l'émergence d'une perte de sens se matérialise par un mouvement de désengagement des salariés. Les conséquences sur le fonctionnement et la productivité de l'entreprise sont réelles mais souvent invisibles. La DRH du groupe Accor[1] faisait la déclaration suivante : « *On peut estimer que la perte de motivation d'une personne a un impact négatif de 20 à 30 % sur la performance de l'entreprise sans que celle-ci s'en rende compte* ». Une personne désinvestie cherchera davantage à satisfaire ses obligations contractuelles qu'à s'impliquer dans son travail. Cette perte ne se voit pas en comptabilité, mais au travers de nombreux petits dysfonctionnements et dans la lenteur des projets d'innovation. On ne s'intéresse plus qu'à son poste de travail, sans se soucier si son activité répond aux attentes des clients et des collègues. On a tendance à ne plus chercher à innover. C'est comme cela qu'une entreprise se sclérose petit à petit et fait du surplace.

La perte de sens est très difficilement mesurable. Elle se matérialise par une démotivation progressive et se traduit par de la passivité puis du désengagement. Les salariés désinvestis ont souvent des attitudes distantes avec leur manager, semblent moins empressés à donner leur avis ou à commenter une décision. Ces symptômes restent subjectifs. Seul le responsable direct peut les repérer. Pour

---

1. « Entreprendre plus humainement », *L'Humanoscope*, janvier 2006.

comprendre ce phénomène de retrait de la sphère professionnelle, nous avons construit un modèle du désengagement intitulé « La spirale du désengagement ». Nous aborderons également dans ce chapitre une partie sur la gestion de crise pour montrer les moyens de sortir des situations de ruptures organisationnelles.

La spirale du désengagement

Cette situation de travail dégradée, où tout le monde se plaint et « traîne les pieds » génère un risque élevé de désavantage concurrentiel. La notion d'avantage concurrentiel, développée par Michael Porter, montre comment une compétence interne, un système d'organisation ou une adaptation aux marchés donnent à l'entreprise une capacité à maîtriser durablement une position concurrentielle. Le « désavantage concurrentiel », c'est l'effet inverse. Il est souvent le résultat de la faible implication, du désinvestissement et du désengagement des individus ; et aussi de la faible réactivité aux changements dans l'environnement, la flexibilité tardive pour s'adapter aux clients ou le manque de créativité dans le quotidien. Les salariés sont moins attentifs, moins intéressés et surtout moins présents. Ce phénomène conduit à une multitude d'actions réalisées avec distance ou désinvolture, comme si elles n'avaient pas d'importance. Les actions sont faites, mais pas comme elles le devraient. *« On fait simplement ce pourquoi on est payé et pas plus »*, entend-on à la machine à café pour stigmatiser cet état d'esprit. Or, *« la vraie vie »* nous oblige toujours à faire un peu plus. Ce qui nous est demandé est toujours un peu nouveau en termes de nature de la tâche, de délais ou de compétences. Il faut toujours s'adapter, occasionnant un effort d'apprentissage que certains refusent au prétexte que *« ça n'en vaut plus la peine »*. La production est faite, les horaires sont tenus. Tout en apparence est fait. Les exemples ne manquent pas.

L'impact du désengagement

Le désavantage concurrentiel n'entraîne pas une faillite immédiate de l'entreprise, mais un simple dérapage, souvent imperceptible à court terme. L'entreprise devient moins agressive, moins à l'écoute de ses clients. Elle se met en situation de fragilité et de gestion des urgences en permanence. Elle n'est plus en mesure d'influer sur son environnement et se voit imposer par les concurrents des contraintes nouvelles pour s'adapter. Quand vous êtes une entreprise reconnue pour votre initiative et votre performance, tout le monde veut travailler avec vous. Inversement, si votre réputation est moyenne ou mauvaise, c'est à vous de solliciter des partenaires. La stratégie et les tactiques déployées dans un match de football donnent une métaphore utile pour comprendre certaines situations managériales. L'équipe gagnante sait imposer à l'autre son rythme par l'intensité de son jeu et de son style. Cette notion de rythme est le résultat d'une tactique, de compétences individuelles et d'un esprit collectif. Ces différentes composantes aboutissent au résultat escompté, si chaque individu s'engage à fond dans son poste et dans l'optique du « un peu plus » pour l'ensemble de l'équipe.

Les notions d'engagement et de « un peu plus » ne sont pas forcément synonymes de plus de temps de travail, mais d'une responsabilisation et d'une persévérance plus soutenues dans la participation au groupe. Le manager direct doit prendre conscience que son équipe n'est plus suffisamment impliquée. Il doit réagir le plus rapidement possible (*cf.* partie 3). Sans réactivité, « la spirale du désengagement » est enclenchée et le désengagement s'amplifiera progressivement par étape. Elles sont décrites dans la suite de ce chapitre.

Ce focus sur l'importance de l'engagement et, inversement, de l'impact de la perte de sens sur le désengagement des salariés, nous a amené à formaliser « une spirale du désengagement ». Cette courbe d'évolution du désengagement suit la perte de sens. Elle nous permet de formaliser différents stades du retrait des individus du collectif. Les relations dans le groupe se détériorent. Le partage d'expériences devient plus difficile. Tout simplement, le plaisir de travailler ensemble autour d'objectifs communs n'est plus qu'un souvenir lointain. Chacun peut constater dans son entourage professionnel le retrait progressif de certains collègues, collaborateurs ou même de responsables. D'abord, il y a un changement quasiment imperceptible de comportement. Comme s'ils n'étaient plus disponibles à cent pour cent. Puis, le désengagement s'accélère, parfois jusqu'au départ. Avant une rupture, de multiples signaux faibles auraient dû attirer l'attention de l'entourage et provoquer une prise en charge par l'entreprise. Bien sûr, tous les départs ne sont pas le fait d'une perte de sens, mais, compte tenu de la situation française actuelle, évoquée dans la partie 1, les conséquences pour les entreprises sont plus importantes.

Les différentes étapes du désengagement

La perte de sens entraîne l'individu dans une spirale de désengagement de sa participation au groupe, allant de la simple perturbation à la rupture. Les différentes étapes sont la perturbation, l'interrogation, la contestation, le retrait, l'opposition et la rupture. Elles caractérisent différents états successifs du désengagement et sont la conséquence d'une perte de sens, ressentie de plus en plus intensément. Ces états sont chronologiques et le passage de l'un à l'autre se fait selon des effets de cliquet. Le sentiment d'une injustice au moment de l'attribution des bonus, le constat d'un décalage entre l'investissement personnel et les résultats, l'incompréhension des choix stratégiques peuvent, à un moment ou à un autre, provoquer le désengagement. Le manager direct ne le verra sans doute pas immédiatement parce que le salarié continuera à jouer son rôle. Le passage d'une phase à un autre est un événement qui, cumulé à d'autres facteurs, renforce la perte de sens et contribue à adopter une nouvelle attitude au travail. C'est en quelque sorte *« la goutte d'eau qui fait déborder le vase »*.

■ Les facteurs de motivation et de démotivation

Ils changent d'un salarié à un autre, selon des facteurs situationnels propres à chaque personne. Ce qui peut apparaître anodin à l'un devient vital pour l'autre. Par exemple, la joie d'obtenir une mutation, combinée à une promotion, pourra être vécue comme une sanction, si la vie personnelle devient compliquée à gérer pour le salarié. Le comportement est toujours rationnel du point de vue de l'acteur. Chaque événement vécu est interprété par rapport à des sentiments, des intentions ou « en réaction à ».

■ Un processus d'accumulation d'événements

Le désengagement est un processus d'accumulation d'événements interprétés négativement et certains faits, apparemment banals, provoquent le passage d'une phase à une autre. Un salarié qui, depuis des mois, peut-être des années, attend une promotion vivra de manière dramatique le recrutement de quelqu'un sur le poste qu'il espérait et pour lequel il s'était donné cœur et âme. Le facteur déclencheur peut être l'annonce d'une nouvelle organisation, le discours du dirigeant, la mise en place d'un nouvel outil ou simplement le fait que le chef ne lui ait pas adressé des remerciements à la suite d'un investissement important ou de bons résultats. À l'inverse, certains événements peuvent avoir un effet cliquet positif, permettant une évolution dans le réengagement du salarié. Encore faut-il que les managers prennent le temps de s'interroger sur l'état de désimplication de leur équipe et qu'ils imaginent une réponse concrète au désengagement.

■ Les étapes du désengagement

Les six étapes – perturbation, interrogation, contestation, retrait, opposition et rupture – peuvent être regroupées en trois phases qui rythment le processus de désengagement. Après une phase de questionnement, l'individu change de position, en adoptant une posture qui conditionne ses actions. Cette boucle est en permanence réactivée par les événements vécus au quotidien. Selon le niveau de perte de sens, l'intensité du désengagement varie. Les théoriciens du chaos ont résumé ce phénomène par « *petites causes, grands effets* ». Ce principe est quotidien dans le management parce qu'on gère des hommes.

Les étapes du désengagement pour le salarié

Phases	Étapes	Position	Interrogations de désengagements
Questionnement	Perturbation	Je m'inquiète.	Qu'est-ce qui se passe ?
	Interrogation	Je m'interroge.	Est-ce intéressant ?
Posture	Contestation	Je conteste.	Je ne suis pas convaincu(e).
	Retrait	Je me retire.	Ça ne sert à rien de participer.
Action	Opposition	Je m'oppose.	Il faut s'opposer.
	Rupture	Je veux détruire.	Il faut faire échouer le projet.

Les différentes phases, dont nous allons détailler le contenu, peuvent être résumées par le tableau suivant qui illustre à la fois leurs causes et des pistes de solutions envisageables pour que les personnes concernées ne progressent pas dans la spirale du désengagement, qu'elles en sortent pour s'insérer à nouveau dans une logique de participation ou, au moins, de neutralité bienveillante.

Phases du désengagement			
	Étapes	**Causes**	**Solutions**
Questions	Perturbation	Modification des conditions de travail. Modification des finalités (stratégies).	Communication institutionnelle sur le ou les projets de changement, notamment sur le pourquoi et le comment du changement.
Questions	Interrogation	Vais-je perdre mes acquis ? Y a-t-il des opportunités individuelles et/ou collectives ?	Communication ciblée sur les avantages concrets, opérationnels, individuels et collectifs du projet en cours.
Postures	Contestation	Désaccord sur les finalités du projet. Désaccord sur les modalités opérationnelles de déploiement.	Travail avec les parties prenantes sous la forme d'états généraux avec des ateliers sur comment faire mieux ensemble.
Postures	Retrait	Absence de réponse à des demandes. Émergence du sentiment que « tout est joué ».	Travail de lobbying avec les différentes parties prenantes et prendre du temps pour leur apporter des réponses et lever avec eux certaines ambiguïtés.
Actions	Opposition	Défense de symboles identitaires. Sentiment de ne plus pouvoir agir.	Dispositif de **médiation sociale** pour trouver une solution avant le conflit ouvert, en analysant les positions des parties prenantes.
Actions	Rupture	Utilisation d'éléments bloquants. Sentiment de trahison.	Mise en œuvre d'une **cellule de crise** pour amener les parties prenantes à la table des négociations, afin de trouver une solution et sortir du conflit.

Les trois phases du désengagement

De nombreuses interventions en médiation sociale et l'analyse de nombreux conflits nous ont conduits à formaliser la spirale du désengagement en trois phases et six étapes, comme cela a été présenté dans le paragraphe précédent. Des exemples et des situations réels illustrent cette partie.

La phase de questionnement

Le sentiment de perte de sens projette le salarié dans un questionnement sur ses pratiques et son avenir. Il est dans une situation paradoxale. Son vécu ne lui apporte plus les éléments de motivation dont il a besoin pour exister, mais, en même temps, il n'ose pas prendre le risque de tout remettre en cause par peur de perdre ses acquis. En fonction de sa situation, de l'attachement à son métier et des évolutions possibles, la prise de risque change. À cette phase de perturbation succède immédiatement des interrogations sur la préservation de ses acquis et les opportunités du changement.

▨ La perturbation

Les perturbations proviennent essentiellement d'une peur de perdre les avantages actuels et les habitudes liées. Les psychologues parlent de valence pour illustrer l'attachement d'un individu à sa situation. Plus la valence est forte, plus l'individu est attaché à son existant et plus il aura du mal à s'en détacher. Un trop grand nombre de facteurs provoquant la perte de sens, tels qu'ils ont été présentés dans le chapitre 1, peuvent conduire à l'émergence d'un sentiment d'insatisfaction. Il s'agit d'une situation où des éléments auxquels une personne attache de l'importance pour la réalisation de ses activités professionnelles sont modifiés, voire supprimés. En fonction de l'attachement accordé à ces éléments, la perturbation occasionnée est plus ou moins intense. Dès qu'on touche aux conditions de travail des personnes, il y a quasi-obligatoirement l'émergence d'inquiétudes. La perte d'une situation présente connue pour un futur incertain est toujours dérangeante. Un changement modifie les habitudes des personnes. Elles devront nécessairement faire un effort d'adaptation à ce nouveau contexte. Certains y verront une opportunité, mais, pour beaucoup, ce sera plutôt vécu comme une contrainte. Le discours stratégique suivant et les quelques remarques qui suivent montrent cet effet « perturbation ».

Un discours stratégique qui perturbe

« J'entends les remarques des uns et des autres à propos des changements de personnes et d'organisation que nous avons eus au sein de notre direction internationale et je comprends que cela n'ait pas été toujours très lisible pour vous et c'est de mon devoir de vous redonner cette lisibilité stratégique. En accord avec le groupe, nous avons décidé de nous recentrer sur l'Asie et, par conséquent, notre organisation sera dorénavant calée sur cette zone géographique. »

À cette phrase, les remarques suivantes ont été émises par les salariés entre eux montrant ainsi la perturbation créée.

– Et pour ceux qui sont en Amérique latine, que va-t-il se passer ?

– Est-ce qu'ils vont mettre la Russie dans la zone Asie ?

– Je suis sûr qu'ils vont renommer un chef Asie et ça va faire une strate de plus. On était bien tranquille finalement dans ce fonctionnement un peu flou.

▓ L'interrogation

À l'annonce d'un projet, la première réaction est souvent : « *Qu'est-ce qui va changer ?* ». De manière concomitante, deux autres questions se posent : « *Vais-je perdre mes acquis et quelles sont les opportunités individuelles et collectives ?* ». L'exemple suivant mentionne les questions que se sont posées des salariés à l'occasion d'un déménagement qui n'avait pourtant aucune implication forte pour les personnes concernées, outre le fait qu'elles changeaient de lieu de travail.

Un déménagement perturbant

Une enseigne de distribution a décidé de déménager son siège social d'une ville du département 93 à Nanterre dans le 92. L'entreprise quittait des locaux obsolètes et plus adaptés à ses besoins. Malgré cette évolution qualitative des conditions de travail, de nombreux salariés étaient perturbés à l'idée de cette transformation, qui modifiait profondément leur vie au travail. Des questions très basiques, comme celles qui suivent, montrent les interrogations que les salariés se posaient à l'occasion de ce changement :

– Dans quel bureau et avec qui vais-je être ? Vais-je perdre mon bureau personnel pour un *open space* ?

– Comment allons-nous faire pour déjeuner ? Y aura-t-il un parking ? Nos temps de transport seront-ils rallongés ?

– Est-ce qu'on va changer de mode de fonctionnement ?

– Verrai-je plus ou moins mon chef ?

– Il paraît que nous aurons des badges pour entrer, encore une idée pour nous contrôler plus ?

– Et puis ma plante, est-ce que je pourrai la conserver dans mon futur bureau ?

– Est-ce que nous aurons une prime de transport ?

– Nos horaires de travail seront-ils revus ?

Toutes ces questions peuvent paraître anecdotiques aux yeux d'un dirigeant, qui voit dans le changement un moyen de dynamiser ses équipes, de déployer les ressources différemment et de faciliter les innovations. Pour les intéressés, toutes ces visions prospectives laissent place à des questionnements et des préoccupations plus pragmatiques. Le changement est une source de troubles à gérer. Cette perturbation peut être définie comme une gêne occasionnée par un changement qui met la personne concernée en situation d'interrogation sur ses conditions de travail. Il n'y a pas de velléités d'opposition *a priori*, mais des inquiétudes naturelles auxquelles le dirigeant doit répondre. À défaut, les doutes et les inquiétudes risquent de provoquer un questionnement sur le sens du changement et laisser place à des interprétations négatives, puis à une posture de contestation des décisions.

La phase de posture

Le questionnement laisse très rapidement place à une posture, c'est-à-dire à un avis positif, négatif ou neutre à l'égard d'un projet ou de décisions impliquant des changements pour la personne. Après la question *« Qu'est-ce que c'est ? »* vient l'affirmation *« C'est bien ou mal »*.

Les postures de désengagement sont progressives. Il y a d'abord un avis neutre-négatif qui se matérialise par des verbatim du type *« Je ne suis pas convaincu »*. Viennent ensuite les affirmations : *« Je ne suis pas d'accord, je trouve cela inutile, je préfère me retirer »*. Cette progression est marquée par une étape de contestation, à laquelle succède une période de mise en retrait.

La contestation

Les désaccords sur les finalités, l'organisation, les hommes, les moyens d'un projet se matérialisent par des actions de contestation plus ou moins accentuées : *« Je ne suis pas convaincu, je ne suis pas d'accord, je suis opposé, je désapprouve totalement, c'est complètement absurde de faire comme cela. »* La contestation peut se matérialiser de manière directe par des échanges avec les responsables ou bien de manière diffuse par de petites remarques et des revendications anodines sur de multiples sujets en relation avec ce même projet, comme l'illustre l'exemple suivant.

Changement d'organisation commerciale

Pour répondre à la pression concurrentielle, une entreprise de distribution de produits destinés au BTP a lancé des projets de réorganisation pour répondre à cette nouvelle donne concurrentielle et commerciale. L'un des projets consistait à mutualiser les portefeuilles de clients industriels auparavant répartis entre plusieurs directions régionales. Cette mutualisation permettrait ainsi une continuité de service et une optimisation des ressources. Mais cette option organisationnelle allait à l'encontre d'un symbole fort qui est celui de l'autonomie et de l'indépendance des directions régionales. Il n'y a pas eu d'opposition frontale au projet. Aucun directeur régional n'aurait osé se positionner contre un projet qui allait dans le sens de l'histoire de l'entreprise et de sa nouvelle stratégie. Une stratégie de revendications sur des thèmes opérationnels s'est progressivement développée. La gestion du courrier ou des appels téléphoniques sont devenus des sujets conflictuels, avec le seul but de discréditer d'un point de vue opérationnel le projet et d'avoir des arguments pour ne plus y participer. De manière paradoxale, les directeurs disaient ne pas avoir de solutions aux problèmes qu'ils devaient traiter. Le projet de mutualisation a ainsi « tourné en rond » pendant plusieurs mois avant qu'ils comprennent leur intérêt d'y participer.

■ Le retrait

Soit la contestation est prise en compte et des réponses sont apportées par des ajustements ou des explications sur les choix et la situation a alors une chance d'être rétablie ; soit la contestation n'est pas prise en compte ou les réponses apportées ne sont pas jugées satisfaisantes et, dans ce cas, le dirigeant peut avoir à faire face à des retraits. La conséquence immédiate de ce sentiment de frustration réside dans un comportement qu'on peut résumer à : « *Je ne ferai que mon travail et pas plus en attendant* ». Cette phrase, très souvent citée, évoque une situation où le salarié décide de ne pas se retirer complètement, au risque de ne plus remplir ses obligations contractuelles. Il fait savoir qu'il ne s'investira pas et qu'il juge la situation anormale. Il est en attente d'autre chose. Il se considère en droit d'obtenir d'autres conditions de travail, mais continue à être présent et à s'impliquer *a minima*.

Le projet CMMI (*Capability Maturity Model Integration*)

Une grande entreprise industrielle a pris la décision de se doter d'une norme méthodologique en matière de gestion de projet en système d'information. Dans ce cadre, elle a choisi le standard CMMI qui préconise des bonnes pratiques pour la gestion des systèmes d'information et qualifie le niveau des compétences sur cinq niveaux. Vouloir normaliser la gestion de projets pour qu'ils soient réalisés dans les meilleures conditions apparaissait comme une opportunité aux yeux des intéressés (environ 1 500 personnes regroupées au sein de l'entité Système d'Information), qui étaient même demandeurs de ce type de démarche. Lors de la présentation de ce projet aux principaux acteurs réunis en assemblée (environ 400 personnes), le responsable a eu la maladresse de positionner le projet de la manière suivante : *« Nous devons améliorer nos pratiques en gestion de projet et les professionnaliser par une standardisation. Aussi avons-nous opté pour le standard CMMI et ambitionnons d'avoir le niveau 4, comme l'ont de nombreuses entreprises informatiques indiennes. De plus, nous sélectionnerons nos partenaires et nos sous-traitants, en tenant compte de ce niveau pour une meilleure synergie ».*

Cette phrase anodine a jeté un froid dans la salle et ce projet, qui était perçu comme une opportunité, est devenu pour beaucoup une menace. Pour la majeure partie des participants, l'association de l'Inde à ce projet a été perçue comme le début de la délocalisation de l'informatique et d'une probable perte de leur emploi. Pourquoi une telle amplification ? Parce que la préoccupation principale des informaticiens réunis n'était pas tant l'amélioration de leurs pratiques que le risque de la délocalisation qu'ils pressentaient à partir de tout ce qu'ils pouvaient lire dans la presse.

Il est encore possible de gérer rationnellement des postures de contestation ou de retrait par une compréhension des arguments des salariés. Les réponses apportées peuvent apaiser la situation. L'effet cliquet vers la phase active d'opposition ou de rupture mobilisera plus d'énergie et sera plus coûteux pour l'entreprise.

La phase d'action

La phase d'action cristallise le désengagement, en le rendant visible. Les personnes s'opposent et se mettent en situation de rupture. Elles s'affichent publiquement en opposition avec leur hiérarchie. Le climat est à ce point détérioré entre les différentes parties prenantes qu'un conflit s'engage. De manière graduelle, il passe d'abord par une étape d'opposition pour tenter de faire évoluer le projet initial, puis à une étape de rupture pour faire en sorte que le projet initial soit abandonné.

L'opposition

Des personnes, déjà en situation de retrait ou de contestation, basculent dans l'opposition quand elles pensent que leurs symboles identitaires forts sont menacés. Elles perçoivent une perte de leur identité au travail et par là même une partie de ce qui justifie leur présence aux yeux des autres et d'eux-mêmes. Dans le film de Ken Loach, *The Navigators*, traitant de la privatisation des chemins de fer anglais, le réalisateur développe un élément très fort de la remise en cause des symboles identitaires des cheminots. Depuis toujours, ils travaillaient en équipe et, du jour au lendemain, on sépare les membres des équipes au prétexte qu'ils n'appartenaient plus aux mêmes entités et entreprises. Dans une logique libérale, ils étaient en concurrence les uns avec les autres. Cela ne pouvait pas se concevoir pour des personnes qui avaient l'habitude de travailler ensemble et dont le sentiment d'appartenance à l'entreprise et à leur métier donnait du sens à leur vie professionnelle.

Les salariés basculent d'un état de posture à celui de l'action lorsqu'ils ont l'impression que *« tout est joué et qu'ils ne pourront plus influer sur leur environnement »*. Ils restent alors sur leur position et leurs acquis, refusant toute évolution par principe. La phrase suivante extraite de l'interview d'un contremaître dans l'industrie évoque ce sentiment d'impuissance et de désillusion : *« Ça ne sert à rien de s'investir, nous sommes en sursis. Avec tout ce qui se passe, il y a un risque important qu'on soit un jour ou l'autre licencié. On nous demande de nous investir dans ce projet qualité, mais, en fait, c'est pour mieux normaliser et standardiser, afin de se passer de notre compétence. Avec un peu de chance, on nous offrira un nouveau job en Roumanie pour 200 euros par mois. »*

▪ La rupture

La rupture est le stade extrême de la spirale du désengagement. Les personnes qui optent pour ce comportement ont pour objectif la disparition du projet et des personnes qui l'incarnent à leurs yeux. Le mot d'ordre consiste *« à faire échouer le projet, à faire tomber des têtes »*. Par rapport aux étapes précédentes, il y a une différence fondamentale : les personnes en situation de rupture ne participent plus au collectif, même de manière distante. Ils se mettent en situation d'occupation des lieux de travail et parfois en grève. C'est toute la différence entre une négociation diplomatique et une situation de guerre. Dans les autres étapes, les salariés pouvaient être en retrait ou en contestation, mais ils continuaient à travailler et à participer à l'action collective. La rupture, c'est la forme ultime de la revendication car l'opposition qui en résulte laissera forcément des traces, même après l'apaisement. La rupture met les salariés en situation d'opposition ouverte avec le management. Les éléments qui mènent à cette situation sont très variés. Souvent, le sentiment de perte de confiance en l'autre, dû à des éléments de blocage ou à l'émergence d'un sentiment de trahison, complique les relations et renforce les jugements négatifs. L'autre ne respecte plus les règles du jeu. Il faut alors lui montrer notre désaccord et notre opposition, au risque de se voir dépossédé de quelque chose. Tous les événements deviennent très importants pour attribuer un sens à la situation. Les mouvements de grève peuvent être subis et révèlent un profond malaise qui n'avait pas pu s'exprimer autrement avant.

L'exemple décrit ci-dessous montre le désarroi identitaire des personnes concernées et comment ce désarroi se transforme en mouvement conflictuel, à l'occasion de la nomination d'une personne à un poste décisionnel.

La grève des cols blancs dans une société de formation

En novembre 2004, 50 formateurs d'un institut de formation privé se sont mis en grève en bloquant l'accès du site de formation aux stagiaires d'entreprise qui venaient y suivre des formations, à la suite de la nomination d'un responsable des contenus des formations. L'interview suivante du directeur de cet établissement nous donne des pistes d'explication à ce mouvement de crise.

Un mouvement bref qui nous a surpris. Nous avons été très surpris de voir émerger une grève dans un environnement relativement tranquille. Ce sont les formateurs qui ont décidé de déposer un mouvement de grève en plein mois de mars, en occupant les locaux, en empêchant l'activité et en distribuant des tracts dans la rue. Les revendications avancées étaient essentiellement liées à la rémunération, mais également aux conditions de travail et plus particulièrement à ce que l'entreprise était en mesure de leur offrir. Dans notre entreprise, dans un secteur « intellectuel », ce mouvement nous a surpris car ce n'est pas dans nos habitudes. Nous étions très surpris par les revendications. La rémunération des formateurs est celle du marché et cela était convenu contractuellement lors de la signature de leur contrat. Sur les conditions de travail, ce sont des personnes « multicartes » qui font des interventions dans différentes entreprises de formation. Ils interviennent pour nous à la demande sur des missions avec un nombre d'heures défini à l'avance. Ils ont toujours revendiqué leur indépendance vis-à-vis de l'établissement. Le contrat « social » que nous avions avec eux était justement cette liberté que nous leur offrions.

Une subite envie d'appartenir au groupe. Dans les négociations, nous avons négocié une hausse de rémunération qui était la revendication centrale. Mais cela ne leur suffisait pas. Ils voulaient autre chose, mais ne savaient pas très bien le formaliser. Ils voulaient être davantage associés à la vie de l'établissement. Quand on leur demandait ce que cela signifiait concrètement, les réponses étaient assez évasives et rien de concret ne nous était demandé. On avait l'impression que, d'un seul coup, ils voulaient investir des fonctions d'organisation et de stratégie de l'établissement alors qu'au préalable, ils refusaient systématiquement ce type de fonctions, jugeant que cela était un travail administratif indigne de leur savoir académique. Était-ce une envie d'investir les fonctions administratives ou bien d'avoir des éléments qui montreraient leur appartenance au groupe et à la structure ? Ils ont eu un moment de peur et ont pris conscience qu'ils étaient tous seuls et ils avaient un besoin de reconnaissance. Un formateur gréviste a dit : « *C'est un peu nous qui avons fait cet établissement* ». Au-delà de leur participation à la production pédagogique, ils voulaient autre chose.

L'importance de leur identité sociale. L'établissement a été créé il y a 15 ans et nous avons toujours été dans une logique de création et de construction. Il y a eu de nombreux projets pour montrer que nous existions et que nous étions un établissement de qualité. Maintenant que nous sommes installés, ce mode de fonctionnement « pionnier » ne correspond peut-être plus à leurs attentes ? Nous avons beaucoup de gros projets à mener, comme le e-learning et l'internationalisation. Est-ce que, par rapport à ces échéances, ils ont peur ou bien veulent-ils y être associés ? On a l'impression de mercenaires qui frappent à la porte de la caserne et qui demandent à défiler au pas. Nous avons une population où tout le monde a bac + 5 et ce sont tous des « intellectuels ». Ils aspirent à participer au pilotage de l'établissement. Le problème, c'est qu'il n'y a pas de place pour tous. Je ne peux pas proposer des postes de responsable à tout le monde. C'est peut-être une question d'âge, les plus actifs dans le mouvement sont des personnes d'une quarantaine d'années. Peut-être qu'ils ne veulent plus d'une position de « formateur volant » et ainsi s'inscrire dans une structure qui leur donnerait des symboles sociaux forts et visibles dans leur environnement personnel. Par rapport à ces envies, l'une des difficultés est qu'ils ne disposent pas des compétences nécessaires pour occuper des postes de management et d'organisation. Ils voient que ces postes sont occupés par des anciens formateurs, ils se disent donc : « *Moi aussi, je peux le faire* », sans voir que ces personnes ont fait l'investissement d'un savoir managérial. Ils ont envie de faire autre chose, mais ne savent pas exactement quoi.

Un programme d'incitation et de motivation. Après le règlement de la crise qui nous a amené à octroyer des augmentations et à ouvrir un dossier sur le thème de la reconnaissance et de l'intégration à la vie de l'établissement, nous avons créé des groupes de travail avec l'objectif de les faire participer à la définition de leur activité. Un groupe sur le thème « Former avec les nouvelles technologies » et un autre sur « L'internationalisation ». Nous voulons aussi créer un comité d'établissement, où seront débattues les questions fondamentales pour nous.

La gestion des crises

« Le cristal se brise selon des lignes de fractures déjà présentes ». Cette citation de Freud exprime clairement la problématique de la gestion des crises et le *sensemaking*. Une situation sociale comporte, comme un iceberg, une partie visible et une partie invisible. La perte de sens fait partie de la partie immergée et donc invisible. Elle se révèle souvent lorsqu'il est trop tard, au moment des conflits. Si on dispose des concepts et des outils d'analyse des situations conflictuelles, les moyens de comprendre la complexité des situations de crise font défaut. Les dirigeants confrontés à un conflit réagissent souvent, plus qu'ils n'agissent, sans prendre en compte les causes réelles et les conséquences potentielles pour l'entreprise.

Or, le conflit n'est que la manifestation évidente d'une accumulation d'événements significatifs, négatifs, non ou mal gérés au moment où ils se sont produits. La crise se révèle lorsque des intérêts contradictoires se cristallisent et s'affrontent sur des oppositions antérieures, accumulées et avivées par un fait déclencheur singulier. Le management des ressources humaines dans cette situation est souvent contraint de traiter la situation dans l'urgence, avec des coûts élevés, sans pouvoir intervenir en profondeur sur les dysfonctionnements constatés ou supposés. Les grèves, notamment, sont souvent le symptôme d'une période passée, où des attentes sociales n'ont pas été satisfaites. Le conflit joue alors comme un instrument pour projeter les insatisfactions individuelles et collectives. Les enjeux de *sensemaking* se cristallisent dans l'attente d'une réponse. Il n'y a pas de conflit sans cause. Même une grève à la RATP s'explique par autre chose que de l'activisme syndical.

Définition d'une situation de crise

Le concept de crise recouvre deux acceptions différentes. Dans une première approche, il s'agit d'un moment exceptionnel, où les acteurs, les groupes d'acteurs s'affrontent dans un conflit ouvert. Cette situation se traduit dans la plupart des cas par une lutte de pouvoir, avec un gagnant et un perdant. Le rapport de force est toujours interprété de cette manière par les salariés. L'attribution de sens est souvent imprévisible, mais rarement positive pour l'entreprise car elle se nourrit de l'échec. Dans une seconde définition, la crise est un processus d'enchaînement d'événements chaotiques et d'oppositions entre les individus. Elle aboutit à une lutte, puis à une période d'incertitude, dans laquelle les acteurs normalisent leurs relations par des ajustements, pour continuer à agir ensemble. Le processus de négociation est alors créateur de sens pour les salariés.

C'est plutôt à la seconde conception qu'on s'intéresse pour comprendre les enchaînements logiques de perte de sens. La crise ne peut pas se résumer à un cycle de vie du conflit ou à un événement à l'origine d'un affrontement. Pour représenter les crises organisationnelles et leur donner du sens, il est nécessaire de prendre en compte la totalité du processus amont, avant même que les tensions n'apparaissent dans l'entreprise. Le conflit fait partie de la vie organisationnelle et ne peut être isolé des réalités quotidiennes. Ce n'est qu'un moment exceptionnel dans des relations habituelles entre acteurs. Pour le résoudre, le groupe dirigeant doit prendre en compte les représentations des salariés, au moment de la prise de conscience collective d'une situation empoisonnée.

▩ Trois facteurs déclenchants

Les situations de crise ont trois caractéristiques principales :
- elles mettent en péril les objectifs prioritaires de l'organisation (stratégie, rentabilité…) ;
- les acteurs manquent souvent de temps pour s'investir dans la réponse aux événements ;
- la rapidité de l'escalade surprend les acteurs, le côté inattendu ou non anticipé par les décideurs gêne les propositions.

Par conséquent, la crise organisationnelle implique les salariés dans des interactions exceptionnelles. Elle révèle les oppositions latentes, les ressentiments, les contradictions du système social, déjà présentes avant les manifestations visibles du conflit ouvert. Les discours des salariés révèlent à ce moment-là des frustrations et des incompréhensions accumulées pendant les semaines ou les mois précédents. Un changement dans le mode d'évaluation ou de rémunération, le départ d'un cadre apprécié ou une réorganisation trop rapide remettent en cause la représentation du salarié sur sa situation et le tissu de relations dans lequel il travaillait. La crise provoque la cristallisation d'une situation dans laquelle les acteurs projettent leurs propres contradictions, leurs insatisfactions et leurs attentes sur l'entreprise et le groupe dirigeant. La confrontation entre les représentations individuelles constitue le véritable processus d'interrogation sur le sens pour le groupe dirigeant confronté à cette situation. Même si un événement externe ou interne, imprévisible, provoque des tensions internes et des risques pour la pérennité de l'organisation, la situation de crise ne fait qu'aviver les oppositions entre les composantes en tension de l'entreprise.

▦ Les situations de crise recouvrent trois moments

La crise émergente apparaît lorsqu'il se produit une instabilité dans les actions individuelles et les relations interpersonnelles. Il existe un risque d'effet pervers par un processus cumulatif. Par exemple, la détérioration du climat de confiance entre des acteurs déclenche des mécanismes de résistance, de rétention d'informations et désagrège le processus coopératif.

La crise déclarée est visible quand il y a blocage des mécanismes habituels de la décision, de l'action ou du contrôle et une prise de conscience de cette situation par les acteurs. Par exemple, l'incapacité à trouver un accord salarial par la négociation, provoque des discours de revendications par le corps social ou ses représentants.

La crise dépassée a lieu quand une situation se transforme en conflit ouvert entre les salariés ou les groupes d'acteurs, et donc ne peut se résoudre que par une lutte de pouvoir. Les grèves ou les procédures de redressement judiciaire constatent l'échec de l'entreprise à pérenniser son activité.

▦ Facteurs déclenchant le processus de crise

En amont de ces trois phases, les conditions initiales du système et des événements singuliers ont favorisé le déclenchement du processus. En aval, les conséquences pour l'organisation et les salariés doivent être évaluées.

Le déterminisme économique de la flexibilité du travail

La notion de crise est souvent associée à une situation économique. On explique les problèmes par des contraintes externes. Dans le discours des dirigeants, particulièrement, la crise justifie les plans de licenciement, la stabilité des salaires, la rationalisation de la production ou les délocalisations. Il ne s'agit pas de nier les contraintes externes qui pèsent sur l'entreprise, ni de remettre en cause l'impact des difficultés économiques sur les résultats des entreprises. Par exemple, la volonté de mettre en œuvre

> un programme de réduction des coûts peut être à l'origine d'une crise organisationnelle. La tentative de beaucoup d'entreprises françaises, pour maximiser la productivité, s'accompagne de la recherche d'un minimum social à garantir pour éviter le conflit. Mais cette politique provoque une opposition artificielle entre l'économique et le social. La croyance à un arbitrage entre la rentabilité (dimension collective) et la satisfaction (dimension individuelle) crée des tensions entre le rôle professionnel des acteurs et leurs attentes personnelles. Les événements récents dans l'entreprise Moulinex illustrent ce dilemme.

De multiples événements peuvent entraîner une crise dans l'entreprise. À l'origine d'une crise se trouve toujours un acteur clé ou un événement déclenchant. Mais tout acteur ou tout événement peut être à l'origine d'une situation conflictuelle. Il ne s'agit pas d'aseptiser la vie sociale par une volonté prométhéenne et naïve, mais d'éviter qu'une situation de négociation, de transaction ou d'échange avive un processus cumulatif à l'origine d'une crise déclarée. Contenir l'évolution de la masse salariale est un principe évident de bonne gestion. Mais les salariés prennent nécessairement en compte d'autres critères que la rentabilité de l'entreprise dans leur demande d'augmentation : les résultats personnels, le coût de la vie ou la comparaison avec leur environnement social expliquent les demandes. L'entreprise ne peut pas prendre en compte ces aspects, mais les réponses négatives entraînent des frustrations chez les salariés. En période de bons résultats, l'entreprise doit distribuer du pouvoir d'achat pour que, en période de crise, les salariés acceptent la modération, voire les diminutions de rémunération. Le *sensemaking* se construit dans des principes comme celui-là.

La plupart des situations de crise déclarée résultent de l'un des trois processus cumulatifs :
- la diffusion ;
- l'opposition graduelle ;
- la provocation de changements organisationnels.

Les trois modèles se combinent souvent dans la réalité. Pour le dirigeant, il importe de comprendre comment une instabilité conflictuelle naît dans l'entreprise et se cristallise dans l'organisation sur des événements, des représentations et des attitudes avant le conflit. Ils correspondent à trois scénarios qui conduisent au conflit et à la perte de sens. Ces processus, cumulatifs, se traduisent par une crise, s'ils ne sont pas gérés à temps par le groupe dirigeant.

Processus 1 : la diffusion (étendue)

▪ Cas 1 : le singulier provoque le collectif

Un acteur projette dans l'entreprise ses conflits internes, grâce aux interactions avec les autres. L'acteur extériorise ses contradictions et provoque des réactions conflictuelles. Par effet « boule de neige », il déclenche dans l'organisation un enchaînement d'événements qui révèle des oppositions émergentes. Kets de Vries et Larry Cohen[2] ont étudié ce processus au niveau des dirigeants. Ils révèlent que leurs interventions sur les structures projettent leurs propres névroses. Plus le temps passe, plus les névroses se diffusent dans l'organisation. À terme, la crise est inévitable, lorsque les contradictions ne peuvent plus être gérées par des ajustements mutuels.

▪ Cas 2 : l'aléatoire brise les faux consensus

Un événement extérieur imprévisible contraint l'organisation à une réaction rapide. L'apparente stabilité de la cohérence organisationnelle ne résiste pas aux changements imposés et aux nécessaires décisions à prendre.

Pour maîtriser l'imprévu, l'entreprise doit être cohérente et favoriser ses capacités de réactivité. À défaut, le processus cumulatif est inévitable jusqu'à la crise.

Processus 2 : l'opposition graduelle

▪ Cas 1 : une remise en cause de la légitimité du groupe dirigeant

Pour un motif, justifié ou non, le corps social doute de la capacité du groupe dirigeant à conduire les activités de l'entreprise. La remise en cause de l'objectif, des moyens, des responsables ou des processus de gestion cristallise une opposition entre des représentations, plus qu'elle ne rend compte d'une réalité objective supposée. Toute intervention de dénégation, ou des tentatives de contrôle de la situation, risque de renforcer les jugements négatifs. Les plans sociaux successifs des entreprises entrent dans cette catégorie. Les salariés constatent les réductions d'effectifs et entendent des discours sur la nécessaire solidarité… pour ceux qui restent.

---

2. Kets de Vries, Larry Cohen, *Combat contre l'irrationalité des managers*, Éditions d'Organisation, 2002.

Ces pratiques conduisent à une position d'attente, de retrait ou de fuite dans le corps social. Le processus cumulatif de non-gestion de la crise est alors engagé.

▨ Cas 2 : le système organisationnel n'est plus cohérent avec l'activité et les attentes du corps social

Dans les réalités et dans les représentations des salariés, l'entreprise ne remplit plus sa mission vis-à-vis d'eux. L'activité, les valeurs et les objectifs ne correspondent plus aux moyens engagés. Un processus d'accumulation d'événements contraires à ce qui est considéré comme bon pour l'organisation est alors probable, soit l'entreprise gère le déclin (ce qui est une forme de crise), soit elle reconvertit ses activités et, dans ce cas, la crise est inévitable (changement organisationnel).

Ce processus apparaît comme une simple logique de sélection économique naturelle. C'est donc plus dans la manière de le gérer que dans les résistances sociales, que l'on observe une crise.

Processus 3 : la provocation du changement organisationnel

▨ Cas 1 : le groupe dirigeant initie un changement organisationnel pour des motifs externes

Le changement organisationnel est une nécessité, au moins dans l'ordre du discours. On présuppose qu'il a vocation à permettre une adaptation de l'organisation à l'environnement et aux conditions de la concurrence. Quelle que soit sa justification, le changement provoque des résistances. Toute évolution est une remise en cause du passé. Le corps social discute les objectifs et les moyens du changement. Par exemple, les décisions de localisation spatiale des entreprises se justifient par des motifs économiques et de compétitivité. Mais, la plupart du temps, c'est une fracture pour le corps social et, à terme, une crise, si les délocalisations ne sont pas acceptées par les salariés comme une condition de la survie de l'entreprise.

▨ Cas 2, les contradictions internes à l'organisation légitiment une évolution de l'organisation

Le groupe dirigeant peut décider d'altérer volontairement la cohérence organisationnelle dans l'intention de changer les modes de fonctionnement et la régulation interne. Dans ces conditions, le changement organisationnel a vocation à redonner de l'autonomie aux dirigeants dans leur management. Mais une évolution non légitimée par le corps social se traduit souvent par des réactions négatives. Les contraintes avivent les résistances et le processus cumulatif est alors engagé jusqu'à la crise.

La gestion des crises dans l'entreprise

Les trois processus génériques, traduits par six situations fréquentes, risquent de survenir dans l'entreprise, si le groupe dirigeant n'intervient pas le plus tôt possible sur la situation pour l'endiguer avant le conflit. Pour anticiper, il est nécessaire de disposer d'outils de GRH pour la prévention et d'une véritable capacité d'action. Les managers opérationnels sont en général peu sensibilisés à ces problèmes, souvent relationnels. Beaucoup d'entreprises sont trop focalisées sur les tableaux de bord financiers pour percevoir les attentes du corps social. À trop opposer rentabilité économique et salaires, dans une logique antinomique, la convergence des intérêts entre le collectif et l'individuel risque de ne pas résister aux conflits de représentation entre l'implication et la satisfaction individuelle. La remise en cause du sens au travail naît souvent de la perception d'une dissension entre le pourquoi et le comment.

Cependant, toutes les entreprises sont potentiellement conflictuelles puisqu'elles rassemblent des hommes pour une action commune. L'intervention tardive du management, lorsque les manifestations d'un état de crise sont visibles, complique les méthodes de l'intervention par rapport à une gestion anticipée. La crise est alors vécue dramatiquement par un grand nombre de salariés. Le manque d'informations, le refus d'intervenir et le recours systématique au modèle du « garbage can »[3] annihilent les chances de résoudre durablement la crise de sens. Les salariés sont alors contraints d'intérioriser leurs frustrations jusqu'à la prochaine crise. Ce faisant, l'implication, l'engagement et sans doute la productivité diminueront.

---

3. *Garbage can* : l'organisation dispose de réponses toutes prêtes pour l'action. Elle attend que les problèmes se posent pour les appliquer, sans prendre en compte les contingences particulières à la situation.

Certains outils de gestion masquent involontairement des situations de crise et interdisent donc une réaction rapide de la part du management général. Par exemple, le système comptable, à la base de la gestion financière, ne révèle pas suffisamment tôt les dérives du système de gestion des hommes. Le groupe dirigeant ne prend donc pas conscience à temps d'une instabilité et de la réduction de ses capacités d'action. Il est alors difficile pour un acteur engagé dans l'action de prendre conscience de la nature de la crise, avant que les manifestations visibles ne l'obligent à réagir. Néanmoins, il est nécessaire d'identifier les conséquences, potentielles et réelles, de la crise sur l'entreprise et pour les salariés, avant d'envisager des décisions pour redonner du sens à l'action.

Lorsque la crise est dans une phase « dépassée » d'affrontement, il est inutile d'essayer de revenir à la situation initiale. Il vaut mieux entrer dans un processus de changement organisationnel et provoquer les adaptations du comportement des salariés. En participant au mouvement social, le groupe dirigeant retrouve des degrés de liberté, par une action raisonnée sur le style de management qu'il tente de faire partager.

Contre-exemple de non-gestion de crise et effet pervers

Dans les procédures de plans sociaux, les premières décisions des dirigeants après le déclenchement d'une crise peuvent parfois aggraver le conflit. Lorsque des difficultés surviennent dans les entreprises, le premier réflexe consiste à réduire les effectifs pour diminuer les coûts. Si cette mesure immédiate a des résultats rapides sur le résultat, on observe, dans certaines situations, des effets pervers à plus ou moins long terme.

Ce sont plus les erreurs de jugement des dirigeants que les causes qui entraînent des effets pervers sur les représentations des salariés de la légitimité et des compétences du management général de l'entreprise. Le sentiment d'appartenance à l'entreprise change. L'engagement des salariés diminue si une menace plane sur leur avenir professionnel.

Le groupe dirigeant doit donc convaincre du bien-fondé de ses décisions pour obtenir l'adhésion. Cette situation ajoute une complication sociale à la complexité économique. L'opposition entre les intérêts économiques et les attentes sociales, comme entre le discours et les pratiques, renforcent le conflit.

La vie quotidienne en entreprise n'est jamais un long fleuve tranquille. Les relations des salariés entre eux et entre les salariés et leur manager sont naturellement sujettes à des conflits. Les lieux de travail sont des situations sociales, où des hommes et des femmes vivent ensemble entre huit et dix heures par jour. Il est donc normal que des incompréhensions, des divergences ou des sentiments différents provoquent des conflits. Mais la notion de perte de sens est différente. Elle survient lorsque les salariés ne comprennent plus les raisons de leur présence ou ont l'impression d'être engagés dans un environnement qu'ils ne maîtrisent pas. Le désengagement est la seule réponse pour eux.

Le chapitre suivant développe les attentes des individus et par la même nous apporte des éléments de réponse quant aux attentes actuelles des individus dans leur relation au travail.

Chapitre 5

Les attentes des individus

Dans les chapitres précédents, nous avons analysé des situations de perte de sens et de désengagement des salariés. Il est maintenant temps de s'interroger sur les causes profondes de ces situations sociales et personnelles. La violence en entreprise, la mise en situation de stress, le diktat des marchés financiers ne datent pas d'hier. Il y a donc d'autres événements qui provoquent et amplifient le désarroi et le désengagement de certains salariés. Au-delà des situations sociales, plus ou moins complexes, les constantes de la psychologie expliquent le sentiment d'incompréhension au quotidien pour de nombreuses personnes. Nous aborderons ces contraintes psychologiques au travers de la règle des 3M et du rôle identitaire de la culture d'entreprise. Nous traiterons également les apports et les limites d'outils de management RH pour la gestion de ces contraintes psychologiques.

La règle des 3M

N'ayons pas peur des mots, l'être humain est un « animal social ». Les comportements, les attentes ou les réactions sur le lieu de travail sont identiques à l'ensemble des moments de la vie humaine. On naît, on vit et on meurt à l'intérieur d'un tissu de relations sociales qui contribue à construire notre identité. Les « autres » nous renvoient une image plus ou moins positive de ce qu'on est et de ce qu'on fait. Pour vivre et survivre dans un espace social, l'individu développe un sentiment d'appartenance, se valorise par ses relations et trouve des points de repère identitaires dans l'histoire de ses relations interpersonnelles. La plupart de ces facteurs structurants sont inconscients. Rares sont les acteurs qui déploient une stratégie individuelle consciente. Les individus appartiennent à de multiples réseaux qui évoluent dans le temps et dont les limites sont floues.

L'acteur et la société

Pour beaucoup de personnes, l'image de soi se construit dans les échanges avec la famille et les amis, les interactions dans le métier et l'entreprise, le sentiment d'appartenance à un pays et une nation. Or, ces trois espaces identitaires ont profondément évolué depuis trente ans. Les familles sont éclatées, de plus en plus monoparentales. L'entreprise est devenue multinationale, elle est en situation d'hyper compétitivité et en recomposition permanente, dans laquelle les salariés sont des ressources comme les autres. L'idée de nation ne s'exprime dorénavant que dans des moments exceptionnels (élections, sports, catastrophes) et la construction européenne est souvent perçue en concurrence avec les autres pays.

« *So What* », diraient les Anglo-Saxons. L'entreprise ne peut être responsable des transformations sociales et des mouvements de délitement de la société. En revanche, les acteurs économiques ne peuvent pas négliger ces évolutions : elles entrent de fait dans les rapports au travail. La volonté de rendre les salariés performants par le stress et le dépassement de soi amplifie les mouvements d'incompréhension et de retrait. Un salarié dont le niveau d'employabilité est faible, qui sait que son entreprise est en difficulté et qui n'a pas confiance en l'avenir, développera un sentiment d'insécurité et n'aura plus la motivation nécessaire pour faire abstraction de ces risques dans son activité professionnelle.

Il est donc important de refonder le lien social dans les situations de travail. La plupart des recherches, l'expérience de nombreux dirigeants montrent que le respect des hommes au travail et la reconnaissance de la contribution du salarié se retrouvent à un moment ou à un autre dans le résultat financier. Encore faut-il respecter dans l'entreprise les règles basiques de la vie sociale. Toutes les parties prenantes évaluent leur situation, en regard d'une triade valide dans la plupart des sociétés humaines.

Figure 2 : Les trois minimum (3M)

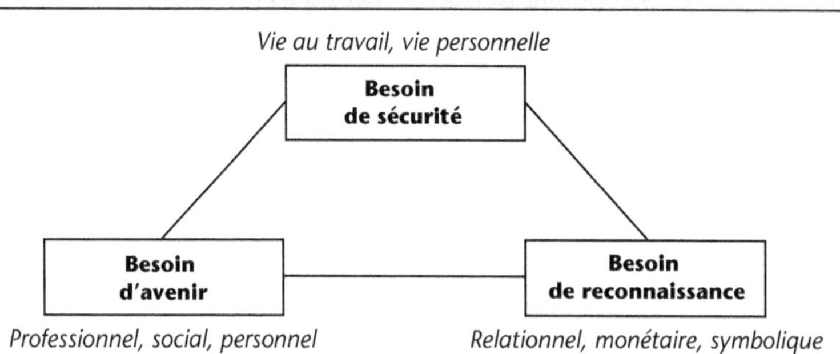

Si l'on abandonne l'un de ces trois fondements de la nature humaine, l'ensemble de la pyramide sociale s'écroule. Appliqué au management, cela signifie que tout salarié a besoin d'un minimum de sécurité dans sa situation professionnelle, de reconnaissance sur le travail accompli et d'un minimum d'avenir dans l'entreprise, pour s'impliquer réellement dans son activité professionnelle. À défaut, l'acteur se mettra en situation de stress ou de retrait et l'entreprise perdra progressivement la capacité à manager les équipes de travail sans s'en rendre compte.

Il ne s'agit pas de faire prendre en charge par l'entreprise les attentes extraprofessionnelles des salariés, jeunes et moins jeunes, mais de les déplacer sur les parcours professionnels et de répondre à certains besoins dans le cadre de l'activité. Sur le lieu de travail, cette approche psychologique simple par les 3M peut nous aider à mieux comprendre les situations sociales actuelles. L'évolution de la société a, peu à peu, dilué ces minimums sociaux qui conditionnent le désir d'agir de chaque être humain. Les changements sociaux de la mondialisation, les évolutions sociologiques et technologiques ont transformé les relations de travail et la place de l'acteur dans la vie sociale.

▨ Un minimum de sécurité pour vivre !

Personne ne peut vivre dans un sentiment d'insécurité permanente. Même les caractères ambitieux, entreprenants, individualistes ont besoin de solidarité collective pour s'accomplir. À l'inverse, les sociétés humaines ne sont pas obligées d'abandonner les plus faibles. Alors, pourquoi en donner le sentiment, avec les banlieues ou le CPE, par exemple ? Les pouvoirs publics semblent ne plus répondre de manière satisfaisante à leur rôle protecteur pour un nombre croissant de citoyens.

■ Un minimum de reconnaissance pour survivre !

Personne ne peut vivre sans la reconnaissance de son utilité sociale et familiale. Le mot le plus souvent entendu, pendant la crise des banlieues en 2005, était le « respect ». C'est aussi souvent le cas dans les entreprises. Beaucoup de salariés ont le sentiment de ne plus être utiles, puisque ce n'est plus un problème de délocaliser et donc de licencier. Les entreprises françaises ne valorisent pas assez leurs salariés et ne reconnaissent pas assez le potentiel de ceux qui souhaitent l'intégrer, notamment les jeunes.

■ Un minimum d'avenir pour entreprendre !

Si, en 1995, l'ascenseur social était en panne, aujourd'hui, même l'escalier est très difficile à emprunter. À court terme, les réformes sociales seront douloureuses pour les plus fragiles. Mais ne pas les faire, détruirait le modèle social actuel qui précisément les protège. La dimension psychologique de l'économie est essentielle pour comprendre les comportements des dirigeants, des consommateurs et des salariés. Chacun devrait avoir l'envie de réaliser un projet professionnel, personnel ou social.

L'entreprise ne peut pas se substituer à l'ensemble des structures sociales ou étatiques. En revanche, pour maintenir un niveau de productivité satisfaisant et pour éviter le désengagement des salariés, dans les entreprises où se développe un climat social délétère, l'organisation doit construire un système de management adapté à cette situation. La perte de sens s'explique aussi par la perception d'un abandon. Le diagnostic proposé ci-dessous permet d'évaluer la situation de l'entreprise et d'imaginer dans l'entreprise une réponse adaptée. L'objectif reste de favoriser l'implication des salariés et, donc, de contribuer à la performance de l'entreprise.

Un minimum de sécurité au travail

Personne ne peut vivre dans un sentiment d'insécurité permanent. Le risque de perdre son emploi contribue largement à cette perception, les nouvelles formes organisationnelles aussi. Si les situations concurrentielles sont incertaines dans beaucoup de secteurs, il est inutile de reporter à l'identique sur les salariés les doutes et les incertitudes de l'activité économique. Pourtant, toutes les évolutions organisationnelles depuis quelques années encouragent cette communalisation des risques :

- la course à la taille entraîne des réorganisations permanentes, dont la plupart des salariés ne comprennent ni les finalités, ni l'intérêt, mais en constatent, dans leur environnement de travail, les effets négatifs immédiats ;
- le transfert d'activités ou les délocalisations sont souvent vécus comme une catastrophe contre laquelle ils sont impuissants, mais cela renforce le sentiment de déclin et d'inutilité de certaines catégories de la population ;
- le dumping de certaines régions (Chine, Europe de l'Est) laissent penser à beaucoup de salariés que les risques économiques se transforment en situation de guerre et, de fait, leur travail n'est plus compétitif, leurs compétences dépassées, quel que soit l'effort qu'ils fournissent.

Si toutes ces situations sont réelles et mettent certaines entreprises en difficulté, si l'adaptation des économies des pays développés est nécessaire pour répondre à l'hyper compétition internationale, s'il apparaît naturel de demander une adaptation des comportements au travail et un minimum de flexibilité, en revanche, les réactions des salariés sont naturelles. Elles s'expliquent par la non-satisfaction des 3M. Il est inutile de culpabiliser les salariés, car cela pourrait accentuer leur désengagement. Il est plus judicieux d'imaginer une réponse managériale pour sécuriser les parcours professionnels et ne pas faire supporter le risque économique uniquement par les salariés.

L'angoisse des quinquas

Est-ce qu'on imagine les inquiétudes et les angoisses du salarié à l'aube de la cinquantaine ? Depuis les années 1980, de plan de préretraite en déification de la jeunesse, on a laissé supposer aux salariés que, à partir de 50/55 ans, ils devaient penser à préparer leur fin de vie professionnelle. La réforme de 2003, en France, sur les retraites a entraîné un allongement du temps des cotisations, le jeu social a été transformé et s'est compliqué pour beaucoup.

D'un côté, l'entreprise n'offre plus vraiment de perspectives d'évolution aux quinquas ; de l'autre, l'État exige d'eux qu'ils prolongent leur activité professionnelle. Cette situation non gérée entraîne un sentiment d'incompréhension et d'insécurité chez ces salariés, qui savent qu'ils doivent maintenant continuer à travailler 5 à 10 ans de plus, sans savoir dans quelles conditions pour leur entreprise actuelle. La gestion volontaire des quinquas en entreprise reste anecdotique, alors que, à 40 ans, il reste au minimum un quart de siècle de vie professionnelle !

Pour le salarié dans cette situation, le minimum de sécurité serait de lui assurer une gestion de carrière en rapport avec son temps de vie au travail.

Le diagnostic du sentiment d'insécurité est relativement facile à réaliser pour les dirigeants. Il dépend souvent des menaces, réelles ou potentielles, sur l'activité, perçues par les salariés. Les personnes expriment un sentiment d'inquiétude dans les relations interpersonnelles. L'attentisme devient le comportement dominant dans l'entreprise. Plus le temps passe, plus le sentiment d'insécurité va s'installer. Les salariés chercheront alors ailleurs cet état rassurant, minimum nécessaire à leur existence.

Les dirigeants peuvent facilement apporter une réponse aux interrogations des salariés, peut-être simplement par des annonces sur la politique de gestion des hommes dans le contexte actuel, ou encore, la communication sur des décisions concrètes de développement des compétences pour maintenir à chacun une employabilité satisfaisante. Il ne s'agit pas « d'acheter » le climat social, mais de lever les incertitudes sur l'état des relations entre l'entreprise et chaque salarié par des innovations sociales.

D'autres signes peuvent renforcer le sentiment de sécurité :
- redonner à la politique salariale plus de lisibilité, en équilibrant la part fixe et la part variable, ce qui est l'inverse des pratiques actuelles ;
- stabiliser les équipes de travail, plutôt que de recomposer en permanence sous prétexte d'efficience. En moyenne, les groupes de travail changent tous les 6 mois actuellement dans les grandes entreprises.

Le sentiment d'insécurité est incontestable pour beaucoup de salariés. Le retrait, ou l'attentisme, s'explique souvent par cette perception des salariés qui ne comprennent plus l'environnement dans lequel ils se trouvent et ne retrouvent plus dans l'entreprise l'appartenance à une communauté qui justifie leur engagement, donc leur performance.

Un minimum de reconnaissance sur la contribution aux résultats

L'acteur apporte à l'entreprise des compétences, de la disponibilité et de l'engagement contre une rémunération financière et symbolique. Si les politiques de *Compensations and benefits*[1] sont relativement élaborées par les entreprises, la dimension symbolique de le rétribution est trop souvent oubliée. Comme pour le besoin de sécurité, le besoin de reconnaissance exprime une nécessité pour l'être humain. Celui-ci attend des groupes sociaux auxquels il appartient un feed-back sur son activité sociale, en particulier de la reconnaissance lorsqu'il est actif dans le groupe. L'enfant demande en permanence de l'attention et de l'amour de ses parents. L'écolier compte sur ses notes pour pouvoir s'évaluer par rapport aux autres. On attend de ses amis la manifestation de l'appartenance au groupe. De même, dans l'entreprise, le salarié attend la reconnaissance de son implication, de son investissement et de sa contribution effective aux résultats.

Les dirigeants ne peuvent pas mettre les salariés sous pression et en situation de stress permanent, sans reconnaître à différents moments leurs mérites par des signes tangibles, monétaires ou symboliques. Or, beaucoup d'entreprises sont systématiquement projetées dans le futur, les prochains objectifs à atteindre et ne prennent pas le temps de marquer les réussites intermédiaires, individuelles et collectives. L'entretien annuel d'évaluation devrait être le moment privilégié pour reconnaître l'effort du salarié et lui exprimer de la satisfaction. Trop souvent, la discussion se concentre sur l'année à venir et se structure sur les primes à donner. Dans le schéma suivant, trois formes de reconnaissance sont traduites dans des actions possibles au niveau du manager opérationnel.

---

1. *Compensations and benefits* : ensemble des éléments de la rémunération directe et indirecte pour le salarié.

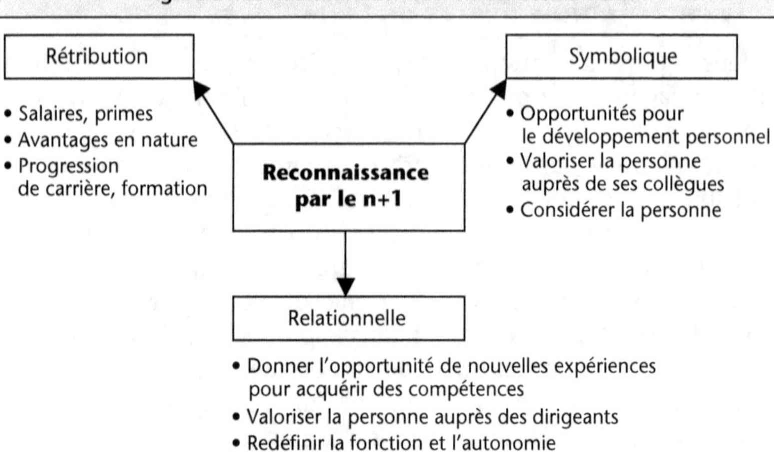

La satisfaction du besoin de reconnaissance sur la contribution aux résultats peut se faire par une rétroaction immédiate ou par un engagement sur le futur. Les salariés privilégient les rétributions immédiates et l'entreprise les engagements sur l'avenir. Tout dépendra de la situation économique et de la visibilité sur l'activité future. Mais la perception des salariés sur cette reconnaissance influencera le comportement à d'autres moments, même s'ils ne l'exprimeront jamais de cette manière dans les rapports hiérarchiques.

La flexibilité et la reconnaissance

Depuis quelques années, la plupart des entreprises ont mis en place, pour des motifs économiques, une flexibilité, qui se traduit par une variation des effectifs et un ajustement des heures travaillées par salarié. Cette adaptation aux turbulences et aux incertitudes de l'environnement est tout à fait justifiée pour maintenir la compétitivité. C'est même une condition de survie dans certaines situations.

Pour le salarié, l'adaptabilité aux variations de l'activité peut être ressentie comme un sacrifice, toujours demandé aux mêmes. Il l'acceptera par peur de perdre son emploi. Mais, au moment où l'entreprise retrouve une activité normale et retrouve un volume d'activité satisfaisant, la manifestation de la reconnaissance est une nécessité psychologique. Gérer ce besoin consiste à consentir une rémunération directe ou indirecte pour les efforts consentis au cours de la période écoulée.

Cette dépense est un investissement dans la cohésion des équipes.

Toute personne a besoin du regard des autres pour s'évaluer et se définir comme acteur social. Il existe de multiples situations de la vie quotidienne au travail, dans lesquelles une personne peut en remercier une autre. Dans l'entreprise, comme dans la vie sociale, cette manifestation marque l'appartenance, la solidarité et la contribution de l'individu au groupe. Tous les discours sur les valeurs, la culture ou l'identité ne serviront à rien si le salarié a le sentiment de n'être qu'une ressource comme les autres.

Un minimum d'avenir dans l'entreprise

Les deux exigences précédentes ne suffisent pas à faire sens pour les salariés. L'être humain a la capacité de se remémorer son passé et de se projeter dans le futur. Dans l'entreprise, le temps s'est contracté. Dans la plupart des cas, le long terme s'inscrit sur un horizon de 18 mois à 2 ans pour les choix stratégiques. De plus en plus, la gestion quotidienne est uniquement réactive. Sur les lieux de travail, l'avenir se résume souvent à manager les urgences. Les salariés n'ont alors plus de visibilité sur leur devenir dans l'entreprise.

Encore une fois, aucune entreprise ne peut s'affranchir des invariants de la nature humaine. Si la sécurité et la reconnaissance se traduisent par des signes tangibles de la part des managers opérationnels, le besoin d'avenir est plus complexe à cerner, car il dépend aussi de facteurs personnels en dehors du périmètre de l'entreprise. Les incertitudes sociales pénètrent la situation de travail avec les inquiétudes de chaque salarié sur son avenir. Le débat actuel sur le déclin français, qui a rendu certains économistes populaires, a une influence sur la confiance dans les dirigeants politiques et économiques. Il est donc normal qu'ils provoquent aussi des inquiétudes chez de nombreux salariés.

La demande sociale reste latente sur cette dimension du sens en entreprise. Chacun a une idée de ce qu'il souhaite, mais l'exprime rarement dans le cadre de l'entreprise. Un cadre élaborera individuellement son plan de carrière, puis vérifiera sa faisabilité dans l'entreprise, rarement l'inverse. Pour les dirigeants, l'enjeu est crucial. Le développement de l'entreprise suppose une compréhension des orientations stratégiques, une certaine stabilité des effectifs et une coopération interpersonnelle pour les réaliser. Ces conditions ne sont possibles que si chacun comprend ce qu'il fait, pourquoi il le fait et comment ses responsabilités vont évoluer.

Le syndrome du survivant

Le problème pour une entreprise, ce n'est pas d'avoir des difficultés financières ou commerciales temporaires, c'est leur répétition dans le temps. Lorsqu'une restructuration succède à une autre, on constate chez les salariés le développement du syndrome du survivant. Les crises successives entraînent des départs consécutifs. Progressivement, le salarié développe la certitude qu'il fera parti du prochain plan de licenciements. Il se met alors en situation de retrait : « Pourquoi m'investir dans une entreprise qui risque de me licencier demain ? ». Si ce syndrome se diffuse dans l'entreprise, l'accélération des difficultés est probable. C'est ce qui s'est passé, par exemple, au sein du groupe Bull.

Les salariés n'ayant plus confiance dans l'avenir de l'entreprise cherchent à en partir. Ils n'imaginent pas rester dans cet environnement qui ne leur offre plus la sécurité, la reconnaissance et, surtout, des perspectives pour l'avenir. Pour endiguer ce syndrome, les dirigeants doivent au minimum continuer à mettre en œuvre tous les outils de la politique ressources humaines : *Compensations and benefits*, gestion des compétences, gestion de carrière, …, et, surtout, ils doivent très vite repérer les salariés qu'ils souhaitent absolument garder pour les rassurer sur leur avenir.

Cette situation est évidemment extrême. Mais tous les signes qui permettent au salarié de se projeter dans le futur sont essentiels pour satisfaire ce besoin.

Satisfaire aux besoins de sécurité et de reconnaissance facilite la satisfaction du besoin d'avenir, car il assure aux salariés la garantie de son présent et le rassure sur son utilité à venir dans l'entreprise. Pour le dirigeant, le développement d'une politique de ressources humaines à 18 mois doit traduire la volonté de répondre aux 3M (*cf.* chapitre 9). C'est une manière de le manifester aux salariés par des signes tangibles et immédiatement compréhensibles. Les outils traditionnels de gestion de carrière, de compétences et de définition des responsabilités constituent la preuve matérielle.

Les dirigeants ou les managers opérationnels affirmeront également, en face-à-face, l'engagement de l'entreprise pour les salariés. Ainsi, la relation se contractualise implicitement et le management peut devenir explicite. La communication et le message qui accompagnent les politiques de GRH sont essentiels aux acteurs pour se déterminer, se positionner et, donc, se construire une représentation de leur situation. Ils font alors une attribution de sens à leur situation professionnelle et se situent dans leur environnement de travail.

La cohérence entre les 3M

Ces trois minimum s'imposent à l'entreprise pour la gestion des hommes. Le nier serait se priver de l'engagement plus intense et plus durable de nombreux salariés, donc de productivité, et conséquemment d'une partie de la rentabilité. La perception par les personnes de leur situation sociale leur permet de mieux comprendre les attentes de l'entreprise en termes d'investissement et de se faire une idée de la place que l'on accorde à la dimension humaine dans l'organisation. Il ne sert à rien de privilégier l'une des dimensions au détriment des autres. L'excès de sécurité conduit au paternalisme. Les reconnaissances permanentes aboutissent généralement à l'incrédulité. Les promesses intenables sont rarement prises au sérieux.

Comme souvent, tout est dans la cohérence et l'équilibre. Les perceptions des salariés sont beaucoup plus réalistes que ce que pensent généralement les dirigeants. Les réactions négatives ou les grèves sont souvent le résultat de manquements antérieurs dans la satisfaction minimale des besoins humains de sécurité, de reconnaissance et d'avenir.

La perte de performance, résultante du désengagement des salariés, est souvent imperceptible. C'est au DRH de construire les outils pour la mesurer. Par exemple, les enquêtes de climat social sont trop souvent de simples études d'opinions ; elles doivent se transformer en analyses approfondies des liens professionnels, affectifs et sociaux entre les salariés et l'entreprise. De même, les entretiens annuels d'évaluation se cantonnent trop souvent à vérifier l'atteinte des objectifs et à fixer un cadre pour l'année à venir. Cette « rencontre » entre le n et le n + 1 pourrait devenir un moment privilégié pour comprendre réellement les attentes du salarié, la représentation de sa situation et expliciter les attentes de l'entreprise. Ce qu'il faut entreprendre peut alors être contractualisé pour développer une relation mutuellement souhaitée.

Reste à convaincre les dirigeants et les managers opérationnels de ces enjeux par rapport à la performance. C'est l'objet de la troisième partie de cet ouvrage de montrer qu'il est possible d'évaluer et de mesurer cette notion de sens.

Il n'y aura pas de sens au travail, si la relation entre l'entreprise et le salarié ne satisfait pas aux minimums attendus par les salariés. Jouer sur la peur, la menace ou la frustration ne permettra pas de maintenir un engagement durable des personnes sur le lieu de travail. Le « self »[2], c'est-à-dire la manière dont la personne se représente dans son environnement explique les réactions des salariés face à ces sentiments. La volonté de reconstruire un sens au travail procède d'un « self » positif. Ce dernier doit être appréhendé comme un investissement et non comme un coût social, car la productivité dépend de l'engagement, qui dépend lui-même de la représentation de soi, et cette dernière de la satisfaction des trois minimums. Il y a de nombreux signes de déséquilibre ou d'incohérence. Les réactions négatives à tel ou tel événement, une ambiance délétère dans certaines équipes de travail ou une augmentation inexpliquée du turnover devraient alerter les responsables d'entreprise. La partie 3 de cet ouvrage apporte des outils de diagnostic et de management pour y répondre.

Figure 4 : La cohérence des 3 minimums (3M)

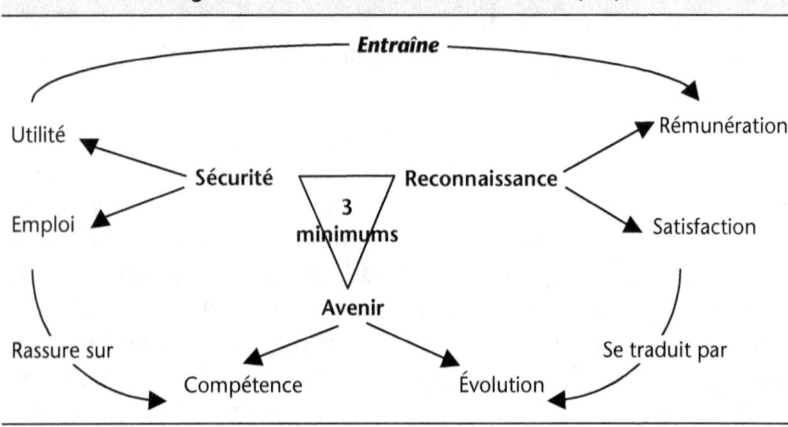

---

2. Le « self » est un concept de H.G. Mead, Mind , self and society, 1934, University of Chicago

La culture et l'identité comme outils de management

La culture et l'identité de l'entreprise sont des notions abstraites, difficiles à cerner, mais surtout le dirigeant ne peut pas les modifier par décret. Autrement dit, à un instant t, elles s'imposent à l'organisation comme un facteur structurant du management. Des règles et des valeurs de vie commune émergent dans tout groupe humain, quel qu'il soit. Toute entreprise a donc des valeurs. Mais elles sont plus ou moins homogènes et plus ou moins partagées par les salariés. Le sentiment d'appartenance, de fierté ou, au contraire, une attitude toujours négative les extériorisent dans les relations.

La culture et l'identité permettent :
- au groupe de se donner des principes partagés pour l'interprétation et l'action face aux événements ; ce sont des éléments de la cohésion et de l'efficience du collectif ;
- à l'individu de se positionner dans le groupe pour y trouver une place et obtenir une reconnaissance ; le sentiment d'appartenance est une dimension essentielle de l'identité individuelle ;
- aux dirigeants de définir des principes d'action en cohérence avec les attentes du groupe ; c'est un élément déterminant de l'efficacité du management.

La cohérence des choix stratégiques, de l'organisation et du style de management avec l'identité et la culture est primordiale pour la création de sens au niveau des salariés. Tout individu interprète les événements qu'il vit par rapport à ses propres représentations, à l'instant où ils se déroulent. Par exemple, au moment d'une fusion, les réactions seront très négatives ou très positives, souvent de manière imprévisible pour les dirigeants, s'ils n'ont pas une bonne compréhension des valeurs de l'entreprise partagées par les salariés. Les comportements dépendent de la manière dont le rachat est interprété et des conséquences anticipées.

Il est donc essentiel pour les dirigeants de connaître précisément les valeurs identitaires, de repérer les facilitateurs de l'action et de développer des outils de gestion pour faire évoluer les comportements.

Plusieurs raisons justifient d'intégrer la culture comme outil de management. D'abord, celle-ci oriente les thèmes et les formes de la communication interne. Pour être compris, les messages doivent être cohérents avec les valeurs. Ensuite, elle facilite l'action du management. Un système de valeurs partagées oriente les comportements dans le sens souhaité. Enfin, la culture influencera les systèmes de sanctions et de récompenses. C'est un élément essentiel de la création de sens.

En conséquence, les dirigeants peuvent agir volontairement sur le système symbolique, en respectant l'idée que les valeurs ne se changent pas par simple décision. C'est une opportunité et une contrainte pour faire évoluer les représentations des salariés, à condition de les définir, de repérer les manifestations dans les attitudes et de préciser comment l'intégrer dans les pratiques managériales au quotidien.

Une définition pratique de l'identité

L'identité et la culture de l'entreprise ne se trouvent nulle part ailleurs que dans l'esprit des salariés. La définition la plus simple et aussi la plus utile pour le manager, c'est *« la manière d'agir, de penser et de voir »*[3] dans les situations professionnelles. On ne peut donc les appréhender que par les comportements et les discours des personnes. Définies de cette manière, l'identité et la culture ne sont pas manipulables par le management. Cela reviendrait à violer l'intégrité de la pensée humaine. En revanche, pour faire évoluer les attitudes au travail, les dirigeants peuvent tenter d'influencer les salariés. Les événements extérieurs, positifs ou négatifs, facilitent en général les changements de comportement. Un concurrent devient plus agressif, grignote des parts de marché, c'est une occasion de communiquer pour faire évoluer les représentations des salariés et leur faire prendre conscience qu'il faut acquérir des réflexes d'entrepreneur.

Cette définition comportementale de l'identité et de la culture évite de s'illusionner sur le pouvoir de les changer ou simplement de les faire évoluer. C'est au niveau de l'être humain qu'il faut intervenir. Les valeurs sont acquises par les apprentissages, les expériences

---

3. Jean-Pierre Gruère et ali., *Management*, éd. PUF, 1991.

passées et présentes, dans et hors de l'entreprise. Chaque salarié est plus ou moins exposé, plus ou moins longtemps, plus ou moins intensément aux valeurs portées par l'entreprise.

Par conséquent, l'identité et la culture se définissent comme le plus petit dénominateur commun influant les comportements et les relations entre les personnes. Certaines entreprises sont naturellement entreprenantes, orientées projet ou innovation. D'autres disposent de valeurs plus ethnocentriques ou attentistes. C'est aussi à ce niveau que le sens se construit pour les salariés. Il y a des cultures et des identités favorables à l'émergence d'un sens positif au travail. Mais il y a aussi des valeurs qui freinent ou détruisent le sens donné par les salariés à leur activité.

Le diagnostic de l'identité et de la culture de l'entreprise met en évidence les caractéristiques visibles suivantes :

- des symptômes simples et opérationnels qui font sens pour les acteurs, par exemple, les rites sociaux au moment des départs en retraite ;
- un ensemble de faits significatifs qui donnent à l'organisation sa spécificité et sa cohérence, par exemple, la plus ou moins grande facilité à créer de nouveaux produits ;
- les discours des individus à tous les niveaux de l'entreprise sur l'entreprise, des dirigeants aux techniciens de surface.

Une démarche pour comprendre les valeurs

Avec cette définition et ces caractéristiques, on peut plus facilement déterminer une méthodologie pour repérer les signaux identitaires, avant d'identifier les leviers possibles de l'action. La méthode est nécessairement interprétative. Il faut se méfier des consultants qui arrivent avec des réponses toutes faites. La culture de l'entreprise est forcément singulière et plus ou moins partagée.

Première étape de l'analyse

Déterminer quels sont les buts et les missions de l'entreprise, en répondant aux questions suivantes :

- diversité des buts et des missions possibles, compte tenu du contexte ?
- quels acteurs parlent de l'avenir de l'organisation ? Sont-ils écoutés ? (discours, syndicats, actionnaires) ;

- quelles sont les coalitions internes et externes influant sur l'avenir de l'entreprise ?
- les buts et les missions sont-ils partagés par l'ensemble des membres de l'organisation (au moins à l'intérieur des coalitions dominantes) ?

Le résultat de ce diagnostic est une identification de ce qui risque de gêner les adaptations nécessaires de l'organisation aux évolutions de l'environnement ou interdire les réorientations stratégiques. Le décalage entre le sens porté par les salariés et le sens souhaité par les dirigeants risque d'entraîner des retraits, des conflits ou des départs.

■ Deuxième étape de l'analyse

Déterminer le profil de la culture organisationnelle, en répondant aux questions suivantes :
- présence de slogans ?
- événements passés que l'on se raconte?
- création de héros bien connus ?
- existences de symboles ?
- activités rituelles et normes sociales ?
- apprentissage d'un langage spécifique pour les échanges internes ?
- longue histoire de l'entreprise ?
- ancienneté d'appartenance des personnels ?

À partir de ces réponses, les interprétations concrètes doivent commencer à apparaître. Le plus petit dénominateur commun se construit en expliquant les valeurs partagées et le sens attribué par les salariés aux faits et aux événements. Il est alors possible de synthétiser, dans le schéma suivant, un résultat intermédiaire et de s'interroger sur la transmission de ces valeurs et l'appropriation par les salariés.

Figure 5 : Symboles, comportements, relations à l'extérieur

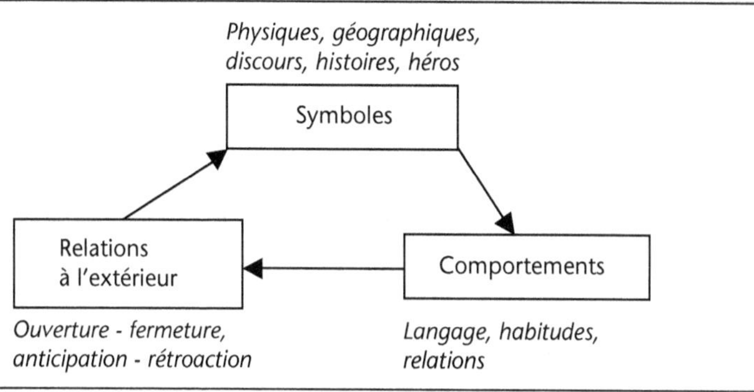

◼ Troisième étape de l'analyse

Définir les termes de la culture de l'entreprise autour de cinq dimensions :

- les signes : aménagement de l'espace, façon de s'habiller, signes extérieurs, manière d'échanger, rapport au temps ;
- les croyances sur l'entreprise dans son environnement, sur l'état des relations sociales et sur la fidélité des clients ;
- les mythes : récits illustrant les croyances et les valeurs que les salariés racontent entre eux ;
- les rites : activités régulières porteuses de sens pour les salariés (accueil des nouveaux, départs en retraite) ;
- les tabous : ce dont il ne faut pas parler.

La synthèse de ces cinq dimensions permet de repérer les consensus, les sources de tension et de comprendre le positionnement des salariés par rapport au discours des dirigeants. Même si, au cours des années 1990, le discours sur l'implication, la participation des salariés, la culture d'entreprise a laissé croire à une adhésion naturelle des salariés aux objectifs de l'organisation, la réalité est tout autre. Les responsables doivent se préoccuper en permanence de l'adhésion des salariés aux valeurs affichées.

Exemples de facteurs significatifs de la culture d'une filiale d'un groupe de BTP

Dimensions	Symboles	Interprétation
Signes	Affirmation de la supériorité par le siège et le logo.	Le logo est adapté à celui du groupe. Le siège est le plus prestigieux de la région.
Croyances	Discours sur l'entreprise comme la plus performante et la plus compétente sur son marché.	Dans les domaines de la technologie, de la gestion et des compétences des hommes.
Mythes	Les difficultés passées ne se reproduiront plus.	Références aux échecs passés pour éviter qu'ils se reproduisent.
Rites	Intégration, rite de passage et d'acceptation dans l'entreprise.	Le parcours d'intégration des nouveaux salariés permet de comprendre les valeurs de l'entreprise.
Tabous	Départ des cadres et l'obligation de travailler en alliance.	Un turnover supérieur à celui des concurrents. Le refus d'accepter qu'il existe une dépendance entre les entreprises.

Les différentes composantes de l'organisation n'évoluent pas de manière concomitante. Les conventions entre les groupes ne règlent plus les relations sans provoquer des conflits. Le dirigeant est confronté à une nécessité de changement, sans qu'il soit toujours possible de légitimer son action par les difficultés de la situation (résultats en baisse, valeur ajoutée faible pour les actionnaires…). Il doit trouver de nouvelles orientations et mobiliser les ressources capitalisées par l'entreprise. Il doit donc combiner de nouvelles compétences, sans déstabiliser l'entreprise et la rentabilité actuelle.

L'articulation entre les valeurs de l'entreprise et la création de sens

Si les salariés s'identifient aux valeurs portées par l'entreprise, c'est qu'ils repèrent immédiatement dans la stratégie, la structure ou le système de management, les valeurs auxquelles ils adhèrent. Définies de cette manière, l'identité et la culture structurent la création de sens pour les salariés. Toutefois, les dirigeants ne doivent pas considérer cette dimension comme une variable d'ajustement à manipuler. Cela aboutit à des superbes plaquettes avec cinq ou sept valeurs, tellement banales que personne n'y prête attention. La culture se manifeste dans les comportements, les relations et les réactions face à des événements, souvent extérieurs à l'entreprise.

Les managers peuvent intervenir à deux niveaux :
- utiliser l'identité et la culture comme un moyen pour créer du sens au niveau des salariés, à partir des événements et d'une communication sur le symbolique ;
- faire évoluer l'identité et la culture par des changements organisationnels, en espérant que les comportements évoluent en parallèle.

La compatibilité entre les valeurs de la culture organisationnelle et les choix stratégiques envisagés doit être vérifiée. Certaines activités ou projets de changement sont parfois incompatibles pour l'entreprise. Certaines actions peuvent être entreprises immédiatement (par exemple, la modification de la politique de recrutement, la formation, une communication symbolique interne et externe). Reste le risque d'une « cristallisation » sur des valeurs dépassées qui ne peuvent plus évoluer sans changements radicaux.

Le rachat de Paribas par BNP

Cet exemple est toujours cité en contre-exemple des problèmes de culture d'entreprise. Les histoires, les pratiques professionnelles ou les cœurs de métiers étaient complémentaires et, donc, la fusion était profitable *a priori*.

Pourtant, le rapprochement a été très difficile et conflictuel. La mise en œuvre a été freinée par des problèmes identitaires, traduits dans des comportements très différents, notamment dans la relation aux clients. La crise s'est terminée par le départ de nombreux « Paribas ».

Les tentatives pour imposer les changements de valeurs se soldent la plupart du temps par un échec. Si beaucoup de fusions-acquisitions se justifient sur le plan économique, la dimension identitaire est souvent sous-estimée par les dirigeants. Pourtant, toutes les études montrent l'importance de ce facteur dans la réussite des fusions-acquisitions.

La résonance entre l'identité organisationnelle et les valeurs portées par les salariés crée concrètement du sens, car les événements qu'ils vivent font écho dans leur quotidien au travail et par rapport à leurs références personnelles. Les manifestations ordinaires des valeurs de l'entreprise sont nombreuses. La manière dont les décisions se prennent, la gestion de la relation client, la communication informelle sont empreintes d'une dimension identitaire dans les échanges interpersonnels. L'efficacité du management au quotidien est beaucoup influencée par la culture de l'entreprise.

Dans la plupart des situations de perte de sens, l'identité et la culture sont la cause et la conséquence de l'incompréhension des salariés. Le principe de réalisme s'impose aux dirigeants. Comme pour l'approche par les 3M (sécurité, reconnaissance et avenir), les valeurs de l'entreprise structurent la relation entre salarié et entreprise. Dans un environnement complexe, le management organise les liens sociaux internes, dans un objectif d'efficacité. C'est une condition préalable à l'engagement des salariés, donc au niveau de productivité, *in fine* de la performance.

Apports et limites des outils du management des RH

Après avoir repéré, au niveau individuel et au niveau identitaire, les espaces de la création et de la destruction de sens, nous allons les replacer dans un cadre organisationnel et managérial. Les outils de gestion, à partir desquels les dirigeants peuvent agir, sont nombreux.

L'inventaire des outils RH

Le management évolue souvent sous l'effet de modes ou d'imitations. Régulièrement, les entreprises adoptent des pratiques, car elles correspondent à un moment donné et à un besoin spécifique. Elles permettent de faire évoluer la structure et les comportements au travail. Les attentes individuelles (règle des 3M) et les valeurs organisationnelles (culture d'entreprise) facilitent la compréhension des enjeux. Les « chantiers du management » identifient les leviers de l'action concrète.

Par exemple, l'engouement pour le coaching n'est pas anodin. Beaucoup de cadres opérationnels ont besoin de se repérer et de se positionner dans leur environnement de travail. La plupart d'entre eux ont l'impression de ne plus vraiment le maîtriser. Les stratégies se décident de manière lointaine au siège. Les changements organisationnels se multiplient sous l'effet de la concentration et de la recherche de l'effet taille. Les attentes des équipes de travail contredisent les objectifs généraux. Pour toutes ces raisons, beaucoup de cadres intermédiaires subissent des contraintes trop fortes dans leur activité au quotidien. La perte de sens se traduit par de la démotivation. Le coaching peut être alors l'occasion de reconstruire ce lien avec l'entreprise. Les quatre thèmes de la figure 6 sont au cœur de la construction d'une relation entre l'entreprise et le salarié par le coaching. Elles donnent aux salariés les moyens de se situer dans leur environnement de travail.

Figure 6 : Système structurant les représentations des salariés

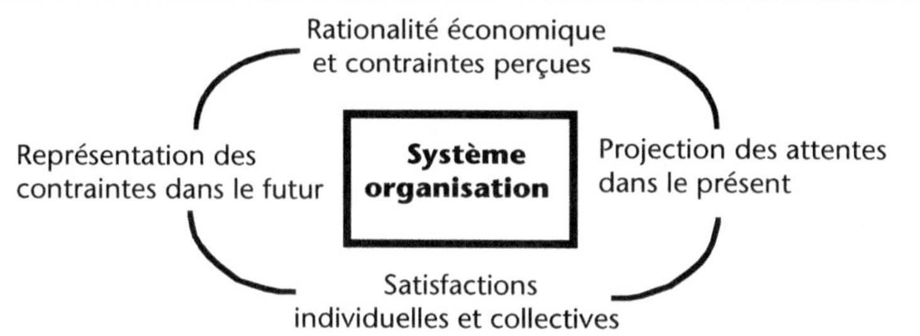

La perte de sens se manifeste à de multiples occasions et dans de nombreux lieux et moments organisationnels. Au moment de l'adoption de nouveaux outils de management, la mobilisation des salariés est une occasion de création de sens à saisir par les responsables RH (*cf.* tableau suivant).

Tous les changements et implémentations d'outils de gestion sont l'occasion :
- de comprendre, au travers des réactions des salariés, les représentations individuelles par rapport aux valeurs communes ;
- d'accompagner la mise en œuvre par des actions de communication pour donner du sens à ces changements organisationnels ;
- de redonner aux managers opérationnels une autonomie et une responsabilité dans la gestion et le contrôle, pour renforcer leur légitimité auprès de leurs équipes.

Les pratiques RH	
Les outils de management des RH...	... mobilisables dans une action de création de sens.
Management des équipes projet	Réorganiser les équipes tous les 18 mois, comme le font beaucoup d'entreprises, suppose une communication plus forte.
Féminisation du management	Faire une place plus importante aux femmes dans l'encadrement suppose d'annoncer une volonté et de modifier les modes d'organisation.
Task force	Organiser les échanges sur des projets transversaux pour imaginer des solutions nouvelles et diffuser dans l'organisation de la créativité.
Intrapreunership et essaimage	Permettre à quelques acteurs de développer un projet de création d'activités accompagné par la logistique de l'entreprise.
Nouveaux services RH (teinturerie, épicerie, garderie, ...)	Donner l'opportunité aux salariés de bénéficier de nouveaux avantages sociaux et donc apporter des services utiles pour leur vie quotidienne.
Le 360°	Montrer à l'ensemble des salariés la volonté d'amélioration constante des responsables opérationnels, en acceptant un feed-back de la part de leurs équipes.
Renégociation sur le temps de travail	Proposer un contrat gagnant-gagnant par une demande d'investissement supplémentaire contre du pouvoir d'achat, ce qui correspond aux attentes de la plupart des salariés.

Chacune de ces pratiques ou chacun de ces outils de management peut servir de levier pour la création de sens vers l'ensemble des salariés. C'est une opportunité pour la DRH, à condition d'en avoir la volonté et les moyens. La légitimité interne des RH et la connivence avec le dirigeant déterminent ce qu'il est possible de faire. L'acceptation des projets pour la création de sens en dépend. Dans les discours, les termes d'attractivité, d'engagement, de motivation et de résultats justifieront les changements organisationnels.

La nécessaire réflexion
sur les outils de management

Dirigeants et managers opérationnels doivent avoir à l'esprit qu'il est inutile de s'illusionner sur l'aptitude naturelle des salariés à être orientée vers la performance, s'ils ne comprennent pas eux-mêmes leur place et leur contribution à la société. La vie en entreprise est faite d'urgences qui se succèdent sans interruption. S'imposer une réflexion et un travail de fond sur la création de sens évite aux dirigeants de constater un jour qu'ils ont perdu la confiance de leurs salariés. Pour la retrouver, les coûts financiers s'envoleront. Il vaut mieux éviter une lente dégradation, en saisissant toutes les occasions qui permettent aux salariés de s'approprier leur environnement de travail.

Les outils de gestion sont nécessaires à ce processus d'actualisation des représentations des salariés. Ils permettent d'étendre au plus grand nombre de salariés, les expériences et les résultats obtenus, par tel ou tel service. Les outils entrent donc dans l'environnement de proximité de nombreux acteurs et participent à la structuration des routines. On peut décider de gérer telle situation, car on croit disposer des outils nécessaires à l'action. À l'inverse, les outils ne peuvent pas être réduits à un travail d'interprétation immédiatement créateur de sens. C'est pourquoi ils sont difficilement transférables d'une organisation à une autre, sans adaptation au contexte de l'entreprise.

Une diminution de la motivation, la perte de quelques clients ou une augmentation des charges conduisent à développer des outils de management nouveaux pour retrouver la rentabilité. C'est rarement suffisant pour retrouver la performance. La prise en compte du quotidien des salariés suppose de faciliter l'appropriation des outils et des règles de gestion avec les habitudes de travail. C'est le rôle de la fonction RH.

Une autre manière de gérer les problèmes

Fréquemment, face à un problème, un responsable demande à son équipe de s'adapter pour le résoudre rapidement. Il fixera les objectifs et demandera à chacun, dans sa sphère de compétences, la résolution d'une partie du problème. Cette méthode cartésienne de résolution des difficultés ou de gestion de projet ne favorise pas l'implication des salariés.

> Le résultat et le processus ne seront efficaces que si l'acteur lui attribue simplement du sens.
>
> Il est sans doute plus pertinent de demander aux acteurs de gérer de manière autonome un projet dans un cadre donné. Pour favoriser l'appropriation, il faut les inciter au dialogue avec les collaborateurs, les clients et les partenaires sur ce qu'il est possible ou pas de réaliser.
>
> Ces ajustements mutuels successifs entre les acteurs les conduisent à réfléchir à leurs pratiques, puis à déplacer les contraintes perçues, avant d'attribuer du sens. Ils se fixent alors des contraintes objectives et des objectifs contraints auxquels ils peuvent parvenir dans le contexte actuel. Ils s'approprient alors l'outil de management dans leur activité.

Si cette expérience est positive et se renouvelle plusieurs fois, il sera alors possible de réfléchir à une instrumentalisation. La construction des outils médiatise les préoccupations collectives et facilite l'actualisation des informations par les salariés, donc des éléments structurants des représentations de la situation, comme le montre l'exemple suivant sur les « salariés actionnaires ». La mise en œuvre, l'évaluation et les résultats de son déploiement encouragent la capitalisation des expériences et créent des liens entre les salariés et l'organisation.

Les salariés actionnaires

> Depuis plusieurs années, beaucoup d'entreprises tentent de communaliser les intérêts des salariés avec celui des actionnaires. L'idée d'amener les acteurs en entreprise à augmenter la valeur de l'action et la profitabilité devient un outil de management courant. La pratique est efficace, si la capitalisation boursière est en augmentation croissante. Elle risque de devenir désastreuse si la bourse s'effondre.
>
> Au-delà de ce principe mécaniste, le risque d'une incompatibilité entre les valeurs portées par les salariés et les règles de l'actionnariat existe. Les dirigeants peuvent déstabiliser une culture coopérative, d'investissement dans les compétences ou d'identification au produit, si les salariés ont le sentiment que les variations du cours de bourse ne dépendent pas concrètement de leur comportement au quotidien. *In fine*, c'est de la valeur financière qui s'évaporera.

Les conditions d'un management par le sens

Lors de la mise en œuvre de nouvelles règles de management, une vision qui réintègre volontairement l'intelligence situationnelle des acteurs dans leur contexte sera plus créatrice de sens qu'une décision arbitraire. Cet argument est évident, mais, en pratique, les dirigeants prennent rarement le temps de justifier leurs choix pour les légitimer. Le développement d'un management par projet s'explique par la nécessaire réactivité à un environnement turbulent et la volonté de rendre plus efficient la gestion de la relation client. Pourtant, cette organisation ne va pas de soi pour la plupart des salariés. Ils doivent d'abord la comprendre avant de s'approprier les règles de la performance en mode projet.

Weick (1993)[4] propose les concepts de bricolage et d'improvisation managériale pour comprendre la succession de décisions apparemment chaotiques. Une entreprise n'est pas programmable et correspond rarement à la métaphore d'une machine à régler par un ingénieur. Les effets pervers, non intentionnels, contradictoires, paradoxaux s'accumulent dans la réalité. Dans toute situation où des hommes sont impliqués, les informations objectives (tableaux de bord, reporting, business plan) ne permettent pas de figurer fidèlement le contexte et les comportements.

Il existe des différences entre les enjeux et les contraintes du management général. Le style de management à destination de l'ensemble de l'entreprise passe par un discours global sur le futur de l'organisation, la diffusion de valeurs identitaires et le comportement organisationnel, tandis qu'une relation directe implique des ordres, des ajustements mutuels, l'échange de représentations et les conseils.

Le management de l'organisation s'analyse à partir de la distinction entre :
- le management de proximité, lorsqu'il existe une relation régulière et physique entre les personnes, éventuellement structurée par un rapport hiérarchique ;
- le management par exception, quand les relations entre les personnes sont occasionnelles et qu'un tiers assure le management de proximité ;

---

4. K. Weick, « Organizational Redesign As Improvisation », in Organizational Change and Redesign, Huber G. & Glick W., Oxford University Press, p.p. 346-379, 1993.

- le management à distance, lorsqu'il n'existe pas de relations entre les personnes, donc un management par l'écrit (journaux d'entreprise, discours généraux, procédures…) et souvent véhiculé en cascade le long de la ligne hiérarchique.

L'attitude, le rôle et le pouvoir du dirigeant changent selon la nature de la relation (de proximité, par exception, à distance). Les dirigeants ont rarement conscience de la différenciation des pratiques selon ces trois niveaux. Cette typologie prend une configuration différente selon les outils de management implémentés.

Le dirigeant assume la responsabilité de permettre aux salariés de se positionner par rapport aux projets. Les acteurs entendent les prescriptions et les injonctions à l'action, à condition d'entrer en résonance avec leur vécu au quotidien. Un salarié est concerné par un outil de management si :

- il a l'impression de prendre des risques pour lui, son emploi, son entreprise ;
- il y trouve un intérêt réel, potentiel ou latent, directement dépendant de ce projet ;
- il pense pouvoir maîtriser, en partie, le processus par des transactions.

La création de sens naît de la conscience, plus ou moins prégnante, de ces trois dimensions dans le travail au quotidien. Les ajustements et les interactions entre les équipes doivent pouvoir être actualisés quotidiennement. Ils sont à l'origine du sentiment d'appartenance au groupe. Cette coordination suppose la mise en place d'un système et de règles du jeu entre les acteurs.

Les démarches qualité, les fiches produit, les gammes opératoires, les règlements intérieurs, les chartes constituent autant d'exemples d'outils pratiques potentiellement porteurs de sens pour les salariés, si la compréhension et l'appropriation sont réelles. L'introduction de nouveaux systèmes d'informations informatisés facilite cette capacité à définir et à formaliser les savoir-faire par des outils. Chaque individu, chaque groupe, actualise ainsi sa représentation de la situation au travers des prismes de la représentation informationnelle.

Chapitre 6

Un modèle opérationnel du *sensemaking*

Comment émerge le sens dans une organisation ? Les travaux de Karl E. Weick, évoqués précédemment, et les illustrations présentées nous ont apportés les premiers éléments de réponse. Les individus construisent du sens dans les interactions, en se construisant des repères culturels, structurels et techniques. La culture produit les référents et le langage communs, indispensables à l'action collective. La stratégie donne une direction et une finalité. Les outils constituent les moyens mis à disposition pour interagir et produire. Sans hiérarchie particulière, ces trois dimensions se complètent mutuellement, à condition qu'elles soient cohérentes et non concurrentes. Les travaux de Weick n'ont pas développé une hiérarchie entre ces trois dimensions, ni les effets de la complémentarité qui peuvent exister entre elles. Une entreprise peut survivre sans stratégie, si la dimension culturelle est très forte. L'inverse est vrai également. Issus de l'explication sur les catastrophes, les travaux de Weick traitent plus des facteurs de destruction du sens que de leur création.

Dans le cadre d'un programme de recherche sur le thème du *sensemaking* en entreprise, nous avons mené un travail d'investigation auprès de 300 salariés dans différents types d'entreprise pour appréhender de manière concrète ce qui faisait sens pour eux. Nous avons également observé des cadres pendant 12 mois, à l'occasion d'un projet du remplacement d'un système informatique. Ce travail d'observation nous a amené à privilégier certains lieux où se crée le sens. Les périodes d'attente des salariés, pendant lesquelles ils recherchent des signes en réponse à des interrogations de faisabilité et d'intérêt, sont autant de moments privilégiés pour comprendre les comportements des acteurs.

Par observation, mais également par interview, nous avons pu construire un premier modèle de la construction du sens en entreprise. Comment les salariés se construisent-ils du sens et trouvent-ils des réponses à la question du pourquoi ? La réponse à cette question fondamentale de la relation d'un individu à son travail nous a amené à proposer trois espaces de création de sens :
- le poste de travail ;
- l'entité fonctionnelle ;
- l'entreprise dans son ensemble.

Dans ces trois zones, les individus sont en quête d'informations, de relations, d'actions et d'expériences. Elles leur permettent de donner un sens à ce qu'ils font et à ce qu'ils sont. Ces processus d'identification à un vécu jugé important peuvent être conscients ou inconscients, préétablis ou se construire dans l'action. Ils sont simultanément les lieux de recherche, de construction et de management du sens par l'acteur. De manière complémentaire, et avec une certaine hiérarchie, tous les événements sont susceptibles de créer du sens au moment de leur interprétation. Ils contribuent à l'émergence d'un sens global.

Figure 7 : Les trois dimensions opérationnelles du *sensemaking*

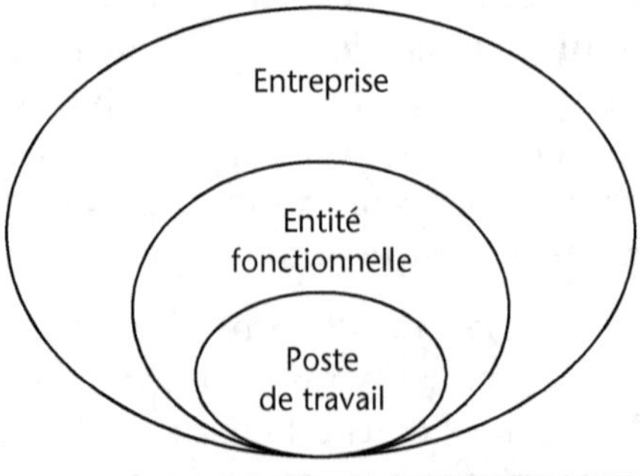

Ces zones de création du sens peuvent être représentées de manière concentrique, en partant du plus concret pour une personne jusqu'au plus abstrait et symbolique, qui caractérise son environnement professionnel. Ainsi, on observe ce qui fait sens pour une personne à son poste de travail, par rapport à l'entité fonctionnelle à laquelle elle appartient et à l'entreprise pour laquelle elle travaille.

Création de sens au poste de travail

Le poste de travail est le lieu sur lequel le salarié réalise son activité professionnelle au quotidien. Cela peut être un bureau, une chaîne de fabrication, une cabine de camion ou une voiture. Pour beaucoup de personnes, c'est l'image physique et tangible à laquelle ils pensent immédiatement pour évoquer leur relation au travail. Elle se matérialise par un lieu (bureau, atelier, magasin) avec ses caractéristiques (luminosité, facilité d'accès, décoration, sécurité) et le matériel utilisé au quotidien. Dans les fonctions tertiaires, le poste de travail se résume souvent à un bureau sur lequel trône un ordinateur. Le local peut être isolé ou inséré dans un espace ouvert. Dans tous les cas, les salariés associent leur travail à un espace. Cet emplacement peut avoir une valeur sociale différente, en fonction de sa position par rapport aux instances du pouvoir.

> *« Plus on se rapproche de la direction, le 30ᵉ étage, et plus les gens se sentent valorisés. »* (responsable des services généraux, banque)

Cette valeur sociale symbolique peut aussi être le résultat d'une valorisation esthétique.

> *« Depuis qu'ils ont construit la nouvelle tour, symbole de design et de modernité, tout le monde veut y aller. »* (manager, banque)

Le poste de travail, environnement social de proximité, est le premier cercle de la création de sens. Un individu est en quête permanente de signaux, de messages et de ressources pour réaliser son activité et ainsi juger de sa faisabilité et de son intérêt. Les éléments sur lesquels se construisent ces représentations et le sens émergent qui en résulte sont :
- les conditions de travail ;
- les relations au travail ;
- la faisabilité de l'activité.

Les conditions de travail créatrices de sens

Les conditions de travail sont un ensemble de ressources à la disposition des salariés pour la réalisation de leur mission professionnelle. Elles concernent aussi bien les conditions matérielles du poste de travail que l'ensemble des éléments environnants qui déterminent son activité sur un site. L'attrait pour le lieu, l'accessibilité ou encore les services proposés, comme un restaurant d'entreprise, rendent tangibles leur appartenance à l'entreprise.

■ Les conditions du poste de travail

Les conditions du poste de travail se rapportent à l'ensemble des ressources matérielles et ergonomiques qui sont mises à disposition pour réaliser une activité. Elles peuvent se matérialiser par un bureau, un ordinateur, une imprimante, un téléphone, des fournitures et des équipements. Outre leur utilité fonctionnelle évidente, tous ces objets façonnent un environnement de travail et contribuent à donner des repères identitaires grâce à des images physiques, comme le montre l'exemple suivant.

Les caissons chez Andersen Consulting

Dans les années 1990, une entreprise de conseil avait fait une mini-révolution organisationnelle que d'autres ont suivie par la suite. Pour la population des consultants qui n'étaient pas en permanence dans les locaux de l'entreprise, les bureaux fixes et attribués avaient été supprimés et remplacés par des caissons mobiles nominatifs. Dans une logique « premier arrivé, premier servi », ces caissons étaient décrochés de leur consigne collective par les salariés qui s'installaient là où il y avait de la place.

Même si les consultants n'étaient pas là en permanence, ils aimaient bien leur bureau qui constituait pour eux un refuge et provoquait un sentiment de propriété. Il en résulta quelques critiques et une période d'adaptation, synonyme pour certains de nomadisme organisationnel, peu propice au développement des repères identitaires. Certains consultants préféraient même annuler des réunions avec des clients par crainte que ces derniers ne comprennent pas qu'ils n'aient pas de bureau. S'ils arrivaient tard le matin, ils risquaient de ne pas avoir de lieu pour travailler.

■ Les conditions de travail environnantes

Elles concernent les caractéristiques du site sur lequel la personne travaille. Cela peut concerner le fait qu'il y ait un parking, que l'accès soit facilité, qu'il y ait des services de crèche ou de pressing et un service de restauration de qualité. Au-delà des services offerts, il y a également la valeur symbolique de certains lieux qui valorisent ceux qui y travaillent pour eux-mêmes, mais aussi quand ils en parlent à l'extérieur.

Le siège du Crédit Lyonnais

Après l'incendie du siège du Crédit Lyonnais à Paris, en 2001, de nombreux services de cet établissement bancaire ont dû déménager sur d'autres sites. Certains services de la banque d'affaires se sont retrouvés dans le secteur de La Défense (92).

De nombreux salariés concernés ont vécu cela comme une dégradation de leurs conditions de travail, au motif qu'ils quittaient un lieu prestigieux. Le bâtiment, considéré comme le siège dans le quartier de la finance, était un symbole fort pour les personnes qui y travaillaient. Transférées dans le quartier de La Défense, elles devenaient des employés ordinaires du tertiaire, sans élément de valorisation par rapport à leur site de travail.

L'appréciation des conditions de travail ne peut être que relative et se faire par comparaison avec un standard ou par rapport à d'autres personnes jugées comparables. Dans certaines entreprises, il préexiste des standards de conditions de travail concernant, par exemple, les outils informatiques, les voitures de fonction et autres avantages en nature. Le standard est très souvent associé au standing de l'entreprise et à l'image qu'elle veut se donner. Bien souvent, ces conditions sont le fruit de l'histoire et ne sont pas formalisées. Leur appréciation par les salariés se fait plus par observation entre eux. Nous avons ainsi des remarques du type : « *Eux ont eu des pockets PC et pas nous, alors que nous en avons beaucoup plus besoin qu'eux* ».

Pour savoir si les conditions de travail proposées correspondent aux attentes des salariés, il est possible de poser les trois questions suivantes.

Thèmes de création de sens quant aux conditions de travail

Conditions de travail	Poste de travail	Les conditions de travail sont-elles satisfaisantes ?
	Environnement	L'environnement de travail est-il convenable ?
	Entreprise	Y a-t-il une relative égalité dans les conditions de travail ?

Les relations au travail créatrices de sens

Les relations au travail constituent une part importante de l'activité professionnelle. Qu'elles soient de nature purement profession-nelles ou sociales, elles représentent les interactions auxquelles les salariés participent pour obtenir les informations nécessaires à leur activité. Les individus peuvent être à l'initiative de ces interactions ou y participer à l'invitation de leurs collègues et de manière plus ou moins volontaire. Elles peuvent avoir lieu dans des conditions très formelles telles que des réunions et rendez-vous ou bien de manière informelle par des échanges dits « de couloir ». Formelles ou informelles, subies ou volontaires, professionnelles ou sociales, les relations au travail sont essentiellement caractérisées par les interlocuteurs avec lesquels on échange. Nous distinguons plus particulièrement trois types d'interlocuteurs :
- le manager et la hiérarchie ;
- les collègues de travail au même niveau ;
- les collègues subordonnés.

■ La hiérarchie

Elle est en général symbolisée par le manager direct, celui qui contrôle l'activité, alloue les ressources et valide les choix. Dans le travail, les relations avec « son chef » occupent une place impor-tante. Il est celui qui incarne les symboles et l'autorité de l'entre-prise. Cette relation est conditionnée par de nombreux facteurs qui génèrent une création de sens. Parmi ces facteurs, nous avons relevé les points suivants, qui sont autant de prismes d'appréciation de son chef : la légitimité, la disponibilité, la justesse, la capacité à remer-cier et à reconnaître les efforts, la capacité à défendre son équipe et le charisme. Dans nos sociétés, la relation à la hiérarchie autoritaire tend à disparaître au profit d'une relation plus contractuelle. Il n'en demeure pas moins des registres de subordination par lesquels celui qui a le pouvoir le fait valoir de manière directe par des injonctions ou bien de manière indirecte au travers de symboles de différencia-tion, comme le montre l'exemple suivant.

Les chefs dans les start-up

La fin des années 1990 a été marquée par l'apparition d'un nouveau type d'organisation, que le krach boursier de 2000 a stoppé dans son élan : les start-up. Surfant sur la vague Internet, ces entreprises innovaient sur des concepts de services commercialisés par le Web.

Dans ces entreprises, en général de petite taille, la relation hiérarchique était peu présente. La moyenne d'âge était basse et le style de management se voulait « déverticalisé » pour permettre une meilleure réactivité et une réelle créativité. Tout le monde se tutoyait. Les dirigeants s'habillaient en jeans et étaient très accessibles.

Les symboles de la différenciation existaient cependant. Les chefs avaient un bureau fermé, étaient dans les premiers tours de table des augmentations du capital et on les voyait dans les médias. Ils n'avaient pas leur grade sur l'épaule, comme le contremaître portait la blouse grise dans les ateliers pour se différencier des ouvriers en blouse bleue, mais des distinctions plus subtiles et totémiques étaient présentes.

Les relations avec les homologues

Elles peuvent être définies comme des interactions d'égal à égal, même si très souvent des phénomènes d'asymétrie du pouvoir existent. Selon le caractère des personnes, ces relations permettent de faire partie d'un collectif à la fois identitaire et producteur d'un sentiment d'appartenance au groupe. L'individu est impliqué dans des compromis pour pouvoir continuer à interagir. Les relations avec les homologues, ou collègues, sont l'une des conditions de l'efficacité au travail. Les interactions quotidiennes contribuent à la construction d'une connaissance réciproque et d'une confiance. Au-delà de sa dimension humaine et humaniste, cette confiance permet aux entreprises d'avoir des personnes qui s'adaptent instantanément sans une trop forte contractualisation. Cela conduit à une fluidité dans le management, permise par la solidarité entre certains individus, comme le montre l'exemple suivant.

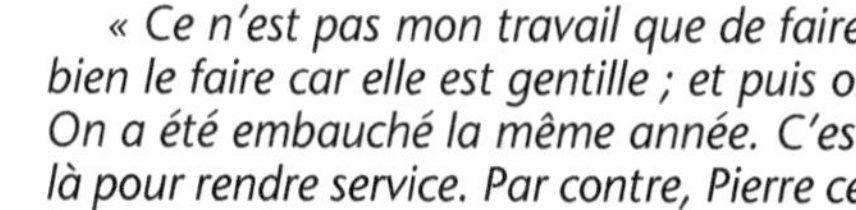

> « Ce n'est pas mon travail que de faire cela, mais pour Marie, je veux bien le faire car elle est gentille ; et puis on se connaît depuis longtemps. On a été embauché la même année. C'est une personne qui est toujours là pour rendre service. Par contre, Pierre ce n'est pas la même chose, pour lui, je ferai le minimum et pas plus. » (salarié, administration)

Cet extrait d'interview montre l'importance des relations historiques de confiance entre les individus dans leur fonctionnement.

Les relations avec les collègues et l'ambiance qui en découle sont des éléments de satisfaction quotidienne. L'un des enjeux consiste donc à s'assurer que les relations entre les personnes s'inscrivent dans une boucle vertueuse : interactions, échanges, confiance et ambiance. Si ce n'est pas le cas, le manager doit s'interroger sur les raisons de cet échec et les remèdes à y apporter, en traitant réguliè-rement des questions suivantes :

- les relations avec vos collègues sont-elles bonnes ?
- avez-vous l'impression que vos collègues sont solidaires entre eux ?
- y a-t-il une bonne ambiance ?

■ Les relations avec ses subordonnées

Elles sont plutôt caractérisées par les droits et les devoirs de la sphère professionnelle. La position de chef se situe en permanence entre deux extrémités : celle du contrôle et celle de l'autonomie. Quelle autonomie dois-je laisser à mes collaborateurs ? Comment vais-je contrôler et m'assurer de ce qu'ils réalisent et si cela correspond à ce qui leur a été demandé, tant au niveau de la consommation des ressources que de l'exigence de résultats ?

La qualité des dispositifs managériaux déployés pour coordonner et organiser peut être appréciée au travers d'un questionnement des subordonnés sur les points suivants :

- sont-ils informés de ce que l'entreprise attend d'eux ?
- ont-ils compris ce que l'entreprise attend d'eux ?
- ont-ils accepté ce que l'entreprise attend d'eux ?
- ont-ils mis en œuvre ce qui leur a été demandé ?
- ont-ils fait preuve de mises en œuvre innovantes, en allant plus loin que ce qui leur était demandé ?

Les relations au travail constituent un vecteur de sens, au travers des échanges avec la hiérarchie, les collègues et les subordonnés, comme le montre le tableau suivant.

Thèmes de création de sens des relations de travail

Relations de travail	Relations avec sa hiérarchie	Êtes-vous satisfait(e) des relations que vous avez avec votre responsable hiérarchique ?
	Relations avec ses homologues	Les relations avec vos collègues sont-elles bonnes ?
	Relations avec ses subordonnés	Avez-vous le sentiment que vos subordonnés vous font confiance ?

La faisabilité de l'activité créatrice de sens

Les interactions d'une personne avec son environnement professionnel sont en grande partie définies par le contenu même de son activité. Dans le cadre d'une relation de travail, les salariés sont rémunérés en échange d'une production, de résultats et de la mise à disposition de compétences.

Comment le contenu même d'une activité peut-il alors faire sens pour une personne ? En premier lieu, il y a la notion de périmètre de l'activité, qui permet de savoir exactement ce que chacun doit faire. Dans les activités industrielles de production, le périmètre est assez évident, en raison des contraintes techniques. Dans le domaine tertiaire, le périmètre d'activité est parfois flou, comme le montre l'exemple suivant.

Que fait la MOA dans un projet de système d'information ?

Dans les projets de système d'information, comme le déploiement d'une nouvelle application informatique ou la création d'un site intranet, il y a, en théorie, deux métiers distincts. La maîtrise d'ouvrage (MOA) qui définit les besoins opérationnels des métiers de l'entreprise et la maîtrise d'œuvre (MOE), qui prend l'analyse faite par la maîtrise d'ouvrage et la traduit en développements et en paramétrages informatiques. En théorie, cela apparaît clair, mais, en pratique, la maîtrise d'œuvre a tendance à faire l'analyse dont a la charge la maîtrise d'ouvrage. Cette dernière a la connaissance métier, mais pas toujours les compétences de gestion de projet et de diagnostic d'activité. Parfois, lorsque la maîtrise d'ouvrage est composée d'anciens informaticiens, elle a tendance à faire de l'analyse informatique plutôt que des analyses métiers. Cette confusion engendre de nombreux conflits, synonymes de retard et de dysfonctionnements dans les projets informatiques.

■ La compréhension du périmètre de l'activité

C'est la première condition de l'acceptabilité par les personnes qui en ont la charge. Le deuxième élément qui participe à la création de sens autour de ce concept réside dans l'appréciation des contraintes et des obligations qui sont associées à cette même activité. L'appréciation des contraintes se fait en fonction de ce qui a été prévu par le contrat initial et de la rétribution en échange de responsabilités et de l'effort consenti. L'acceptation des contraintes se fait par rapport à la rétribution et au contrat. Mais également, en fonction des ressources qui sont allouées pour les traiter. Une personne comprendra très bien qu'elle doit gérer un surplus d'activité, en raison de la maladie d'un collègue, sur une courte période pendant laquelle il est difficile à un responsable de trouver un remplaçant. Passé un délai jugé « normal », le niveau de normalité est très subjectif, le salarié qui gère cette contrainte supplémentaire imprévue fera savoir qu'il ne désire plus faire cet effort. Sans réponse de sa hiérarchie, celui-ci considèrera s'être « fait avoir ». Les contraintes contractuelles peuvent être sous-estimées ou bien non considérées de manière volontaire, du fait du pouvoir de l'employeur ou involontaire par méconnaissance de ce dernier. Dans les deux cas, il devra ouvrir un dialogue sur ces thèmes, tout en tenant compte du fait qu'il y a toujours une négociation entre les deux parties. Le sentiment d'exploitation et de non-reconnaissance de l'investissement peut émerger de ces situations. Il peut conduire à un retrait et à un désinvestissement de la part du salarié considérant *« que l'entreprise ne joue pas le jeu »*.

■ L'activité participe à la création de sens

C'est le cas si les contraintes de la réalisation et les ressources allouées sont explicitées, comme le montre le tableau suivant.

Thèmes de création de sens de la faisabilité de l'activité		
	Périmètre	Est-ce que mon activité est assez explicite, en termes de contenu et de périmètre ?
Faisabilité de l'activité	Contraintes	Les contraintes opérationnelles ne sont-elles pas trop fortes ?
	Ressources	Les ressources allouées sont-elles en relation avec la tâche à réaliser ?

La création de sens au poste de travail se fait sur trois thèmes, eux-mêmes déclinés en neuf items opérationnels. On peut les apprécier, en adressant aux salariés la liste de questions mentionnées dans le tableau qui suit.

Synthèse de la création de sens au poste de travail

Conditions de travail	Poste de travail	Les conditions de travail sont-elles satisfaisantes ?
	Environnement	L'environnement de travail est-il satisfaisant ?
	Entreprise	Y a-t-il une relative égalité des conditions de travail ?
Relations de travail	Relations avec sa hiérarchie	Êtes-vous satisfait(e) des relations que vous avez avec votre responsable hiérarchique ?
	Relations avec ses homologues	Les relations avec vos collègues sont-elles bonnes ?
	Relations avec ses subordonnés	Avez-vous le sentiment que vos subordonnés vous font confiance ?
Faisabilité de l'activité	Périmètre	Est-ce que mon activité est assez explicite, en termes de contenu et de périmètre ?
	Contraintes	Les contraintes opérationnelles ne sont-elles pas trop fortes ?
	Ressources	Les ressources allouées sont-elles en relation avec la tâche à réaliser ?

Création de sens au sein de l'entité

L'entité est l'intégration du poste de travail dans un regroupement fonctionnel. Il s'agit, en général, d'un service, d'un département, d'un projet ou d'une mission. Une personne est affectée à un poste, qui dépend lui-même d'une entité figurant sur un organigramme. L'entité est très souvent caractérisée par un métier.

Une entreprise est composée de structures correspondant aux différentes fonctions de production, de recherche, de distribution, de gestion, de commercialisation ou de support. À la différence du poste de travail, qui est de nature individuelle, l'entité est le premier élément d'intégration collective pour une personne. L'entité est le plus petit dénominateur d'appartenance à une organisation. C'est un ensemble de ressources collectives organisées pour la réalisation de tâches précises pour l'obtention de résultats opérationnels.

Le métier créateur de sens

Une entité est avant tout un métier ou un groupe d'activités qui regroupe des compétences similaires. On peut parler du service comptabilité, commercial, de la production ou des achats. Dans certains cas la fonction de l'entité est supplantée par le nom du site sur lequel elle se trouve. Dans tous les cas, l'entité apparaît dans l'organigramme en tant que telle avec un responsable clairement identifié et un rattachement hiérarchique lisible. L'entité est encastrée dans une ligne hiérarchique et son responsable peut être considéré comme un manager de premier niveau, le manager opérationnel. L'entité constitue, pour un salarié, le premier cadre qui dépasse son activité personnelle. Il est intégré à une entreprise *via* une structure rattachée à l'ensemble par un organigramme général. Le positionnement d'une entité sur un organigramme est établi en fonction de son métier, mais également des contraintes ou des jeux politiques. Les salariés peuvent ne pas le comprendre et le juger inutile ou injuste.

Où positionner l'entité Qualité ?

Dans beaucoup d'entreprises, l'entité qui a en charge la gestion de la qualité fait régulièrement l'objet de réflexions et de discussions, quant à son positionnement. Dans certaines organisations industrielles, elle est rattachée à la production. Dans les entreprises de services, elle est souvent positionnée au sein du département organisation, qui est lui-même rattaché à l'informatique.

Parfois, cette entité est intégrée dans la sphère de l'audit et du contrôle, qui dépend de la direction administrative et financière. En fonction de ce positionnement, le périmètre d'intervention, la légitimité et l'accès aux ressources seront différents et conditionneront l'activité des personnes qui y participent.

Afin d'évaluer si le positionnement de l'entité apparaît juste aux yeux des salariés, il importe de les interroger sur ce sujet par des questions du type : Pensez-vous être bien positionné(e) pour exercer votre métier ? Quel serait le positionnement idéal de votre entité pour qu'elle réalise au mieux son métier et ses activités ?

L'entité est construite autour d'un métier qui se définit généralement en termes de compétences. Pour cela, on parle de « référentiel de compétences » qui constitue l'identité d'un métier et sa représentation, tant en interne qu'à l'externe. Plusieurs interrogations concernant la notion de compétences contribuent à la création ou à la perte de sens pour les salariés. Y a-t-il ou non un référentiel de compétences qui permet d'évaluer le savoir des personnes et, ainsi, de les rétribuer et de les faire évoluer ? Pour une personne, c'est important de pouvoir dire : *« voilà mon métier, voilà ce que je sais faire et c'est valorisé en interne »*, comme le montre le témoignage suivant.

> *« Dans mon entreprise, le métier de contrôleur de gestion n'est pas clairement explicité et identifié en tant que tel. Quand je demande des informations, on me compare à un auditeur contrôleur. Quand je fais les budgets à partir de la structure de la comptabilité analytique, je suis associé à un comptable. Quand je mets en place une procédure pour la production et l'automatisation des tableaux de bord avec un outil informatique, je suis associé à l'informatique. Je n'existe pas en tant que contrôleur de gestion et mon métier n'existe pas non plus. Ne me sentant pas valorisé dans mon métier, je me suis inscrit à l'Association des Directeurs Financiers et du Contrôle de Gestion (DFCG[1]), où je rencontre régulièrement des personnes qui, partageant les mêmes problématiques que moi, me permettent d'exister en tant que contrôleur de gestion. »* (contrôleur de gestion, collectivité territoriale)

Cet extrait montre bien l'importance qu'une personne attache à son métier et à la visibilité de celui-ci pour les autres acteurs de l'entreprise.

Le métier est exercé au sein d'une entité intégrée dans un organigramme. Les deux questions qui se posent sont relatives à la justesse du positionnement et à la reconnaissance des compétences par une image du métier. Dans le même registre du métier comme entité fonctionnelle, la question de son autonomie d'activité et de décision se pose très souvent. Quel est le niveau d'autonomie laissé à l'entité ? Est-il jugé pertinent par les salariés qui y travaillent ? L'appréciation de l'autonomie se fait au travers du contrat initial que les parties ont passé entre elles. Si le contrat prévoyait la réalisation de l'activité de manière centralisée, les personnes ne pourraient pas revendiquer qu'elles n'avaient pas été informées. À l'inverse, un changement d'organisation (plus de centralisation ou de décentralisation) peut mettre les salariés

---

1. Association nationale des directeurs financiers et du contrôle de gestion : http://www. dfcg.com/

dans une situation où ils ont l'impression que les termes du contrat initial n'ont pas été tenus.

« On nous prône l'autonomie comme une valeur forte de notre entreprise, mais nous passons notre temps à appliquer les standards du groupe. Il y a 10 ans, on a bâti une organisation modulaire décentralisée pour mieux répondre aux demandes des clients. Depuis 2 ou 3 ans, on laisse cette organisation, mais on restreint de plus en plus nos marges de liberté et d'initiative. Nous devons appliquer les procédures du groupe, adopter leur système d'information, s'inscrire dans leur reporting et tout cela sans possibilité d'adapter localement les règles. Alors que, en même temps, on nous dit qu'il faut nous ajuster à la demande de nos clients. Comment le pourrions-nous quand on a un système informatique qui ne nous permet pas d'envoyer un colis à un autre lieu que celui de l'adresse de facturation ! » (directeur commercial, informatique)

La tendance à la centralisation, qui se justifie par le besoin de contrôle et la recherche d'économies d'échelle, peut conduire à certaines incohérences. Ce qui peut paraître comme une solution évidente devient une aberration et conduit à des résultats opposés à ceux attendus créant une frustration des salariés vis-à-vis du système entreprise.

Le métier est créateur de sens pour les salariés à partir de sa position dans l'organigramme, de la valorisation de ses compétences et de l'autonomie qui lui est accordée comme l'illustre le tableau suivant.

Thèmes de création de sens du métier		
Métier	Organigramme	Le positionnement de l'entité est-il jugé pertinent ?
	Compétences	Le métier est-il connu et reconnu ?
	Autonomie	Avez-vous une autonomie en relation avec les besoins de votre activité ?

Les dispositifs de contrôle créateurs de sens

L'entité, en tant que centre de profits ou de coûts, est soumise à un système de contrôle de l'activité et de l'évaluation de la performance sur les ressources utilisées et les résultats obtenus. Cette notion de performance représente la capacité d'une entreprise à réaliser sa stratégie (efficacité), tout en optimisant au mieux l'utilisation de ses ressources (efficience) : faire ce qu'on avait prévu, au moindre coût.

La notion de performance s'analyse au niveau de l'entreprise globale, mais se réalise et se mesure au sein de chaque entité par l'intermédiaire des outils de gestion, tels que les budgets, les contrats de gestion et les tableaux de bord. Les coûts et les résultats s'évaluent sur un triptyque classique du contrôle : objectif, réel, écart. En début d'exercice, les objectifs de coûts et de résultats sont définis. Ils sont rapprochés des résultats réels en cours d'exercice pour déterminer des écarts et les actions de correction, le cas échéant. Parfois, les dispositifs de contrôle sont mal compris et/ou mal interprétés et ne jouent plus leur rôle de pilotage, comme le montre l'exemple suivant.

Toujours plus[2]

À l'occasion de la réunion annuelle, un directeur présente les résultats et les orientations futures : « *Mesdames et messieurs, je suis satisfait de vos performances commerciales de cette année. Vos efforts et votre professionnalisme nous ont permis de réaliser nos objectifs commerciaux et de rentabilité. Grâce à vous, nous sommes Numéro un avec 24 % des parts de marché. Mais, dans notre monde de compétition, cela ne suffit pas. La concurrence de plus en plus grande de la Chine nous oblige à améliorer nos marges et nous devrons continuer l'effort, en augmentant nos ventes de 10 %, tout en réduisant nos coûts de 10 %. Nous appellerons cela le "plan 10 sur 10".* »

Dans la salle, un cadre échange avec un de ses collègues : « *C'est n'importe quoi, on s'est défoncé pour avoir les résultats attendus et en échange on obtient un "C'est bien mon petit" sur un ton paternaliste et "ce n'est pas suffisant, continuez à vous défoncer". Mais pourquoi ? Ça ne va jamais s'arrêter ! Il faut toujours en faire plus. Mais à quoi ça sert ! Ils ne se rendent pas compte de ce qu'on vit au quotidien et des efforts consentis. Je comprends tous les arguments qui sont donnés. On doit progresser en permanence. Mais il faut aussi laisser souffler les troupes après l'effort, d'autant plus que celui-ci s'apparente à des exploits au quotidien. On devrait peut-être en faire moins. Comme cela on ne nous mettrait pas des objectifs de plus en plus élevés. Toujours plus de résultats, de ventes, d'économies mais cela ne va-t-il pas se transformer en toujours moins de désir ?* »

---

2. www.portenawak.fr, blog décrivant des situations et décisions absurdes en entreprise.

■ Y a-t-il adhésion de la part des salariés ?

L'acceptation par les salariés de ce contrôle est fonction de plusieurs éléments :

- les objectifs en termes de résultats et de ressources allouées sont-ils réalistes ?
- le système de contrôle sait-il tenir compte des aléas de terrain ?
- l'allocation des ressources se fait-t-elle en fonction de ce qui est demandé, sans être systématiquement revue à la baisse ?

Les salariés ne refusent pas les systèmes de contrôle, comme certains dirigeants le prétendent. Ils veulent simplement que celui-ci soit assez lisible et juste, tout en leur permettant de garder une certaine marge de manœuvre par laquelle ils expriment leur autonomie, mais également leur capacité d'adaptation et de résolution de situations. Ce principe essentiel n'est pas toujours respecté. On ne peut contrôler quelqu'un que sur des éléments qu'il maîtrise effectivement.

■ La nécessité de définir des variables

Les dispositifs de contrôle participent à la création de sens en entreprise à partir de la définition des variables de gestion qui structurent l'activité et de la pression pour obtenir des résultats. Ces variables sont les objectifs, les ressources et la capacité des dispositifs de gestion pour contrôler l'activité des opérationnels, comme le décrit le tableau suivant.

Thèmes de création de sens des dispositifs de contrôle		
	Objectifs	Les objectifs sont-ils réalistes ?
Contrôle	Ressources	Les ressources sont-elles en adéquation avec l'activité ?
	Adaptation au terrain	Le système de contrôle tient-il suffisamment compte des aléas de terrain ?

La rétribution créatrice de valeur

■ Le dispositif de contrôle au cœur de la relation contribution/rétribution

En échange de leur travail, c'est-à-dire de leur contribution, les salariés perçoivent une rétribution. Elle peut prendre une forme financière, sous la forme de salaire ou d'honoraires, mais également une dimension symbolique par des attentions quotidiennes ou sociales qui participent à l'intégration de la personne dans le groupe. De nombreux salariés se plaignent d'un manque de rétribution et de considération de la part de leur entreprise ou de leur hiérarchie. Ils se plaignent que les efforts auxquels ils consentent, jour après jour, ne sont pas rétribués à leur juste valeur. Ils ont le sentiment de se faire avoir.

Je ne travaille pas pour des prunes[3]

Peut être avez-vous déjà entendu cette expression : « Je ne travaille pas pour des prunes », en réaction à une demande jugée excessive et non rétribuée. Dans le cadre de notre activité professionnelle, nous sommes très souvent amenés à réaliser des tâches qui ne sont pas exactement dans le spectre normal de notre champ d'action. Dès qu'on est en dehors de ce qui a été défini préalablement par un contrat tacite ou explicite se pose la question de la rétribution. Pourquoi le ferais-je ? Qu'ai-je à y gagner ? Et surtout ma rémunération ne sera pas supérieure à celle de mon activité normale. Je peux accepter pour plusieurs raisons :

– c'est un prêté pour un rendu dans une logique de retour d'ascenseur ;

– parce que je ne sais pas dire non ;

– par amitié pour le commanditaire ;

– par peur que cela ne soit pas fait et de ne pas supporter un fonctionnement dégradé ;

– par rémunération supplémentaire ;

– par rétribution symbolique augmentant sa réputation interne par intérêt opportuniste pour se faire valoir.

Si l'action d'en faire plus n'est pas adossée à l'un de ces arguments, c'est souvent un refus ou une frustration. Comment faire pour sortir de cette impasse, alors que nos fonctionnements exigent de demander de plus en plus d'extras qui ne font pas partie du périmètre d'un poste particulier ? Le refus se traduit très souvent par une expression : je ne travaille pas pour des prunes. Comment, dans le management, pouvons-nous formaliser ce « en plus de », l'intégrer comme une tâche à réaliser et le traduire par une rétribution ?

De nombreux facteurs externes comme la concurrence, les évolutions technologiques ou la réduction du temps de travail (en France) ont contribué à densifier et à intensifier le travail. Il n'est

---

3. www.portenawak.fr, blog décrivant des situations et décisions absurdes en entreprise.

pas rare de devoir faire son travail, réaliser le pilotage (par la gestion du reporting), penser son évolution (participer à des groupes de travail), tout en gérant des moments de suractivité.

De plus, les salariés vivent depuis une vingtaine d'année avec des incitations productivistes avec des formules du type : « *Si vous faites des efforts, si vous améliorez votre service et votre productivité, on retrouvera la croissance d'avant* ». Les efforts ont été consentis par les salariés dans beaucoup d'entreprises, mais la situation promise d'équilibre et de croissance n'est pas au rendez-vous. Cette situation a tendance à laisser planer un sentiment de « *On s'est fait avoir* ». S'il y a enrichissement, ce ne sont pas les salariés qui en ont profité, mais plutôt les actionnaires.

> « *Ça fait 15 ans qu'on restructure, qu'on rogne sur les dépenses, qu'on accepte de travailler en horaires décalés et tout cela pour quoi ? Pour garantir une croissance boursière à deux chiffres pour les fonds de pension !* » (responsable d'équipe, industrie)

■ La première rétribution attendue par les salariés est financière

La salariat est une forme de rémunération au forfait qui garantit une sécurité au salarié, mais ne permet pas facilement de faire varier la rétribution en fonction de la quantité et de la qualité du travail réalisé. Les primes et autres rémunérations variables permettent de combler en partie ce manque et de valoriser ceux qui s'impliquent le plus, à condition qu'elles soient significatives. Un ministère a décidé de mettre en place un système de rémunérations variables, en octroyant une prime de 600 euros par service à diviser entre six et huit personnes. Le différentiel de salaire est si faible que cela n'intéresse pas les personnes concernées et ne joue pas le rôle de motivation attendue.

Dans une négociation, un salarié cherchera toujours à obtenir un salaire plus élevé et un patron à payer le moins cher. Certes, mais il y a des éléments de régulation légaux (salaires minimum), sociaux (défenses des travailleurs) et sociétaux (par un prix de marché qui s'établit avec la concurrence).

Munis de tous ces éléments de comparaison, les salariés se construisent une image de leur rémunération de manière assez binaire : je suis bien ou mal payé(e). C'est toujours en comparaison de personnes proches, internes ou externes à l'entreprise, qu'ils apprécient leur rémunération. Quand ils considèrent être mal payés et ne pas pouvoir faire évoluer la situation, ils se mettent souvent en situation de résistance passive ou démissionnent. Pour un manager, la perception et la représentation que se font les membres de son équipe de leur rémunération est essentielle pour les motiver, surtout s'ils ont l'impression qu'elles ne sont pas équitables par rapport aux efforts qu'ils font.

■ La deuxième forme de rétribution est de nature symbolique

C'est ce qu'on place sous le terme de « considération ». Elle correspond à toutes les attentions, remerciements, écoutes et encouragements que le manager peut exprimer vis-à-vis de ses subordonnés. La considération passe par des petits gestes.

Les petits gestes[4]

> – Tu as vu, Jean-Paul a pensé à apporter des croissants pour tout le service.
> – C'est quelqu'un qui est toujours attentionné. Tu te souviens quand il a offert une rose à Marie pour son anniversaire ?
> – Si seulement ils étaient tous comme lui dans l'entreprise !
>
> Cet échange illustre les petits gestes et leur importance aux yeux de nos collaborateurs. Dire bonjour, apporter des croissants, penser aux anniversaires, tenir la porte, apporter le courrier de ses collègues quand on va chercher le sien…
>
> Toutes ces actions n'ont d'autre but que d'être agréable et de marquer la reconnaissance. Elles sont très appréciées, car chacun a besoin d'exister aux yeux des autres et d'être apprécié et aimé. Sans tomber dans l'utopie « Tout le monde il est beau, tout le monde il est gentil » et sans nier certains comportements agressifs, il est important d'adopter une attitude ouverte par des petits gestes qui s'inscrivent dans une posture d'attention et de reconnaissance à l'autre.

■ La reconnaissance, troisième forme de rétribution

Elle consiste en l'intégration d'un individu dans un groupe ou un corps social, qui est constitutif d'une identité et d'une valorisation

---

4. www.portenawak.fr, *ibid.*

pour celui qui l'intègre. Le système de formation par le compagnonnage utilise cette forme de rétribution. L'apprenti passe un certain temps à travailler auprès de maîtres qui lui transmettent un savoir. Ce n'est qu'après un certain temps et l'épreuve du « chef-d'œuvre », qui consiste à produire un objet nécessitant toutes les techniques apprises, que l'apprenti est admis dans le groupe des maîtres. On retrouve le même principe chez les experts-comptables. Les stagiaires experts-comptables acceptent de travailler très durement pendant 2 à 4 ans avant de soutenir leur mémoire et être admis comme expert-comptable à leur tour. En entreprise, la question de l'intégration à un groupe d'experts reconnus se pose souvent. C'est une manière de reconnaître institutionnellement la compétence technique et l'appartenance à une tribu, avec ses rites, symboles et langages constitutifs de l'identité au travail. Il est possible d'appréhender la reconnaissance accordée par le groupe à l'individu par des questions aussi simples que :

- pensez-vous appartenir à un groupe ?
- avez-vous le sentiment d'appartenir à une équipe reconnue ?
- pensez-vous que votre métier est suffisamment visible pour le reste de l'entreprise ?

■ La rétribution participe à la création de sens

La rétribution financière, symbolique et sociale, exprime ce que l'entreprise offre au salarié en échange de son travail.

Thèmes de création de sens de la rétribution		
Rétribution	Financière	Avez-vous le sentiment d'être rémunéré(e) à votre juste valeur ?
	Symbolique	Avez-vous l'impression qu'on a de la considération pour vous et votre travail ?
	Sociale	Vous sentez-vous intégré(e) dans une équipe ? Vous y sentez-vous reconnu(e) ?

Le niveau de l'entité est probablement le plus structurant quant à la construction de sens, car c'est le lieu de rencontre du collectif et de l'individuel. C'est le moment de l'échange et de la création de sens dans les interactions. Il se matérialise par des attentes des salariés au niveau de leur métier, des dispositifs de contrôle et des modalités de rétribution. Les questions suivantes, mentionnées dans le tableau, constituent une synthèse de ce niveau et une grille permettant de l'appréhender concrètement.

Synthèse de la création de sens dans l'entité

Métier	Organigramme	Le positionnement de l'entité est-il jugé pertinent ?
	Compétences	Le métier est-il connu et reconnu ?
	Autonomie	Avez-vous une autonomie en relation avec les besoins de votre activité ?
Contrôle	Objectifs	Les objectifs sont-ils réalistes ?
	Ressources	Les ressources sont-elles en adéquation avec l'activité ?
	Adaptation au terrain	Le système de contrôle tient-il suffisamment compte des aléas de terrain ?
Rétribution	Financière	Avez-vous le sentiment d'être rémunéré(e) à votre juste valeur ?
	Symbolique	Avez-vous l'impression qu'on a de la considération pour vous et votre travail ?
	Sociale	Vous sentez-vous intégré(e) dans une équipe ? Vous y sentez-vous reconnu(e) ?

Création de sens au sein de l'entreprise

L'entreprise est l'objet le plus abstrait qu'on peut rencontrer dans son environnement professionnel. Lorsqu'une personne mentionne qu'elle travaille chez Renault, c'est plus un attachement identitaire à un nom qu'à un lieu physique. Au-delà de son existence comme personne morale et de ses résultats, l'entreprise est un ensemble de symboles et d'images. Les signaux identitaires sont le fruit de l'histoire, au travers de ses produits, de ses salariés et de tous les événements qu'elle a pu vivre.

Lorsque vous dites Renault, quels sont les images et symboles qui vous viennent à l'esprit ? « La Formule 1, Nissan, la Mégane, la 4L, Boulogne Billancourt ».

L'ensemble de ces signaux forme une image constitutive d'une identité. L'entreprise, c'est avant tout un nom auquel est adjoint une image symbolique ; c'est également la sécurité d'appartenir à un groupe social qui valorise ses membres à l'extérieur. Elle se matérialise principalement au travers de trois notions que sont la stratégie, l'image et la culture.

La stratégie créatrice de sens

La stratégie d'une entreprise, c'est d'abord et avant tout une route et une destination données à l'ensemble de ses membres. Par exemple, lors de la présentation de la stratégie de Renault, Carlos Ghosn présentait les éléments suivants, en mars 2006 :
- vendre 30 % de véhicules supplémentaires ;
- sortir 26 nouveaux modèles dans les 3 ans ;
- maintenir les effectifs ;
- devenir le constructeur le plus rentable en Europe.

La stratégie se matérialise par des orientations commerciales, de production, financières et humaines qui se déclinent ensuite par des plans d'action et des budgets opérationnels. La stratégie est le langage des dirigeants, mais est-il partagé et compris par les salariés ? Les discours peuvent paraître généraux, abstraits et conceptuels pour les salariés.

Des discours trop conceptuels n'entraînent pas l'adhésion

Le directeur général lance la journée par un court discours sur le thème « Tous ensemble ». À ma gauche, un groupe d'employés émet les remarques suivantes : « *Et l'autre, il se prend pour d'Artagnan. Tous pour un et tous pourris, c'est quoi la somme des parties ? Je ne veux pas mélanger mes parties avec celles des autres. C'est n'importe quoi ce discours !* » À ma droite, un cadre commercial remarque : « *Encore un discours paternaliste fanatisant !* » Devant moi, d'autres salariés plaisantent sur le montant du futur parachute d'or du dirigeant, en pariant qu'il ne fera pas plus que celui du DG de Carrefour.[5]

Premier critère : rendre une stratégie lisible

La lisibilité de la stratégie et sa compréhension constituent le premier élément de son opérationnalisation. Elle doit être suffisamment générale pour s'appliquer à l'ensemble de l'entreprise mais également opérationnelle pour pouvoir être comprise par l'ensemble des salariés.

---

5. David Autissier, « Décisions et situations absurdes au travail », in *C'est n'importe quoi*, éd. Eyrolles, 2005.

■ Deuxième critère : capacité d'une stratégie à être opérationnelle

Le deuxième critère d'appréciation d'une stratégie réside dans sa faisabilité, sa capacité à être opérationnelle. Lorsque Carlos Ghosn mentionne qu'il veut créer 26 nouveaux modèles dans les 3 ans à venir, il a ce souci d'opérationnalisation.

Les salariés reprochent souvent à la stratégie son absence d'opérationnalisation, son incohérence avec les réalités de terrain ou l'écart trop important entre le possible et le souhaité.

« Ne passons pas trop de temps à écrire nos stratégies. C'est toujours la même chose, il s'agit de gagner plus d'argent, de vendre plus. Ça tout le monde le sait. En revanche, nous devons nous interroger sur comment faire en sorte que les salariés s'approprient les stratégies et les mettent en œuvre concrètement. » (dirigeant, grand groupe)

Dans la méthode Six Sigma[6], cette dimension d'appropriation est en partie traitée par un travail de réflexion terrain avec les salariés par des réunions « *Work out* », dont l'objectif consiste à ce que chaque service s'interroge sur la pertinence de ses pratiques. De nombreux auteurs ont montré les limites des stratégies descendantes pour privilégier les stratégie émergentes qui viennent du terrain et dont l'appropriation se fait plus facilement. La stratégie ne fait sens que si elle est perçue comme réaliste et réalisable par ceux qui la déploient effectivement.

■ Troisième critère : ses caractéristiques projectives

La stratégie est-elle porteuse d'un projet qui fait rêver et qui fait référence aux désirs d'accomplissement des salariés ? Définie comme une destination, elle doit susciter chez les salariés l'envie de réaliser une utopie et un rêve. Les objectifs de l'organisation et les ambitions des salariés peuvent alors fusionner. Le progrès technique et social, l'international, la possibilité d'innover, de participer aux efforts écologiques et sociétaux sont des thèmes mobilisateurs pour les salariés. Ils les attendent pour se projeter dans le futur et ainsi dire « *Ça en vaut la peine* ».

---

6. Caroline Fréchet, *Mettre en œuvre le Six Sigma*, Éditions d'Organisation, 2005.

Une stratégie basée sur l'Agenda 21

L'Agenda 21 est issu du Sommet de la Terre (Rio, 1992) et de son programme d'action pour le xxie siècle pour lutter contre la dégradation de la planète, la pauvreté et les inégalités.

En 2005, un conseil général français décide de lancer un programme stratégique pour remotiver ses agents. Essentiellement composés de personnes du secteur social, les agents avouaient être démotivés par leurs difficultés à se positionner dans le cadre de la loi de décentralisation. Les séminaires classiques de stratégies en termes d'objectifs, d'actions, d'indicateurs de résultat ne faisaient pas sens pour eux. Ils y voyaient une intrusion de la logique capitaliste dans leur activité, qu'ils considèrent en dehors de toute logique gestionnaire. Il en résultait un climat de démotivation et de mécontentement. Les uns considéraient leur travail bradé à la logique capitaliste, les autres se plaignaient de ne pas avoir d'objectifs ou d'évaluation des résultats.

Le directeur de cette administration a eu alors l'idée de coupler à l'un des séminaires de management des cadres, un atelier sur l'agenda 21 en leur demandant de faire un projet de transformations des pratiques de travail pour répondre aux objectifs environnementaux et sociétaux de ce programme. Il en résulta un engouement pour les enjeux environnementaux et un intérêt pour le réingeniering des activités. Le moral des cadres s'améliora et, surtout, cela leur donna envie de participer à un projet collectif « noble et valant la peine d'être mené ».

Même si la réalité n'est pas toujours exactement au rendez-vous, une stratégie sans rêve n'a aucune chance de susciter l'adhésion et l'appropriation. Qu'est-ce qui pouvait motiver les jeunes embauchés des années 1996 à 2000 à travailler 15 heures par jour dans des conditions matérielles difficiles et avec une incertitude de rémunération dans les start-up ? Sans doute le rêve de créer quelque chose de nouveau, d'avoir l'impression de faire partie des pionniers de l'ère Internet motivaient toutes les personnes qui y participaient.

La stratégie fait sens à partir du moment où elle devient compréhensible, faisable et porteuse d'un projet motivant pour les salariés.

Thèmes de création de sens de la stratégie		
Stratégie	Lisibilité	La stratégie de l'entreprise est-elle connue et comprise ?
	Faisabilité	La stratégie de l'entreprise est-elle réalisable ?
	Créatrice d'envie	La stratégie est-elle porteuse d'un projet ?

L'image créatrice de sens

Lorsque vous faites un sondage chez des étudiants en fin de cycle universitaire sur l'entreprise qu'ils aimeraient intégrer, vous avez de fortes chances d'avoir des noms de grandes entreprises car elles bénéficient d'une forte notoriété, connues du grand public par leurs produits et leurs actions publicitaires, mais aussi parce que « ça fait bien ». Quand vous dites à quelqu'un que vous travaillez pour Peugeot, Danone, Airbus ou L'Oréal, vous ne mentionnez pas seulement le nom de l'entreprise, vous affichez aussi toutes les images qui lui sont associées.

■ L'image de l'entreprise, vecteur d'attraction

Vecteur d'attraction pour ceux qui sont à l'extérieur, c'est aussi un motif de création de sens pour ceux qui sont à l'intérieur.

Certains secteurs ont une image institutionnelle positive très forte : par exemple, il est plus facile de valoriser le secteur de la haute couture ou du high-tech que le hard discount alimentaire. Certaines entreprises, de par leur passé et leur capacité à occuper l'actualité, bénéficient d'une forte notoriété. Prenons l'exemple de L'Oréal. Cette entreprise incarne la recherche, la beauté, le soin du corps et l'international. L'image échappe en partie aux dirigeants de l'entreprise. C'est une représentation construite à partir d'éléments objectifs, tels un produit, une campagne publicitaire, un sponsoring, mais dont l'interprétation est fonction de sens commun dans le public.

Toute entreprise a un capital image plus ou moins important qu'elle utilise dans ses documents commerciaux ou sur son site Internet. L'image peut même devenir un positionnement à part entière pour une entreprise. Lorsque Total réalise une campagne de publicité sur le thème « Vous ne viendrez pas chez nous par hasard », c'est pour vanter sa qualité de service mais aussi faire oublier le naufrage de l'*Erika*. Le contenu même de l'activité est très structurant pour l'image. L'exemple suivant concernant l'image que les salariés d'Air France ont de leur entreprise montre l'attachement de ces personnes au secteur du voyage.

Les billets d'avion pour le personnel d'Air France

> Lorsque vous vous entretenez avec un membre du personnel d'Air France, dans la conversation revient régulièrement le fait qu'il bénéficie des billets à des prix très avantageux et qu'il peut ainsi voyager, sans contrainte budgétaire : « *Je peux toujours consulter s'il y a des billets libres pour certaines destinations et même si il n'y a pas de place, je voyage quand même un peu.* »
>
> Dans ces propos, on ressent une fierté d'appartenir à une entreprise dont le métier est le voyage. Avec cette opportunité de découverte, l'image de l'entreprise est valorisée auprès du salarié. L'identification au métier est d'autant plus forte qu'elle est en relation avec une valorisation sociétale. Le voyage est perçu dans la société à la fois comme un loisir de luxe, une aventure humaine et un moyen d'accroître sa culture et ses connaissances.

■ L'image est très souvent attachée à l'idée de fierté pour les salariés

L'une des questions essentielles pour savoir si une entreprise a su créer du sens est : « *Êtes-vous fier de travailler pour votre entreprise ?* ». Cela signifie « *Êtes-vous en accord avec l'image de votre entreprise et ce qu'elle représente ?* ». Si une entreprise est sans image, elle est souvent sans âme et les salariés participent à l'activité uniquement pour toucher leur rétribution financière.

La notion de fierté provient de l'image que l'entreprise a à l'extérieur, mais également de l'image interne à propos du fonctionnement, des valeurs, de la qualité des relations et des dirigeants. Un décalage trop important entre une image externe surévaluée et une image interne moins prometteuse peut conduire à des déceptions et à des déconvenues de la part des salariés. Si l'entreprise a un positionnement de modernité et qu'en interne le matériel est obsolète ou que le mode de management rappelle un autre temps, la frustration des salariés en sera d'autant plus forte. L'image interne est moins « publicitaire », plus ancrée dans les pratiques du quotidien. La combinaison des modes d'organisation, des styles de management et des individus participe à l'émergence et à la pérennité d'une image interne, que les salariés perçoivent et mobilisent dans leur engagement.

■ L'image d'une entreprise contribue à la création de sens

L'image externe et l'image que les salariés ont du fonctionnement interne constituent des éléments fondateurs de la fierté du corps social.

Thèmes de création de sens de l'image

Image	Fierté	Avez-vous un sentiment de fierté à travailler dans votre entreprise ?
	Interne	Avez-vous une bonne image du fonctionnement interne de l'entreprise ?
	Externe	Avez-vous l'impression que l'entreprise a une bonne image à l'extérieur ?

La culture d'entreprise

La culture d'entreprise est un concept qui a fait couler beaucoup d'encre pour comprendre ce qui peut unir un collectif. Qu'est-ce qui fait qu'un groupe d'individus réalise des exploits ? Pourquoi et comment un groupe arrive t-il à se créer un langage commun, des valeurs communes ? Pourquoi existe-t-il en tant qu'entité collective ? Autant de questions qui nous ramènent à considérer le management comme une activité pour trouver la clé d'acceptation et de motivation des individus pour qu'ils forment un collectif.

Dans une situation idéale, la culture d'entreprise pourrait être définie comme un ensemble de valeurs portées par la structure, partagées entre les individus et observables dans les productions. Entre une société industrielle, une banque d'affaires, un cabinet de conseil et une société de production audiovisuelle, les langages, les codes vestimentaires, les références à l'histoire sont différents. Cela tient au secteur, mais aussi à l'histoire de l'entreprise et à ses fondateurs qui impriment par leur action un style qui, avec le temps, se transforme en codes culturels par lesquels les salariés s'organisent et donnent du sens à leur activité.

Le culte de la réussite et des résultats chez Cgid

Le groupe Cgid développe et vend des solutions informatiques. Ce groupe a la particularité d'avoir un développement par croissance externe pour être l'un des leaders français et européens de son marché. La croissance du groupe a été orchestrée par son dirigeant qui a, au travers de sa participation au très médiatique club de football l'Olympique Lyonnais, véhiculé le culte du succès et des résultats. Lors du rachat de l'entreprise CCMX par ce groupe, les commerciaux de l'entreprise CCMX déclaraient : « *Quand l'Olympique lyonnais gagne, c'est un peu comme si c'était nous. Ça fait plaisir d'être dans un groupe qui gagne. On a aussi envie de gagner nos commandes et d'être au top en Europe.* » Portée par une image de gagnant, la culture du résultat se matérialise par un système de contrat de gestion et de récompenses à la fois financières et symboliques comme des grands shows ou l'invitation aux matchs prestigieux du club pour ceux qui ont le plus fait progresser l'entreprise.

■ La notion de culture apparaît comme un langage fédérateur

Est-ce le résultat uniquement de l'histoire ? Est-ce la conséquence immédiate d'une action de communication ? À l'occasion d'une fusion, il est de bon ton de faire une grande cérémonie d'union au cours de laquelle sont déclamées les valeurs du nouveau groupe. Mais cela n'a pas de sens : ce qui est dit n'est pas le résultat de la vie de l'entreprise. Ces valeurs ne peuvent être que générales et abstraites. Elles sont donc vides de sens pour ceux à qui elles s'adressent.

Le premier élément créateur de sens en relation avec la culture, pour une entreprise, ce sont les locaux dans lesquels des hommes et des femmes vont travailler chaque matin. N'en déplaisent aux communicants, celle-ci ne se construit pas à coups de conventions et de lettres d'information, mais d'abord dans les actes quotidiens de l'entreprise. La culture se matérialise très souvent par des valeurs qui figurent sur des chartes affichées ou dans des plaquettes distribuées, mais, surtout, elle n'existe réellement que si elle est partagée par le personnel d'une entreprise.

■ La culture de l'entreprise se traduit par un langage spécifique

Dans ce langage s'expriment certaines valeurs, comme le montre l'exemple ci-dessous pour le groupe Danone. Une identité doit obligatoirement véhiculer des valeurs auxquelles les salariés pourront s'identifier et, ainsi, donner du sens à leur activité dans l'entreprise.

Extrait des valeurs du groupe Danone[7]

En quoi le groupe Danone est-il différent des autres groupes alimentaires dans le monde ? Comment cultive-t-il son identité et sa force ? En développant une vision d'entreprise et en affirmant des valeurs auxquelles il croit.

Ouverture

« La diversité est source de richesse et le changement une permanente opportunité. »

Curiosité : avoir le sens de l'écoute, refuser les modèles et les idées préconçues, imaginer…

Agilité : être rapide, souple et adaptable.

Simplicité : préférer le pragmatisme à la théorie, la simplicité au formalisme.

Enthousiasme

« Les limites n'existent pas, il n'y a que des obstacles à franchir. »

Audace : refuser le confort bureaucratique, oser prendre des risques et explorer des voies nouvelles, savoir dépasser l'échec…

Passion : convaincre et entraîner, savoir se dépasser pour atteindre l'excellence.

Appétit : avoir l'envie de grandir, d'être le premier.

Humanisme

« L'attention portée à l'individu, qu'il soit consommateur, collaborateur ou citoyen, est au cœur de nos décisions. »

Partage : dialoguer, agir en transparence, travailler en équipe.

Responsabilité : avoir le souci de la sécurité des hommes et des produits, agir pour l'environnement social, préserver l'environnement.

Respect de l'autre : être attentif aux différences locales, respecter les partenaires sociaux et commerciaux, veiller au développement de ses collaborateurs.

Proximité

« Savoir rester proche de chacun dans le monde : collaborateurs, consommateurs et clients, fournisseurs, actionnaires et société civile, faire partie de leur vie quotidienne. »

Nous traduisons ces valeurs, en interne, dans nos principes de management et, en externe, dans l'attention que nous accordons à la santé de nos consommateurs, à la qualité et aux goûts de nos produits, à l'environnement et au lien social.

---

7. http://www.danone.com

Prenant conscience de l'importance de la culture pour le corps social et pour tenter de stabiliser les nombreux mouvements de rachats, fusion et réorganisation, des entreprises se sont lancées dans la formalisation de leurs valeurs par une charte. Au-delà du fait que la culture ne peut pas se créer de manière artificielle, le plus important est qu'elle soit relayée dans les actes courants et pas seulement dans les mots. Cela exige que chaque salarié interroge ses pratiques et en quoi celles-ci s'inscrivent dans les valeurs prônées par l'entreprise.

■ La culture, un vecteur de création de sens

Elle donne à l'entreprise un « supplément d'âme » et permet à un salarié de travailler pour autre chose qu'une simple production de biens ou de services. Pour cela, il faut qu'elle existe effectivement, qu'elle soit porteuse de valeurs et surtout qu'elle soit mise en application dans les actes quotidiens.

Création de sens de la culture		
Culture	Existante	Existe-t-il une culture propre à notre entreprise ?
	Porteuse de valeurs	Notre culture est-elle porteuse de valeurs ?
	Dans les actes courants	L'entreprise sait-elle mettre en application, au quotidien, sa culture ?

La création de sens au travers des éléments symboliques incarnés par l'entreprise est fondamentale. Un employé de Coca-Cola déclarait « *Mon travail n'est pas super, mais mon objectif était de travailler pour Coca-Cola* ». Cette création de sens se fait au travers de l'appréciation de la stratégie, de l'image et de la culture.

Création de sens dans l'entreprise		
Stratégie	Lisibilité	La stratégie de l'entreprise est-elle connue et comprise ?
	Faisabilité	La stratégie de l'entreprise est-elle considérée comme étant réalisable ?
	Créatrice d'envie	La stratégie est-elle porteuse d'un projet ?

Création de sens dans l'entreprise (*suite*)

Image	Fierté	Avez-vous un sentiment de fierté à travailler dans votre entreprise ?
	Interne	Avez-vous une bonne image du fonctionnement interne de l'entreprise ?
	Externe	Avez-vous l'impression que l'entreprise a une bonne image à l'extérieur ?
Culture	Existante	Existe-t-il une culture propre à notre entreprise ?
	Porteuse de valeurs	Notre culture est-elle porteuse de valeurs ?
	Dans les actes courants	L'entreprise sait-elle mettre en application, au quotidien, sa culture ?

Synthèse du modèle de *sensemaking* opérationnel

Les développements précédents nous ont permis de détailler et d'expliciter les trois niveaux de création du sens en entreprise : le poste de travail, l'entité et l'entreprise dans son ensemble. Ce travail d'investigation, à partir des interviews et des observations, a montré le rôle structurant que jouent les neuf variables observables au travers des 27 items.

Synthèse des variables du modèle de *sensemaking* opérationnel

Création de sens au poste de travail

Conditions de travail	Poste de travail	Les conditions de travail sont-elles satisfaisantes ?
	Environnement	L'environnement de travail est-il satisfaisant ?
	Entreprise	Y a-t-il une relative égalité des conditions de travail ?
Relations de travail	Relations avec sa hiérarchie	Etes-vous satisfait(e) des relations que vous avez avec votre responsable hiérarchique ?
	Relations avec ses homologues	Les relations avec vos collègues sont-elles bonnes ?
	Relations avec ses subordonnées	Avez-vous le sentiment que vos subordonnés vous font confiance ?

Synthèse des variables du modèle de *sensemaking* opérationnel (*suite*)

Faisabilité de l'activité	Périmètre	Est-ce que mon activité est suffisamment explicite en terme de contenu et de périmètre ?
	Contraintes	Les contraintes opérationnelles ne sont-elles pas trop fortes ?
	Ressources	Les ressources allouées sont-elles en relation avec la tâche à réaliser ?

Création de sens dans l'entité

Métier	Organigramme	Le positionnement de l'entité est-il jugé pertinent ?
	Compétences	Le métier est-il connu et reconnu ?
	Autonomie	Avez-vous une autonomie en relation avec les besoins de votre activité ?
Contrôle	Objectifs	Les objectifs sont-ils réalistes ?
	Ressources	Les ressources sont-elles en adéquation avec l'activité ?
	Adaptation au terrain	Le système de contrôle tient-il suffisamment compte des aléas de terrain ?
Rétribution	Financière	Avez-vous le sentiment d'être rémunéré(e) à votre juste valeur ?
	Symbolique	Avez-vous l'impression que l'on a de la considération pour vous et votre travail ?
	Sociale	Vous sentez-vous intégré(e) dans une équipe ? Vous y sentez-vous reconnu(e) ?

Création de sens dans l'entreprise

Stratégie	Lisibilité	La stratégie de l'entreprise est-elle connue et comprise ?
	Faisabilité	La stratégie de l'entreprise est-elle considérée comme étant réalisable ?
	Créatrice d'envie	La stratégie est-elle porteuse d'un projet
Image	Fierté	Avez-vous un sentiment de fierté à travailler dans votre entreprise ?
	Interne	Avez-vous une bonne image du fonctionnement interne de l'entreprise ?
	Externe	Avez-vous l'impression que l'entreprise a une bonne image à l'extérieur ?

Synthèse des variables du modèle de *sensemaking* opérationnel (*suite*)

	Existante	Existe-t-il une culture propre à notre entreprise ?
Culture	Porteuse de valeurs	Notre culture est-elle porteuse de valeurs ?
	Dans les actes courants	L'entreprise sait-elle mettre en application au quotidien sa culture ?

Toutes ces variables constituent les lieux de création de sens dans l'entreprise. Elles permettent de faire un diagnostic et de mesurer les enjeux de la création de sens au sein d'une organisation. Ces variables et le modèle qui en découle constituent également une grille de lecture du fonctionnement des entreprises, qui s'avère riche d'enseignements pour tout salarié confronté à une situation de perte de sens et dont la motivation de ses collaborateurs ne permet plus d'atteindre les objectifs économiques.

La figure 8 est la synthèse graphique de tout le développement de ce chapitre. Elle représente les 27 items de la création de sens regroupés en trois rubriques principales.

Figure 8 : Le modèle opérationnel du *sensemaking*

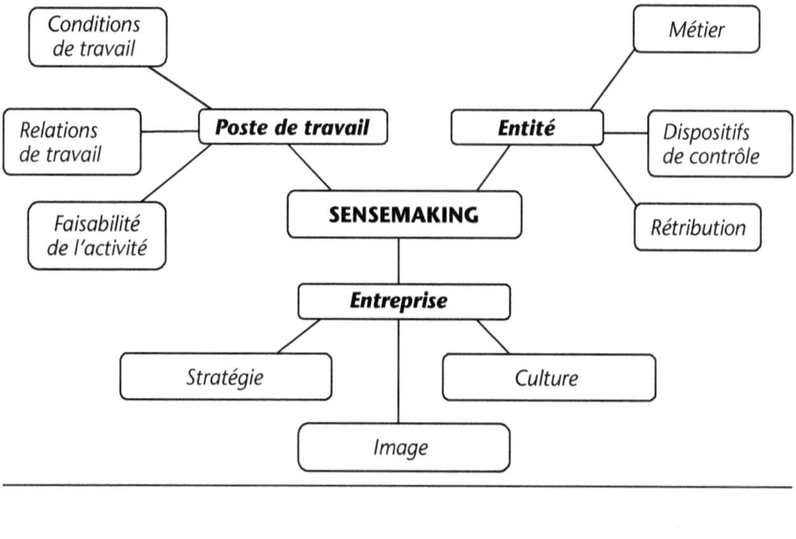

Partie 3

Les outils
de la création de sens
en entreprise

« *Je tire ainsi de l'absurde trois conséquences qui sont ma révolte, ma liberté et ma passion. Par le seul jeu de la conscience, je transforme en règle de vie ce qui était invitation à la mort — et je refuse le suicide.* »

Albert Camus, « La liberté absurde », *Le Mythe de Sisyphe, 1942*

Chapitre 7

Comment mesurer le niveau de sens dans une organisation ?

La perte de sens est peut-être la notion dont on parle le plus en entreprise. Le « *on n'y croit plus* » donne aux dirigeants le signal des difficultés à initier de nouvelles actions. Mais, une alerte sans mesure ne peut pas être utilisée par les managers. On ne peut en apprécier l'importance que sur une échelle, avant de déclencher des actions et d'allouer des ressources. Trop souvent, la notion de perte de sens n'est pas traitée car elle reste à l'état de « brèves de machine à café » et ne s'inscrit pas dans les préoccupations habituelles des gestionnaires. Il n'y a donc pas de mesures et d'actions pour cela. Or, beaucoup de dirigeants ont besoin d'évaluer un phénomène avant de le gérer. Pour envisager la perte de sens de manière objective, la mesurer et évaluer son évolution, nous proposons dans ce chapitre des outils pour apprécier et diagnostiquer le niveau de sens dans une entreprise.

Comment construire le diagnostic du *sensemaking*

Le diagnostic du *sensemaking* se construit sur trois niveaux d'analyse complémentaires :
   – le baromètre du *sensemaking* ;

– le baromètre managérial ;
– l'enquête qualitative de perceptions.

Ces trois outils de management peuvent être déployés pour toute l'entreprise ou par catégorie de salariés, pour expliquer le comportement de certaines populations.

En privilégiant l'approche par typologies pour identifier des groupes de personnes aux comportements similaires, nous posons l'hypothèse du comportement organisationnel. De même que le consommateur n'achète pas tout ce qui lui est proposé, le salarié n'obéit pas systématiquement à la subordination, mais décide de s'investir dans les tâches qui lui procurent une satisfaction professionnelle. Le marketing a depuis très longtemps bâti un corpus de connaissances sur le comportement du consommateur. Pourquoi le management n'a-t-il pas innové dans ses méthodes pour gérer les comportements des salariés ? Sans doute parce que le supposé rapport hiérarchique domine la réflexion sur un salarié acteur, libre d'investir son engagement et son implication là où il veut, sans se mettre en situation d'hors jeu pour cela. Une personne peut très bien ne faire que son travail, sans que l'on puisse lui reprocher quoique ce soit. Comme on évalue individuellement la contribution du salarié, les outils de management s'intéressent peu à l'engagement réel dans les missions ou à la coopération avec l'équipe de travail.

Faire une analyse de *sensemaking* par typologie de salariés

Cela consiste à s'interroger sur les comportements des acteurs et les éléments de différenciation comportementale qui existent. Ils jouent un rôle déterminant dans leur implication. Les typologies peuvent être très différentes. La plus utilisée est la typologie fonctionnelle qui propose des diagnostics par métier, service, équipe ou unité de travail. Les contrôleurs de gestion ont-ils les mêmes besoins que les commerciaux ou les personnes de la logistique ? La typologie fonctionnelle peut être croisée avec des données géographiques. Les contrôleurs de gestion du site de Madrid expriment-ils les mêmes attentes que ceux de Londres ou de Paris ? Il est également possible de faire des typologies par niveau de poste ou d'étude, par âge, par sexe et par ancienneté pour combiner les explications. Quelles sont les attentes des cadres féminins ayant une ancienneté supérieure à 3 ans dans le service financier de New York ? Les SIRH[1] actuels permettent de gérer ces recherches d'explications, en zoomant sur des typologies très fines et en croisant différentes variables.

Typologies	Exemples
Par métier	Contrôleurs de gestion, commerciaux
Par service, unité ou équipe	Comptabilité fournisseurs, comptabilité achats, commerciaux grands comptes, chasseurs commerciaux, etc.
Par site géographique	Site de Paris, Madrid, Londres
Par niveau de poste	Cadres, cadres dirigeants, agents de maîtrise, techniciens, agents
Par niveau d'étude	École d'ingénieurs, école de commerce, université, master, BTS, etc.
Par âge	– 25 ans, 25/30 ans, 30/40 ans, 40/50 ans, + 50 ans
Par sexe	Homme, femme
Par ancienneté	– 1 an, entre 1 et 3 ans, entre 3 et 5 ans , entre 5 et 10 ans , + de 10 ans

Ce travail nous permet de constituer des cartographies de la population d'une entreprise et d'avoir des actions adaptées à chacune d'elles, en fonction de leurs attentes, comme le fait le marketing avec la segmentation des consommateurs. Dans le cadre de cet ouvrage, nous préconisons cette démarche de différenciation pour mieux apprécier la perception des salariés en termes de sens au travail.

Pour être complet en terme de constats et d'explications, nous proposons de faire trois analyses dont les modalités de réalisation et d'administration sont très différentes.

---

1. SIRH : Système d'Informations Ressources Humaines.

Figure 9 : Les trois dimensions du diagnostic

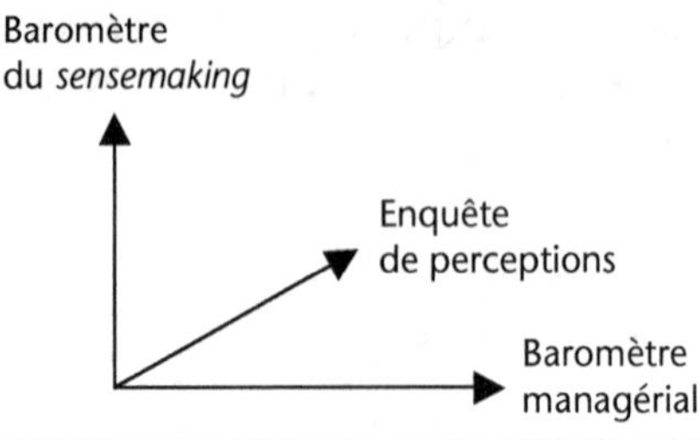

Le baromètre du *sensemaking*

Le baromètre du *sensemaking* reprend les variables du modèle opérationnel développé dans le chapitre 6. Il mesure, par l'administration d'un questionnaire auprès de l'ensemble des salariés ou d'un échantillon représentatif, le niveau de sens partagé sous la forme d'un baromètre général. Il se décline en trois baromètres, puis neuf comme le modèle de *sensemaking* initial. En répondant à 27 questions par un avis positif ou négatif (note sur une échelle de 1 à 5, 5 étant le plus positif), on obtient une appréciation du *sensemaking* sur cette échelle, correspondant aux valeurs de *sensemaking* suivantes.

Ce baromètre s'obtient grâce au questionnaire suivant.

Questionnaire			
Création de sens au poste de travail			Répondre aux questions, en notant de 1 à 5 (1 le plus négatif et 5 le plus positif)
Conditions de travail	Poste de travail	1. Les conditions de travail sont-elles satisfaisantes ?	1
	Environnement	2. L'environnement de travail est-il satisfaisant ?	2
	Entreprise	3. Y a-t-il une relative égalité des conditions de travail ?	1
	Moyenne Conditions de travail		*1,33*

		Questionnaire (*suite*)	
Relations de travail	Relations avec sa hiérarchie	**4.** Êtes-vous satisfait(e) des relations que vous avez avec votre responsable hiérarchique ?	3
	Relations avec ses homologues	**5.** Les relations avec vos collègues sont-elles bonnes ?	4
	Relations avec ses subordonnées	**6.** Avez-vous le sentiment que vos subordonnés vous font confiance ?	3,50
	Moyenne Relations au travail		*3,50*
Faisabilité de l'activité	Périmètre	**7.** Est-ce que mon activité est suffisamment explicite en termes de contenu et de périmètre ?	4
	Contraintes	**8.** Les contraintes opérationnelles sont-elles acceptables ?	2
	Ressources	**9.** Les ressources allouées sont-elles en relation avec la tâche à réaliser ?	1
	Moyenne Faisabilité Activité		*2,33*
Évaluation du *sensemaking* au poste de travail			2,39
		Création de sens dans l'entité	
Métier	Organigramme	**10.** Le positionnement de l'entité est-il jugé pertinent ?	3
	Compétences	**11.** Le métier est-il connu et reconnu ?	3
	Autonomie	**12.** Avez-vous une autonomie en relation avec les besoins de votre activité ?	4
	Moyenne Métier		*3,33*
Contrôle	Objectifs	**13.** Les objectifs sont-ils réalistes ?	5
	Ressources	**14.** Les ressources sont-elles en adéquation avec l'activité ?	4
	Adaptation au terrain	**15.** Le système de contrôle tient-il suffisamment compte des aléas de terrain ?	5
	Moyenne Contrôle		*4,67*

		Questionnaire (*suite*)	
Rétribution	Financière	**16.** Avez-vous le sentiment d'être rémunéré(e) à votre juste valeur ?	5
	Symbolique	**17.** Avez-vous l'impression que l'on a de la considération pour vous et votre travail ?	5
	Sociale	**18.** Vous sentez-vous intégré(e) dans une équipe et d'y être reconnu(e) ?	4
	Moyenne Rétribution		*4,67*
Évaluation du *sensemaking* dans l'entité			**4,22**
		Création de sens dans l'entreprise	
Stratégie	Lisibilité	**19.** La stratégie de l'entreprise est-elle connue et comprise ?	2,00
	Faisabilité	**20.** La stratégie de l'entreprise est-elle considérée comme étant réalisable ?	3,00
	Créatrice d'envie	**21.** La stratégie est-elle porteuse d'un projet ?	4,00
	Moyenne Stratégie		*3,00*
Image	Fierté	**22.** Etes-vous fier(e) de travailler pour votre entreprise ?	1,00
	Interne	**23.** Avez-vous une bonne image du fonctionnement interne de l'entreprise ?	2,00
	Externe	**24.** Avez-vous l'impression que l'entreprise a une bonne image à l'extérieur ?	3,00
	Moyenne Image		*2,00*
Culture	Existante	**25.** Existe-t-il une culture propre à votre entreprise ?	4,00
	Porteuse de valeurs	**26.** La culture d'entreprise est-elle porteuse de valeurs ?	5,00
	Dans les actes courants	**27.** L'entreprise sait-elle mettre en application au quotidien sa culture ?	5,00
	Moyenne Culture		*4,67*
Évaluation du *sensemaking* dans l'entreprise			**3,22**
Baromètre du *sensemaking*			**3,28**

Le baromètre du *sensemaking* peut être scindé en trois niveaux :
- *sensemaking* au poste de travail ;
- *sensemaking* dans l'entité ;
- *sensemaking* dans l'entreprise.

De la même manière, le baromètre du *sensemaking* au poste de travail peut se décomposer en trois indices : conditions de travail, relations au travail et faisabilité de l'activité. Le baromètre du *sensemaking* dans l'entité peut être décomposé en trois autres indicateurs : métier, contrôle et rétribution. Le baromètre du *sensemaking* dans l'entreprise peut être décomposé en trois valeurs : stratégie, image et culture (*cf.* figure 10).

De même, chacune des 27 questions peut faire l'objet d'une analyse particulière. Certaines questions, par exemple la 22 « Êtes-vous fier(e) de travailler pour votre entreprise ? », révèlent un état d'esprit, une attitude vis-à-vis de l'entreprise qu'il est intéressant d'étudier.

Les informations obtenues grâce au questionnaire *sensemaking* permettent de construire ces baromètres pour renseigner les dirigeants, faire des analyses segmentées par typologie de population. En fonction de ce qui est demandé aux personnes interrogées, concernant leur statut et leurs caractéristiques, des baromètres peuvent être établis par service, par poste, par ancienneté, par tranche d'âge et par site, comme le montre l'extrait de questionnaire suivant (*cf.* figure 11). Il est possible de demander aux interviewés de répondre par un chiffre allant de 1 à 5 pour caractériser leur point de vue positif (5) ou négatif (1). On peut très bien leur demander de répondre, en cochant une affirmation qui caractérise leur point de vue et faire correspondre à ces affirmations des valeurs numériques allant de 1 à 5 :
- Non jamais (équivaut à 1) ;
- Non, mais c'est important (équivaut à 2) ;
- Rarement (équivaut à 3) ;
- Oui, parfois (équivaut à 4) ;
- Oui, tout le temps (équivaut à 5).

Figure 10 : Arborescence des baromètres du *sensemaking*

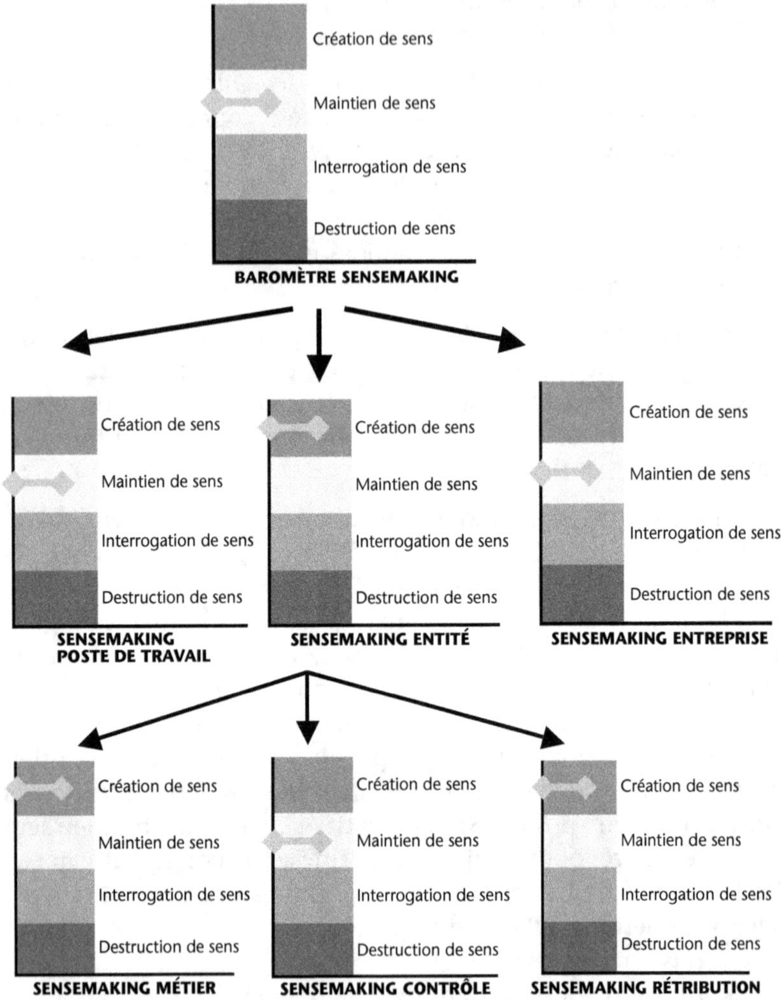

Figure 11 : Extrait de questionnaire *sensemaking*

		QUESTIONNAIRE SENSEMAKING
Service	Contrôle de gestion ▾	
Postes	Cadre ▾	
Site	Paris ▾	Les données recueillies sont anonymes et ne feront en aucun cas l'objet d'une analyse individuelle
Ancienneté	Entre 3 et 5 ans ▾	
Tranche d'âge	30/40 ans ▾	

1	Les conditions de travail sont-elles satisfaisantes ?	☐ Oui tout le temps ☐ Oui parfois ☐ Rarement ☐ Non mais ce serait bien ☐ Non jamais
2	L'environnement de travail est-il satisfaisant ?	☐ Oui tout le temps ☐ Oui parfois ☐ Rarement ☐ Non mais ce serait bien ☐ Non jamais
3	Y a-t-il une relative égalité des conditions de travail ?	☐ Oui tout le temps ☐ Oui parfois ☐ Rarement ☐ Non mais ce serait bien ☐ Non jamais

La partie de renseignements signalétiques du questionnaire permet de faire une analyse sur le baromètre du *sensemaking* ou sur les sous-baromètres et de construire des typologies.

La cartographie des populations (par service et fonction) peut jouer sur les couleurs pour repérer les zones à risque (populations en situation de perte de sens) avec les couleurs rouge et jaune (*cf.* figure 12).

Les zones porteuses de sens (populations en situation de création et de maintien de sens) sont marquées avec les couleurs verte et jaune. Comme le montre la figure 12, il est possible de faire figurer les différentes populations par un graphique avec en abscisses le niveau de *sensemaking* et en ordonnées l'intensité ou le degré d'importance. Cette représentation permet de visualiser très rapidement les populations dans des zones à risques et vis-à-vis desquelles il est nécessaire de prendre des mesures en fonction de leurs réponses aux différentes questions du baromètre du *sensemaking*.

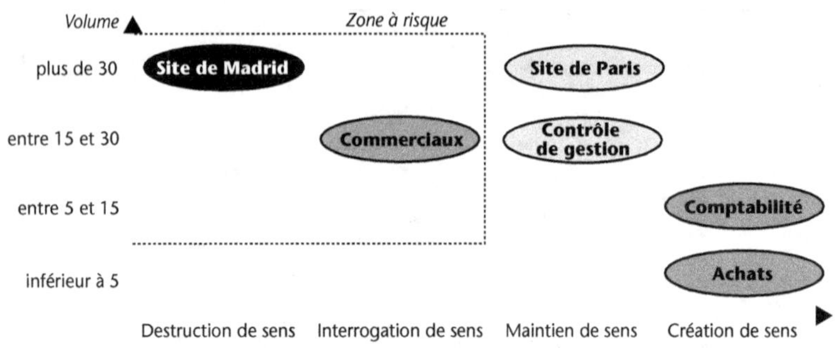

Figure 12 : Cartographie *sensemaking*

	Baromètre sensemaking	Poste de travail	Entité	Entreprise
Toute entreprise				
Comptabilité				
Contrôle de gestion				
Achats				
Commerciaux				
Site Paris				
Site Madrid				

Comment interpréter la notation

■ Note entre 1 et 2 : destruction de sens

L'entreprise, par ses pratiques, est en situation de destruction de sens. Elle n'est plus en mesure de donner du sens à ses salariés et contribue à détruire et anéantir celui qui prévalait. Cette situation peut être résumée par l'expression « *Y'en a marre* » pour stigmatiser le ras-le-bol des salariés et leur condamnation du management et de la stratégie. Les salariés ne se reconnaissent plus dans l'entreprise à laquelle ils appartiennent, ni dans les valeurs qu'elle incarne. Tel que cela a été décrit dans le chapitre 4, à propos du désengagement, les salariés sont au bord de la rupture. L'équilibre reste instable à cause d'un fort mécontentement. Un événement, même anodin, mais mal interprété peut faire basculer l'entreprise dans un conflit ouvert.

■ Note entre 2 et 3 : interrogation de sens

Les salariés ne savent plus très bien ce qu'est leur entreprise. Ils s'interrogent sur leur engagement et leur implication. « *Est-ce que ça vaut le coup ?* » se demandent ouvertement les salariés. Un certain nombre de décisions et d'actions les fait douter. Ce qu'ils considéraient comme important et porteur de sens est remis en cause. L'abandon d'un site, l'ouverture du capital, la cession, une réorganisation, le retrait d'un produit sont autant d'éléments perturbants. Les salariés sont dans une période d'interrogation. Très souvent, ils condamnent les décisions et les actions par une dénonciation verbale du type *« C'est n'importe quoi »* pour exprimer leur incompréhension et leur attente d'explications. En même temps, cette situation de doute peut être améliorée, si le management accepte de réfléchir aux actions à entreprendre.

Note entre 3 et 4 : maintien du sens

La situation n'est pas porteuse d'un dynamisme fou, mais il existe un sens partagé et valorisé dans l'entreprise. Les salariés manifestent cet état par des réflexions et remarques du type *« ça va, ça peut aller, ça ne se passe pas trop mal »*. On ne ressent plus, dans les commentaires, l'enthousiasme pour le projet d'entreprise. Les décisions et les actions sont perçues comme cohérentes avec le système de valeurs, mais elles ne créent pas de forte excitation. C'est plutôt une relative indifférence aux événements qui prévaut. Cette situation reste positive au regard du sens, mais n'est pas synonyme d'un fort dynamisme. Les dirigeants se contentent plutôt de gérer l'existant. Les salariés sont confiants dans leur entreprise et s'installent progressivement dans la routine.

Note entre 4 et 5 : création de sens

L'entreprise est en cours de réaliser quelque chose de fort qui crée du sens pour les salariés par un projet d'investissement, le développement d'un nouveau produit ou la mise en œuvre d'une politique RH innovante. L'entreprise place les salariés en situation d'expérimentation et d'expériences nouvelles qu'ils s'approprient et dans lesquelles ils s'investissent. Ils interprètent leur vécu et les événements renforcent les valeurs, les mythes et les symboles auxquels se référeront les personnes pour revendiquer leur appartenance à l'entreprise. Les projets personnels et le projet d'entreprise sont en résonance. Cet état constitutif de sens est souvent matérialisé par des expressions du type *« c'est génial, c'est super, on sait pourquoi on travaille. »*

Figure 13 : Baromètre du *sensemaking*

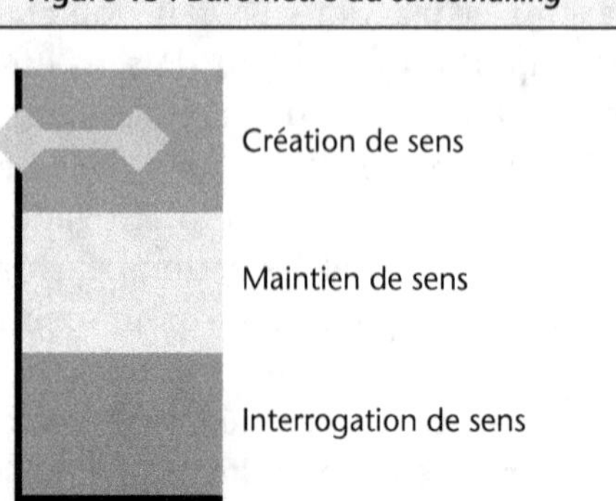

Les différentes phases sont symbolisées par des couleurs pour montrer le caractère de confort (vert et jaune) ou d'urgence (orange et rouge) de la situation.

Le baromètre managérial

Le baromètre du *sensemaking* évalue la création ou la perte de sens et non les dispositifs qui y contribuent. À la différence du premier outil, le baromètre managérial évalue les différents dispositifs managériaux de l'entreprise qui contribuent à la création de sens. Il est administré par questionnaire, comme le baromètre du *sensemaking*, mais les thèmes sont plus axés sur l'évaluation des actions de management que sur la capacité de ces dernières à créer du sens. Il peut être utilisé en complément du baromètre du *sensemaking* pour expliquer une situation particulièrement alarmante, nécessitant une investigation plus importante que celle permise par le premier outil. Il peut également être utilisé seul comme un dispositif d'évaluation du management de l'entreprise. Il est construit dans la même logique. Le baromètre général est composé de neuf autres indicateurs, réalisés à partir des réponses à 45 questions posées.

La mise en œuvre du baromètre managérial

En complément du questionnaire précédent qui balaye l'ensemble des éléments de la création de sens, il est possible d'administrer des questionnaires express sur des thèmes spécifiques que l'on nomme « variables de gestion » et qui contribuent à la création de sens dans les actes du quotidien. Il s'agit de construire des indicateurs de satisfaction des salariés sur des variables de gestion telles que :
- la stratégie de l'entreprise ;
- les changements en cours ;
- la communication interne ;
- les valeurs de l'entreprise ;
- la qualité du management ;
- la robustesse de l'organisation ;
- l'efficacité des ressources humaines ;
- la qualité du système de pilotage ;
- la qualité des conditions de travail et des moyens à disposition.

À chaque thème correspond une variable de gestion sur laquelle le management peut agir et se donner les moyens d'améliorer la vie des salariés au travail et de contribuer ainsi à créer du sens pour les personnes. Derrière chaque thème, il y a une variable de gestion, mais il est possible d'établir une correspondance entre ces thèmes et les items du baromètre du *sensemaking*, comme le montre le tableau suivant.

Croisement baromètre *sensemaking* et baromètre managérial

Items du baromètre sensemaking	Thèmes du baromètre managérial	Variables de gestion
Conditions de travail	Moyens à disposition	Environnement de travail
Relations au travail	Dispositifs de communication	Communication
Faisabilité de l'activité	Mode de management	Management
Métier	Qualité de l'organisation	Organisation
Contrôle	Les outils d'évaluation de la performance	Outils de contrôle
Rétribution	Management des ressources humaines	Ressources humaines
Stratégie	Les actions stratégiques	Stratégie
Image	Les projets de changement	Changement
Culture	Les valeurs de l'entreprise	Valeurs

Pour chaque thème, une série de questions standard peut être adaptée au contexte de l'entreprise concernée. Ces questions permettent de recueillir l'avis des salariés sur les thèmes précédents pour apprécier la réalisation et la portée sur l'environnement de travail perçu. À chaque question, le salarié interrogé est invité à répondre en choisissant une modalité parmi 5 (oui toujours, oui parfois, rarement, non mais ce serait bien, non pas du tout). La moyenne obtenue permettra de dresser un baromètre pour chacun des thèmes. De manière très simple, les coefficients sont additionnés et divisés par le nombre de questions et de personnes qui ont répondu, nous permettant ainsi d'avoir une mesure quantitative sur une variable de gestion qualitative. Pour des raisons de coûts et de facilités de traitement, ces questionnaires sont administrés informatiquement et renseignés à partir d'un navigateur Web. Ainsi, il suffit d'envoyer par mail une adresse URL aux personnes sollicitées qui accèdent aux formulaires, en cliquant sur cette même adresse. Ce mode d'administration permet l'anonymat. Les réponses sont enregistrées, en tenant compte de données signalétiques telles que l'âge, le service, le type de métier.

Baromètre de la stratégie

L'important n'est pas tant « *de décréter une stratégie que de la faire effectivement appliquer sur le terrain !* », clamait Antoine Riboud alors P-DG de Danone. Il n'est pas rare de voir dans une entreprise des salariés qui méconnaissent la stratégie et qui ne voient pas les conséquences de celle-ci dans leur quotidien. Pour éviter ces incompréhensions et permettre à la stratégie de jouer son rôle de créatrice de sens, nous proposons d'interroger les salariés sur les points suivants et de construire un Baromètre de la diffusion stratégique.

Baromètre de la stratégie

Questions	Choix 1 Oui, toujours	Choix 2 Oui, parfois	Choix 3 Rarement	Choix 4 Non, mais ce serait bien	Choix 5 Non, pas du tout
1. Connaissez-vous la stratégie de l'entreprise ?					
2. Pensez-vous avoir compris toute la stratégie ?					
3. Avez-vous l'impression que la stratégie poursuivie est la bonne ?					
4. La stratégie vous paraît-elle assez innovante ?					
5. Avez-vous le sentiment de réaliser la stratégie dans votre activité quotidienne ?					

Figure 14 : Mesure de la diffusion de la stratégie

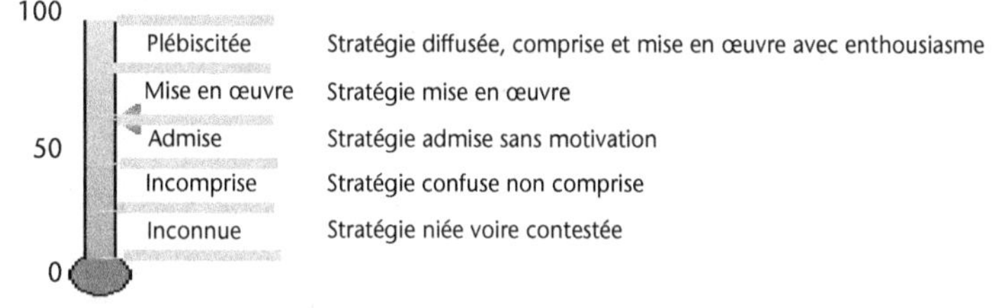

Baromètre du changement

En réponse à un environnement fluctuant et dans une logique d'innovation continue, les entreprises déploient de nombreux projets (informatiques, organisationnels, commerciaux) qui mettent à contribution tout ou partie des membres de l'entreprise. Comment les salariés apprécient-ils ces projets et y participent-ils ? Ont-ils connaissance des grands projets de changement dans l'entreprise ? Est-ce qu'ils les acceptent ? Comment contribuent-ils à leur réalisation ? Pour tenter d'apporter des éléments de réponse à ces questions, nous abordons les questions suivantes pour construire un baromètre afin d'évaluer un taux de diffusion des changements.

Baromètre du changement

Questions	Choix 1 Oui, toujours	Choix 2 Oui, parfois	Choix 3 Rarement	Choix 4 Non, mais ce serait bien	Choix 5 Non, pas du tout
6. Connaissez-vous les grands projets de l'entreprise ?					
7. Jugez-vous pertinents les grands projets de l'entreprise ?					
8. Pensez-vous que l'entreprise a la bonne méthode pour mener à bien les changements ?					
9. Pensez-vous que l'entreprise communique bien sur les changements ?					
10. Cherchez-vous à participer à ces changements ?					

Figure 15 : Mesure de l'acceptation des changements

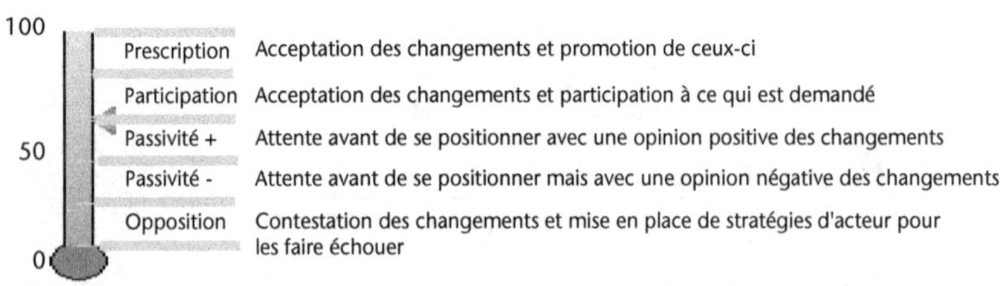

Baromètre de la communication interne

Les attentes en communication dans les organisations modernes sont très élevées, sans doute parce que les coûts de coordination ont pris une place importante et que les attentes des individus en termes d'échanges ont augmenté. Les outils informatiques ont réduit les coûts de communication et, en même temps, suscité des nouveaux besoins. La communication est au centre des préoccupations managériales. Très souvent, la phrase « *On ne communique pas assez* », est citée comme l'une des causes de dysfonctionnements organisationnels. La communication est perçue désormais comme un ensemble de moyens qui permettent de capitaliser sur les interactions sociales pour créer une intelligence collective. Les dispositifs de communication descendants, ascendants et transversaux sont-ils performants ? Permettent-ils une bonne information des projets et enjeux, ainsi qu'une bonne coordination entre les individus ?

Baromètre de la communication interne

Questions	Choix 1 Oui, toujours	Choix 2 Oui, parfois	Choix 3 Rarement	Choix 4 Non, mais ce serait bien	Choix 5 Non, pas du tout
11. Avez-vous le sentiment d'être bien informé(e) sur le présent et le futur de l'entreprise ?					
12. Pensez-vous bien communiquer avec vos collègues ?					
13. Pensez-vous avoir toutes les compétences requises pour bien communiquer ?					
14. Pensez-vous que les médias employés sont performants ?					
15. Pensez-vous que la communication entre les services est bonne ?					

Il est possible d'ajouter des questions sur des dispositifs particuliers d'une entreprise comme un journal interne, un site Web ou encore une convention annuelle.

Figure 16 : Mesure de la qualité de la communication

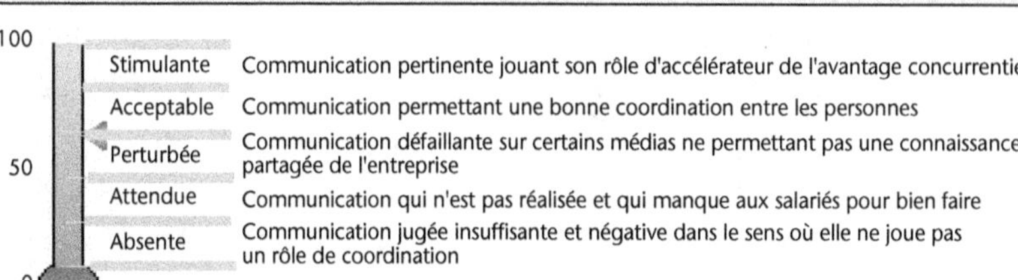

Baromètre des valeurs de l'entreprise

« Qu'incarne l'entreprise pour laquelle je travaille ? Ai-je envie de parler de mon entreprise dans les différents cercles de ma vie privée ? Suis-je fier de mon entreprise par rapport à ce qu'elle fait, est, produit, sponsorise ? ». Ces questions sont essentielles pour les salariés qui ont un besoin d'identification et de positionnement par rapport à l'entreprise dans laquelle ils travaillent. On peut appeler cela le « syndrome de la carte de visite », mais ce phénomène institutionnel joue un rôle majeur dans l'implication de l'individu dans un réseau social. L'entreprise crée des symboles auxquels les salariés se rattachent pour revendiquer des idéaux plus forts que la simple mise à disposition d'une « force de travail ». Par exemple, Danone se positionne comme un acteur de l'agroalimentaire innovant et soucieux de la santé des consommateurs. Renault se veut « créateur d'automobile », en jouant simultanément sur un registre de haute technologie et de haute couture.

Baromètre des valeurs

Questions	Choix 1 Oui, toujours	Choix 2 Oui, parfois	Choix 3 Rarement	Choix 4 Non, mais ce serait bien	Choix 5 Non, pas du tout
16. Pensez-vous que votre entreprise a ses propres valeurs ?					
17. Adhérez-vous aux valeurs de votre entreprise ?					
18. Votre entreprise applique-t-elle ses valeurs au quotidien ?					
19. Êtes-vous fier(e) de travailler pour votre entreprise ?					
20. Êtes-vous content de venir travailler dans votre entreprise ?					

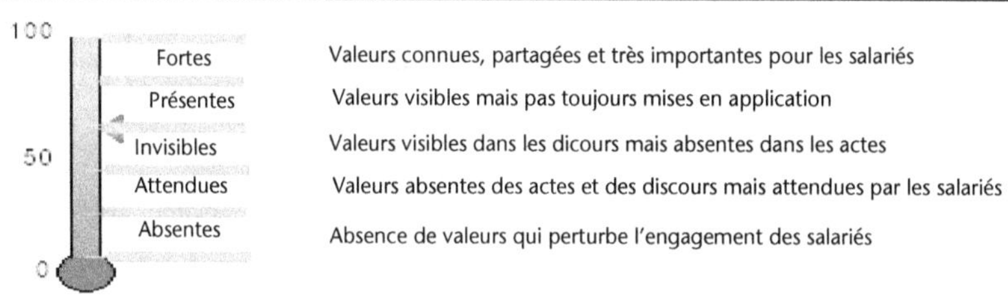

Figure 17 : Mesure de l'appréciation des valeurs

Baromètre du management

Comme cela a été montré dans le chapitre 6 traitant du modèle du *sensemaking*, le manager de proximité a un rôle essentiel dans la construction du sens. Le « chef » est la personne la plus critiquée, mais aussi souvent la plus écoutée. Elle joue un rôle de relais dans les projets de changement. L'évaluation de la hiérarchie et du management n'est pas courante dans les entreprises françaises ; cela ne se fait pas de critiquer son chef. Or, parmi les nombreux écueils analysés, l'incapacité du manager direct à reconnaître les efforts, leur manque de disponibilité, leur difficulté à être proche du terrain et à apporter des solutions pratiques sont très souvent cités et méritent qu'on évalue cette variable de gestion. La qualité du management mesure la satisfaction que les salariés ont de leur chef direct et de l'ensemble de la ligne hiérarchique.

Baromètre du management

Questions	Choix 1 Oui, toujours	Choix 2 Oui, parfois	Choix 3 Rarement	Choix 4 Non, mais ce serait bien	Choix 5 Non, pas du tout
21. Avez-vous une bonne communication avec votre manager ?					
22. Votre manager sait-il reconnaître votre travail ?					
23. Votre manager sait-il être disponible pour vous aider ?					

Baromètre du management (*suite*)

Questions	Choix 1 Oui, toujours	Choix 2 Oui, parfois	Choix 3 Rarement	Choix 4 Non, mais ce serait bien	Choix 5 Non, pas du tout
24. Le style de management vous paraît-il adapté ?					
25. Avez-vous l'impression de progresser avec votre manager ?					

Figure 18 : Mesure de la qualité du management

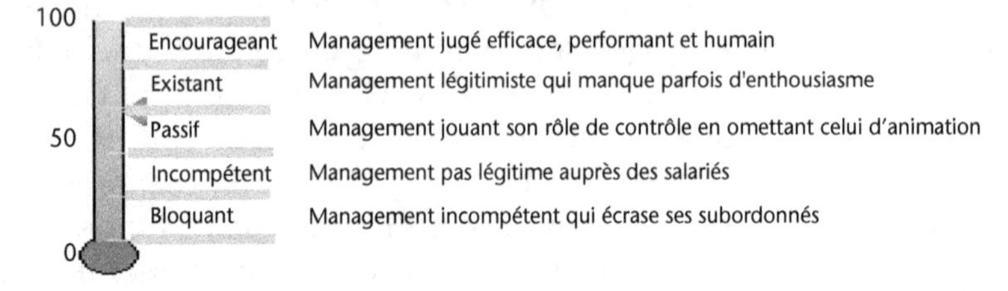

Baromètre de l'organisation

Les bonnes personnes sont-elles dans les bonnes cases ? L'organigramme est-il le plus approprié pour répondre aux besoins de l'activité ? L'organisation représente « le qui fait quoi » et l'intégration des acteurs dans des unités, en fonction de la nature de leur activité. L'organisation se matérialise par des organigrammes et des processus qui formalisent les activités, attribuent les ressources, positionnent les acteurs et nomment les responsables. Ce mode de fonctionnement fait toujours l'objet d'évolution en fonction de contraintes et d'opportunités tant technologiques que commerciales ou humaines. Parce qu'elle formalise les zones de pouvoir des uns et des autres, l'organisation fait l'objet de négociations fonctionnelles, mais également politiques. Comment une organisation est-elle perçue ? Répond t-elle aux besoins des salariés ?

Baromètre de l'organisation

Questions	Choix 1 Oui, toujours	Choix 2 Oui, parfois	Choix 3 Rarement	Choix 4 Non, mais ce serait bien	Choix 5 Non, pas du tout
26. L'organisation actuelle est-elle satisfaisante pour votre activité?					
27. Pensez-vous que l'organisation actuelle est pleinement satisfaisante pour le fonctionnement de l'entreprise ?					
28. Avez-vous le sentiment que les choix organisation-nels se fassent indépendam-ment des personnes ?					
29. Pensez-vous que l'orga-nisation a su évoluer quand cela lui était demandé ?					
30. Pensez-vous que le nombre de services et départements correspon-dent aux besoins de l'activité réelle ?					

Figure 19 : Mesure de l'appréciation de l'organisation

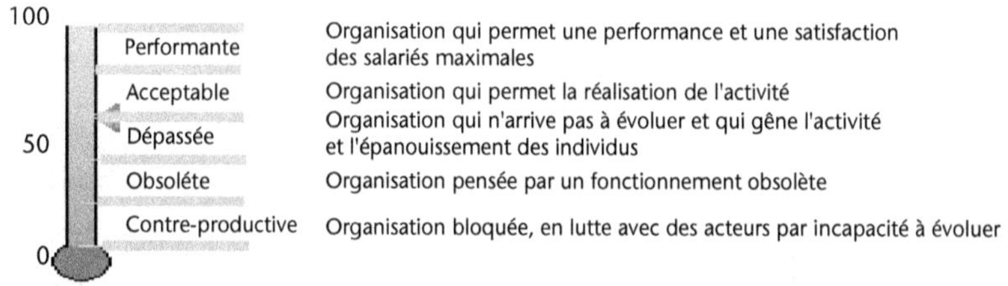

Baromètre des ressources humaines

Coincées entre leur rôle administratif de gestionnaire du contrat de travail et celui d'animation des compétences, les ressources humaines sont très souvent montrées du doigt dans la crise de sens en entreprise. Le manque de valorisation des expériences et l'absence de rétribution leur sont parfois imputés, en relation ou non avec le management.

« Les RH ne font pas leur boulot de valorisation des expériences. Quand on fait un projet, on s'investit à 200 % et après on n'est pas sûr de retrouver un poste équivalent à ce que l'on avait avant ! » (responsable qualité, grand groupe)

Les ressources humaines sont aussi critiquées dans leur incapacité instrumentale pour animer des réseaux de compétences et donner une information fiable sur les situations personnelles. Les critiques portent également sur les informations institutionnelles, telles que la publication des postes. En tant que récepteur d'informations sociales et émetteur de politiques de motivation, les ressources humaines sont au cœur du management par le sens (*cf.* chapitre 9). Nous nous limiterons ici à évaluer la représentation que les agents s'en font.

Baromètre des RH					
Questions	Choix 1 Oui, toujours	Choix 2 Oui, parfois	Choix 3 Rarement	Choix 4 Non, mais ce serait bien	Choix 5 Non, pas du tout
31. Les RH vous offrent-elles tous les services attendus en matière d'emploi ?					
32. Les RH vous offrent-elles tous les services attendus en matière de formation ?					
33. Êtes- vous satisfait(e) de la qualité de service des RH quand vous les sollicitez ?					
34. Pensez-vous que les RH gèrent au mieux la politique de rémunération ?					
35. Avez-vous l'impression d'être suffisamment informé(e) des possibilités d'évolution dans l'entreprise ?					

Figure 20 : Mesure de l'appréciation des RH

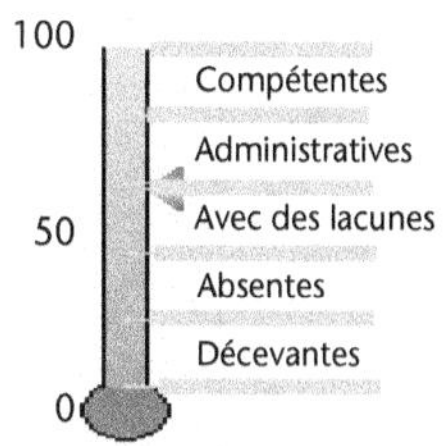

Fonction RH compétente qui gère au mieux ses domaines : administration, motivation, emploi, formation et communication

Fonction RH qui se limite à bien gérer ses activités administratives de paye et de contrat de travail et fait le mimimum sur les autres domaines

Fonction RH qui omet complétement certains domaines tels que la gestion de l'emploi ou de la motivation

Fonction RH très administrative, éloignée des salariés

Fonction RH qui ne répond pas aux demandes des salariés

Baromètre des outils de pilotage

Dans une logique cybernétique normative, le management (à l'aide d'outils de gestion) formalise ce qui doit être fait et s'assure que ce qui a été réellement fait correspond à ce qui devait l'être. La différence entre le souhaité et le réel produit des écarts. Ils évaluent la capacité d'un individu ou d'un groupe à faire ce que l'on lui demande. Cette logique objectif/réel/écart est formalisée dans les outils de pilotage. Ils croisent les résultats et les ressources pour s'assurer que l'activité a été réalisée au moindre coût (efficience) tout en réalisant les objectifs fixés (efficacité). Les outils de gestion sont une aide à la réalisation de l'activité et à son pilotage global, mais leur coût d'administration et leur utilité perçue peuvent faire l'objet de critiques.

Baromètre des outils de pilotage					
Questions	**Choix 1** Oui, toujours	**Choix 2** Oui, parfois	**Choix 3** Rarement	**Choix 4** Non, mais ce serait bien	**Choix 5** Non, pas du tout
36. Les outils de gestion sont-ils pertinents pour gérer votre activité ?					
37. Les outils de gestion sont-ils pertinents pour le pilotage global de l'entreprise ?					
38. Vos contrats de gestion sont-ils adaptés à votre réalité ?					

Baromètre des outils de pilotage (*suite*)

Questions	Choix 1 Oui, toujours	Choix 2 Oui, parfois	Choix 3 Rarement	Choix 4 Non, mais ce serait bien	Choix 5 Non, pas du tout
39. Avez-vous le sentiment que les objectifs sont réalistes ?					
40. Avez-vous le sentiment que les outils de gestion vous permettent de valoriser votre activité ?					

Figure 21 : Mesure de l'appréciation des outils de pilotage

Adaptés	Outils qui permettent simultanément un pilotage de l'activité au niveau local et global avec une valorisation interne forte
Sous utilisés	Outils peu utilisés pour le pilotage de l'activité et surtout réalisés à des fins de reporting
Trop lourds	Outils jugés trop lourds avec un coût d'administration supérieur aux gains d'utilisation
Contre- productifs	Outils dont les indicateurs, objectifs et éléments ne correspondent pas à ce qui est jugé important
Refusés	Outils ne permettant pas aux salariés de fonctionner correctement pour la réalisation de leur activité

Baromètre des conditions de travail

L'école des relations humaines, à partir de l'expérience d'Hawthorne[2], a montré le rôle que jouaient les conditions de travail sur la performance des individus. Cette expérience, menée avec deux groupes – l'un travaillait dans un atelier avec de bonnes conditions de luminosité, l'autre non –, avait montré l'importance des conditions de travail dans l'accomplissement des individus et la réalisation d'une performance globale. Actuellement, l'appréciation des conditions de travail ne se fait plus sur la luminosité des pièces, mais sur l'ergonomie des bureaux, l'ambiance, le rythme de travail ou les programmes de *team building*. Les conditions de travail sont directement perçues par le salarié comme un élément de base de sa satisfaction.

---

2. Elton Mayo, *The Human Problems of an Industrialised Civilisation*, 1933.

Baromètre des conditions de travail

Questions	Choix 1 Oui, toujours	Choix 2 Oui, parfois	Choix 3 Rarement	Choix 4 Non, mais ce serait bien	Choix 5 Non, pas du tout
41. Êtes-vous satisfait(e) de votre installation matérielle ?					
42. Êtes-vous satisfait(e) de vos horaires de travail ?					
43. Êtes-vous satisfait(e) des relations avec vos collègues ?					
44. Êtes-vous satisfait(e) du rythme de travail ?					
45. Êtes-vous satisfait(e) de l'ambiance de travail ?					

Figure 22 : Mesure de l'appréciation des conditions de travail

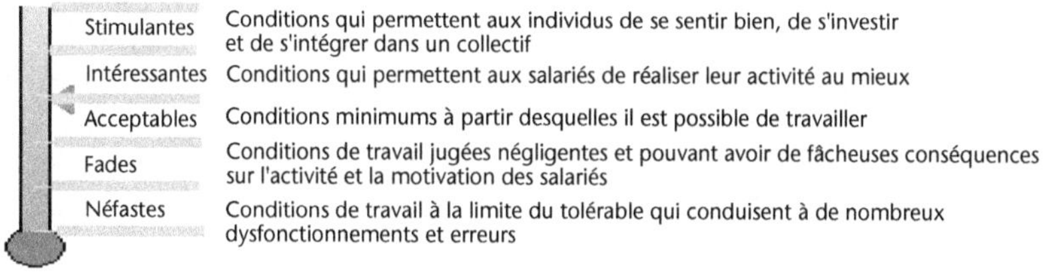

Tous ces baromètres constituent une mesure de l'appréciation des principales variables de gestion d'une entreprise. L'administration directe du questionnaire auprès des salariés permet d'obtenir des informations fiables. Il est possible de sortir un baromètre global qui sera la moyenne des neuf autres. Comme le montre la figure 15, il est également possible d'identifier, pour chaque baromètre, un objectif précis, de suivre un historique et de déterminer les services qui ont la plus forte évaluation et ceux qui ont la plus faible. L'engagement des managers directs sur des objectifs d'amélioration permanente le fera vivre d'une période sur l'autre. Le baromètre managérial donne une indication sur l'état d'acceptation et d'appréciation des différentes variables de gestion de l'entreprise, en mentionnant si les salariés sont en situation de refus, d'incompréhension, d'attente d'amélioration, d'acceptation ou d'utilisation innovante.

Nous conseillons de réaliser cette enquête tous les 12 mois, sous format informatique auprès d'un échantillon représentatif ou bien de toutes l'entreprise lorsque l'effectif est inférieur à 250 personnes (*cf.* figures 23 et 24).

Figure 23 : Baromètre managérial

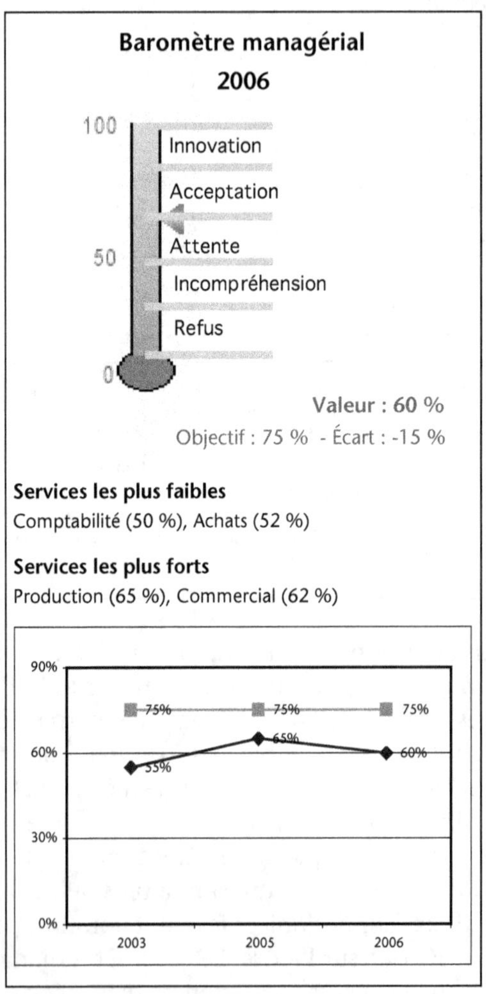

Figure 24 : Les différents baromètres

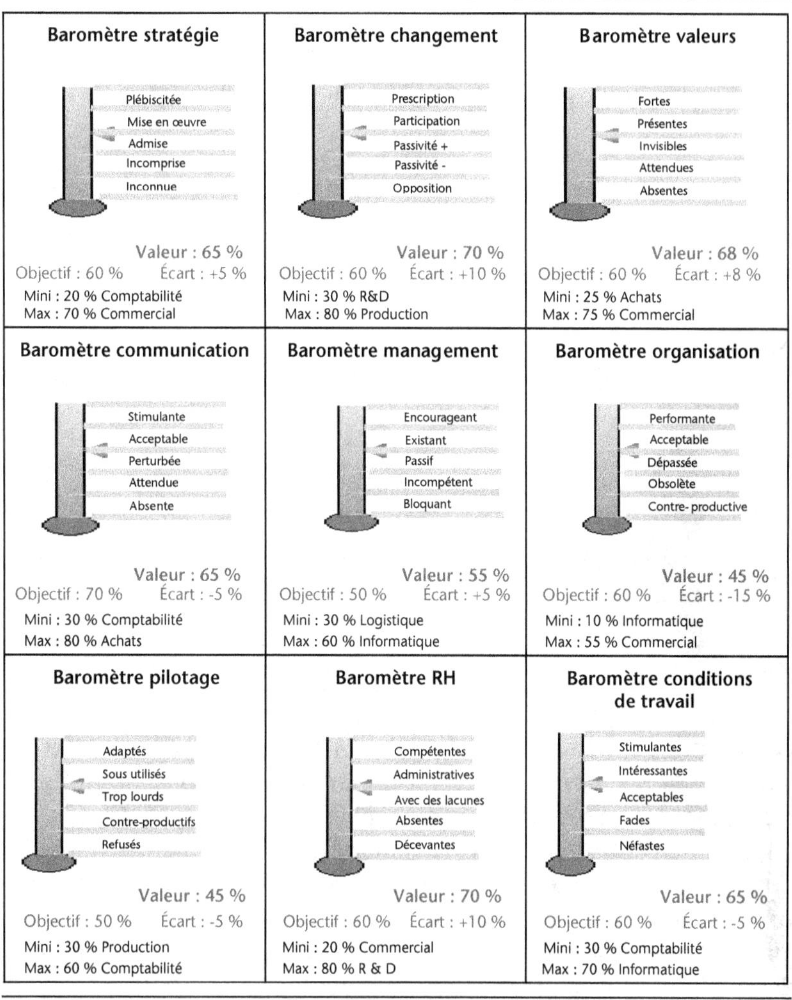

L'enquête de perception

Les deux outils précédents nous apportent des évaluations quantitatives. Elles nécessitent d'être complétées par des éléments plus qualitatifs sur l'opinion des salariés sur leur entreprise, leur dirigeant, les outils de gestion, la stratégie. Quel est l'état d'esprit des salariés ? Que disent-ils réellement sur leur environnement de travail ?

Les impressions qualitatives sont regroupées sous forme de verbatim, collectées par interviews auprès de personnes (en général, un échantillon représentatif) par des questions adaptées à chaque entreprise, à partir de la structure ci-dessous. Pour chaque item du modèle de *sensemaking*, nous pouvons associer une question type.

Les questions	Enquête de perception
Modèle *sensemaking*	**Enquête de perception**
Conditions de travail	Votre environnement de travail est-il stimulant ?
Relations au travail	La communication interne est-elle efficace ?
Faisabilité de l'activité	Êtes-vous satisfait(e) des modes de management et de votre hiérarchie ?
Métier	Que pensez-vous de l'organisation et du fonctionnement ?
Contrôle	Les outils de pilotage sont-ils utiles ?
Rétribution	Les RH jouent-elles pleinement leur rôle de support ?
Stratégie	La stratégie est-elle suffisamment explicite ?
Image	Les projets de changement sont-ils pertinents ?
Culture	Adhérez-vous aux valeurs de l'entreprise ?

Les questions, adaptées à chaque contexte, sont reformulées et adressées aux interviewés. Ils y répondent en 10 à 30 minutes maximum. Le mode d'action consiste à noter tout ce qu'ils disent, à leur faire préciser certaines affirmations et à les amener à dire ce qu'ils ont sur le « cœur ». À partir de cette matière brute, on identifie les thématiques partagées. Elles sont ensuite transformées en affirmations, justifiées par des extraits de textes (verbatim). Pour des analyses plus poussées, on utilise des logiciels d'analyse sémantique pour déterminer les fréquences des mots ou des expressions.

Pour réaliser ce type d'étude, il est préférable de prendre une personne externe, jugée neutre, qui dispose de compétences d'intervieweur et de capacités à construire une synthèse. Pour chaque question, nous préconisons de faire un relevé de verbatim par thème émergent, une liste des interrogations des salariés et une synthèse avec les messages principaux contenus dans les verbatim.

À titre d'exemple, la restitution synthétique de verbatim, ci-dessous, répond à la question : Comment qualifieriez-vous votre système de management ?

Exemple d'enquête de perception

Thèmes émergents	Verbatim
Un fonctionnement non lisible avec une impression de non-pilotage du management	*« C'est le foutoir ! Il y a trop de strates et je dois passer beaucoup de temps à faire du lobbying. Il y a beaucoup de gens qui travaillent sur les mêmes sujets avec des rivalités. »*
Nécessité d'avoir une organisation pour une stratégie et non pour des personnes	*« Il y a une désillusion par rapport à l'absence de stabilité organisationnelle et non par rapport à la stratégie. On a plutôt l'impression que l'organisation est plus le résultat d'une lutte de territoire entre personnes qu'un levier de la stratégie. »*
Nécessité de professionnaliser la coopération avec les filiales	*« On se comporte comme des actionnaires autoritaires avec nos filiales, tout en affichant un fonctionnement de partenariat. »*

Écrire ce qui est pensé pour initier une réflexion sur ce qu'on est et veut revient à faire de ce travail d'interprétation une expérimentation de « maïeutique ».

Le terme « maïeutique » englobe les techniques de questionnement visant à permettre à une personne une mise en mots de ce qu'elle a du mal à exprimer, à ressentir, à prendre conscience (émotions, désirs, envies, motivation...).

Les trois outils de diagnostic présentés dans ce chapitre peuvent être déployés de manière indépendante ou complémentaire. Ils ont un rôle bien spécifique et leur périodicité de réalisation est fonction des cycles d'actions permettant de les faire évoluer. En relation avec le plan d'action de *sensemaking* qui sera présenté dans le chapitre suivant, le baromètre *sensemaking* pourra être réalisé tous les 6 mois. Le baromètre managérial en relation avec le cycle de gestion annuel sera réalisé tous les 12 mois. L'enquête d'opinion ne sera nécessaire qu'au moment du lancement des projets *sensemaking*, c'est-à-dire une fois tous les 18 mois (*cf.* chapitre 8).

Synthèse des dispositifs de diagnostic		
Baromètre *sensemaking*	**Baromètre managérial**	**Enquête de perception**
Mesurer le niveau de sens dans l'entreprise	*Évaluer l'appréciation des variables de gestion par les salariés*	*Sonder l'opinion des salariés par une étude sémantique de verbatim*
Tous les 6 mois	Tous les 12 mois	Tous les 18 mois
Conditions de travail	Environnement de travail	Votre environnement de travail est-il stimulant ?
Relations au travail	Communication interne	La communication interne est-elle efficace ?
Faisabilité de l'activité	Management	Êtes-vous satisfait(e) des modes de management ?
Métier	Organisation	Que pensez-vous de l'organisation ?
Contrôle	Pilotage	Les outils de pilotage sont-ils utiles ?
Rétribution	Ressources Humaines	Les RH joue t-elle pleinement leur rôle de support ?
Stratégie	Stratégie	La stratégie est-elle suffisamment explicite ?
Image	Changements	Les projets de changement sont-ils pertinents ?
Culture	Valeurs	Adhérez-vous aux valeurs de l'entreprise ?

Chapitre 8

Déploiement d'un projet managérial de *sensemaking*

Le chapitre précédent nous a donné les outils pour construire un diagnostic et évaluer le niveau de sens de l'entreprise. La phase de diagnostic est la première étape d'un projet managérial d'amélioration du sens et d'implication des salariés. Nous parlerons plus d'implication que de motivation pour différencier l'envie de participer, d'un sentiment vague d'attitude participative de certains salariés. Dans ce chapitre, nous allons dessiner le contenu et le mode d'animation d'un projet managérial de *sensemaking*. Il vise à définir et mettre en œuvre des actions pour modifier et faire évoluer les variables de gestion afin qu'elles s'inscrivent dans une logique de construction de sens avec les salariés.

Le projet managérial se concrétise par la réalisation d'actions d'envergure proposées par les salariés et organisées en grappe pour assurer leur cohérence. Il vise également à déployer un dispositif de pilotage pour contrôler la réalisation des actions.

Comme le mentionne la figure 24, la mise en œuvre des actions vise à améliorer l'engagement des salariés. Les indicateurs RH d'implication servent à évaluer l'atteinte des objectifs. Ils peuvent ainsi s'articuler avec le pilotage dans une logique de *Balanced Scorecard*, développée par Norton[1] et Kaplan.

---

1. David P. Norton, Robert S. Kaplan, *Le tableau de bord prospectif*, Éditions d'Organisation, 2003.

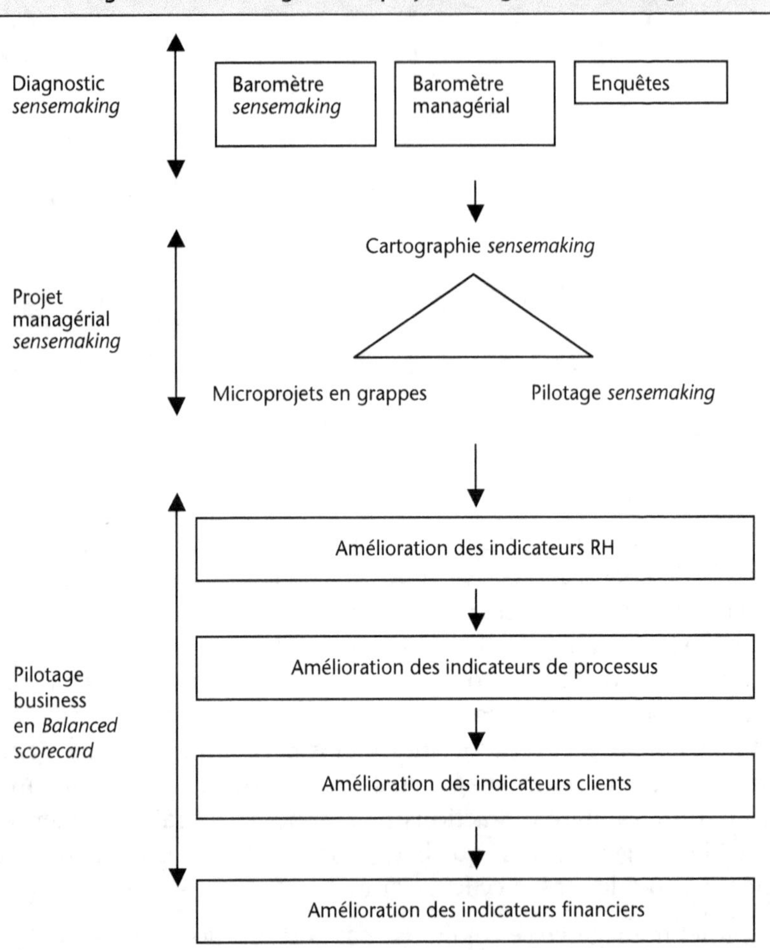

Figure 25 : Schéma global du projet managérial *sensemaking*

La cartographie *sensemaking*

Le diagnostic de *sensemaking*, développé en détail dans le chapitre 7, nous a permis d'obtenir pour l'entreprise en général et par groupe de populations, une évaluation du sens (baromètre *sensemaking*), une appréciation des principales variables de gestion (baromètre managérial) et des enquêtes de perception. Ce travail de diagnostic nous fournit une mesure globale du sens et détermine les populations les plus critiques, c'est-à-dire celles pour lesquelles la création de sens est la plus faible et le désengagement le plus fort. Le tableau suivant permet une visualisation des résultats pour l'entreprise, par population et par thème.

Figure 26 : Résultats *sensemaking*

	Populations & items de sens	Niveau de sens	Variables de gestion	Appréciation V° gestion
4	TOUTE ENTREPRISE	46%		44%
5	ADMINISTRATION	37%		31%
15	PRODUCTION	24%		22%
25	COMMERCIAL	75%		77%
35	R&D	60%		50%
36	Conditions de travail	60%	ENVIRONNEMENT DE TRAVAIL	50%
37	Relations au travail	75%	COMMUNICATION	45%
38	Faisabilité de l'activité	40%	MANAGEMENT	35%
39	Métier	90%	ORGANISATION	45%
40	Contrôle	30%	OUTILS DE CONTROLE	45%
41	Rétribution	75%	RESSOURCES HUMAINES	65%
42	Stratégie	60%	STRATEGIE	50%
43	Image	60%	CHANGEMENT	60%
44	Culture	50%	VALEURS	55%

Cette synthèse du diagnostic permet de prévoir les projets d'amélioration et d'évaluer différentes populations. Celles-ci peuvent être positionnées sur une matrice, en fonction de leur niveau de sens, comme le montre la figure 27. Ce travail permet de mieux identifier les groupes à risque. Une fois identifiés, il convient de rechercher pour chacun d'eux les explications de ce faible niveau de sens, en construisant, pour les populations démotivées et en rupture, un profil *sensemaking*.

Figure 27 : Matrice *sensemaking* des populations

Populations dynamiques	Populations légitimistes
COMMERCIAL	**R&D**
ADMINISTRATION	**PRODUCTION**
Populations démotivées	Populations en rupture

Profil *sensemaking* par population		
	Administration	**Production**
Environnement de travail	25 %	15 %
Communication	20 %	40 %
Management	20 %	40 %
Organisation	35 %	25 %
Outils de contrôle	50 %	15 %
Ressources humaines	25 %	15 %
Stratégie	34 %	15 %
Changement	25 %	15 %
Valeurs	45 %	15 %

Figure 28 : Profil *sensemaking* par population

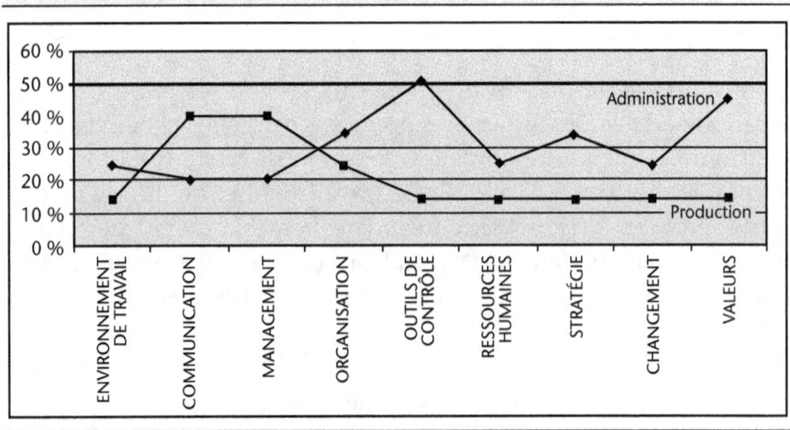

Le profil par population permet de lister les thèmes à l'origine des problèmes et donc d'orienter les managers vers des actions qui amélioreront effectivement les relations dans le groupe.

Des microprojets organisés en grappe

L'hypothèse d'action que nous défendons et que nous avons eu l'occasion de tester dans différents cas d'entreprises consiste à ce que ce soit les salariés eux-mêmes qui proposent des actions d'amélioration. Tout en ayant un management et une validation des différentes actions qui seront proposées selon la méthodologie du « *Clustering*[2] », il est important que les acteurs eux-mêmes deviennent force de proposition. Le management se limite souvent à jouer un rôle d'accompagnateur et de mise en cohérence, rarement de pourvoyeur de projets descendants. Pour permettre ce dispositif d'émergence terrain et la mise en cohérence globale, nous proposons une démarche microprojets en grappe.

Cette démarche se décompose en trois phases. Une première phase consiste à organiser des réunions par service pour expliquer les résultats du diagnostic et proposer des actions d'amélioration. La deuxième phase structure les actions de la première, tout en les complétant pour les rendre opérationnellement faisables. La troisième phase ne se situe pas au niveau d'un service mais de l'entreprise dans son ensemble pour regrouper les actions en grappes en fonction du moment de leur réalisation et du thème qu'elles traitent.

Ce jeu de « Constat, émergence, structuration » est à la base du projet managérial de *sensemaking*.

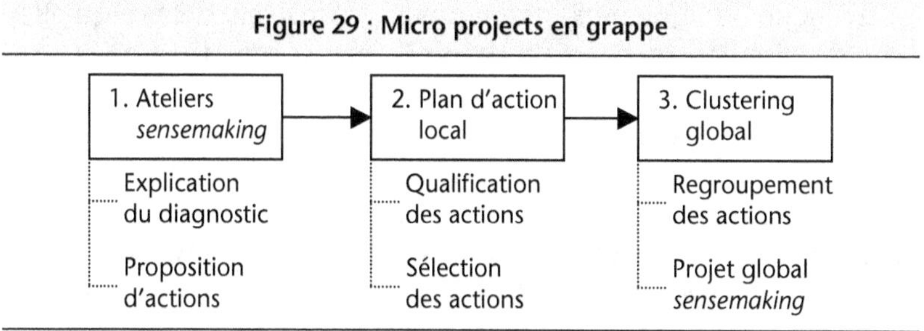

Figure 29 : Micro projects en grappe

---

2. En grappe.

Les ateliers du *sensemaking*

Le point de départ de cette méthode consiste à organiser des réunions par service – les ateliers *sensemaking* –, dont l'objectif est de faire commenter les résultats du diagnostic par les salariés. Ceux-ci doivent expliquer les évaluations du baromètre du *sensemaking*, du baromètre managérial et des enquêtes. Sont-ils d'accord ou pas ? Quels sont les facteurs, événements en situations qui peuvent expliquer les évaluations de leur service ? Pour cela, il faudra bien sûr identifier un animateur, mais le plus important de cet atelier réside dans l'interrogation que chacun doit avoir sur ses pratiques à partir des évaluations chiffrées. Il est possible de faire ce travail d'analyse à partir de tous les livrables du diagnostic ou bien d'en sélectionner un seul. Si vous devez en privilégier un, travaillez sur le baromètre managérial, car les thèmes peuvent être plus parlants pour les salariés. Vous pouvez également traiter les thèmes du baromètre managérial et analyser le baromètre global de *sensemaking* comme le montre le tableau page suivante.

La mise en œuvre des réunions *sensemaking*

En fonction du niveau de détail que vous souhaitez, vous envoyez à tous les participants avant la réunion un dossier avec les informations du diagnostic. Au cours d'une ou deux réunions de 2 heures, vous remplirez le tableau « *Atelier sensemaking* ». Le premier objectif est d'amener chaque personne à prendre conscience de ce qu'elles peuvent discuter, sans jamais l'avoir formalisé avant. Le deuxième objectif est de dépasser la logique discursive pour passer dans l'action en répondant à la question : « *Que peut-on faire pour que ça change ?* ». À l'occasion de ce type d'atelier, il y a toujours des personnes pour dire « *Ça ne sert à rien, on n'a pas les moyens de faire changer le système et, de toute façon, on ne nous écoutera pas* ». Certaines actions vont nécessiter des décisions qui ne sont pas toujours de leur ressort, mais le fait de l'avoir identifié et de proposer des solutions obligent les décisionnels à se positionner et donc à avancer, même si ce n'est que d'un petit pas !

Pour favoriser la participation de tous et éviter la prise de pouvoir par certains, il est possible d'envoyer cette grille avant la réunion et de demander aux participants de la pré-remplir. Le fait qu'ils aient déjà réfléchi à l'articulation constat/explications/actions peut faire

Atelier *sensemaking*

Service	Production									
NB	35 personnes									
	Baromètre *sensemaking*	Environnement de travail	Communication	Management	Organisation	Outils de contrôle	Ressources humaines	Stratégie	Changement	Valeurs
Valeur	**22 %**	15 %	40 %	40 %	25 %	15 %	15 %	15 %	15 %	15 %
Constats et Explications	Les personnes de la production ont le sentiment d'être très loin des décisions et d'être sous la contrainte des commerciaux qui, à leurs yeux, ne font pas l'effort de comprendre leurs contraintes et les considèrent comme des ouvriers à la chaîne	Les personnes sur la chaîne se plaignent de l'obsolesence de certains matériels	La chaîne de production n'ayant pas accès à l'Intranet regrette que tout soit communiqué sur ce média	Les ouvriers se plaignent de la mauvaise qualité de certaines fournitures	Ils reprochent aux commerciaux d'être des divas qui ont la protection de la direction et de ne pas tenir compte des contraintes de production	Les ouvriers ne voient pas l'intérêt des démarches qualité qui les obligent à faire beaucoup d'administratif Ils se disent de plus en plus sollicités pour des reportings auxquels ils ne sont pas associés	Ils sont très déçus par le peu de retombées des entretiens annuels d'évaluation Ils n'ont pas l'impression qu'on leur propose des projets professionnels	La stratégie est trop souvent exprimée en termes financiers et commerciaux	Ils craignent une délocalisation de certaines activités de production	Des valeurs de qualité sont affichées, mais cela n'est que dans le discours et pas dans les faits
Pistes d'actions	Un participant a dit « Si vous voulez encore un service de production, quelle place voulez-vous lui donner ? »	Étude d'osbsolesence du matériel et plan d'investissement, en concertation avec les personnes sur les chaînes de production	Installation de postes informatiques dans certains lieux	Mettre en place un système de remontée d'informations pour les incidents « Qualité matière »	Atelier « Vis ma vie », en mettant des commerciaux à la production et inversement	Mesurer la charge de travail pour les actions de qualité et faire un réingéniéring Prévoir des tableaux de bords pour les opérationnels Revoir l'automatisation des reportings	Refaire des entretiens rapides Proposition d'un parcours professionnel à chaque salarié	Réunions de mise en œuvre de la stratégie	Discours du P-DG sur la stratégie et ses impacts sur leur travail	

gagner beaucoup de temps pendant la réunion. Ce pré-remplissage peut aussi permettre de placer les personnes en petits groupes pour qu'elles présentent aux autres leur synthèse et ainsi aboutir après une ou deux réunions à une grille de *sensemaking* global pour un service.

Les jeux d'acteurs sont essentiels dans ce type de réunion, car l'objectivation d'un malaise peut aller à l'encontre de territoires et/ou fonctionnements protégés par certaines personnes. Il est important que les animateurs mettent les participants en ateliers de coproduction, qu'ils formalisent au maximum pour éviter des ambiguïtés et d'identifier les participants en fonction de leur posture. Pour cela, nous proposons la matrice des cercles d'attention pour stigmatiser les comportements individuels en situation de travail collectif, remettant en cause leur propre fonctionnement.

▓ La méthode de la matrice des cercles d'attention

Figure 30 : La matrice des cercles d'attention

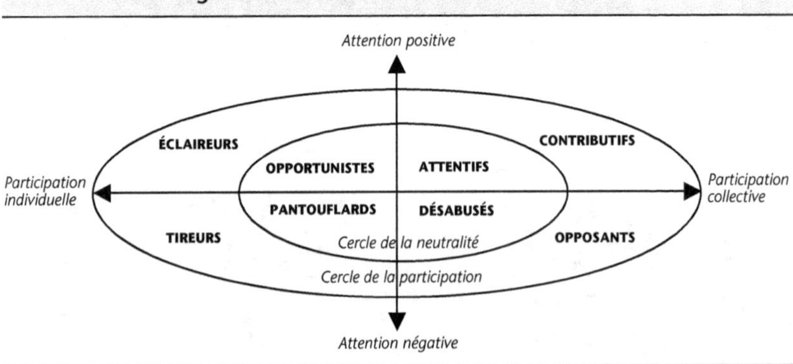

Dans un groupe, nous différencions les acteurs en fonction de leur attention et de leur participation. Leur attention peut être négative ou positive à l'égard du sujet traité ou des personnes qui le portent. Leur participation, en fonction de leur personnalité et des affinités avec les autres participants, peut être plus ou moins collective.

Le croisement de ces deux axes permet d'identifier huit comportements types, regroupés en cercles de la neutralité et de la participation. Vous avez des personnes qui ne se positionnent pas immédiatement et observeront un temps d'attente (acteurs neutres). Ce sont les attentistes (prêts à s'investir), les opportunistes (qui s'investiront s'ils y trouvent un intérêt personnel), les pantouflards (ceux qui veulent éviter tout travail supplémentaire) et les désabusés (ceux qui n'y croient plus et attendent que cela se passe). D'autres sont plus actifs pour la défense ou l'accusation du projet, ils se positionnent dans le cercle de la participation. Ce sont ceux qui vont faire bouger les choses et apporter de l'animation, mais avec un risque de destruction si le sujet traité et les réponses apportées n'entraînent pas leur adhésion. Nous distinguons ainsi les éclaireurs (ceux qui ont plein d'idées, mais qui ne savent pas toujours les mettre en œuvre), les tireurs (ceux qui cherchent à détruire tout ou partie du sujet traité par souci de préservation de leur territoire et confort personnel), les opposants (ceux qui refusent en bloc l'action par idéologie ou croyance) et les contributifs (ceux qui apportent leurs expériences et veulent formaliser cet apport avec les autres pour un résultat exploitable).

L'animateur devra identifier les différentes catégories et les gérer en tant que telles sans les rejeter, mais en les canalisant pour faire en sorte que l'atelier produise sa propre grille et amène les participants à cette logique de création de sens.

Le plan d'actions local

Le travail réalisé dans les ateliers *sensemaking* produit une liste d'actions ou plutôt des pistes d'actions qu'il convient de qualifier et de renseigner afin d'éprouver leur intérêt et leur faisabilité. Pour chaque action envisagée, nous proposons de la qualifier en remplissant le tableau suivant. Ce tableau renseigne pour chaque action des éléments de planning, de participants mais également de faisabilité.

Grille de renseignement d'une action *sensemaking*	
Actions	Installer des postes informatiques dans les salles de pause et dans les locaux collectifs.
Description technique	Installation de 5 postes équipés d'un navigateur et reliés au réseau de l'entreprise.
Responsable	Responsable bureautique
Participants	Les 3 chefs d'ateliers
Population concernée	Service production

Grille de renseignement d'une action *sensemaking* (*suite*)	
Planning	2e trimestre
Coût externe	5 postes équipés
Évaluation Coût Interne (en nombre de jour/homme)	5 jours/homme
Niveau de faisabilité*	1
Actions complémentaires	Faire une formation

** La faisabilité des actions est évaluée à deux niveaux. Le niveau 1 correspond à « très facile, ne nécessitant ni étude de faisabilité, ni un processus de validation long ». Le niveau 2 correspond à « une étude de faisabilité et un processus décisionnel de validation long ».*

Ce tableau permet de valider et de structurer les actions, en fonction de leur faisabilité, de leur temps d'implémentation. Le croisement entre la faisabilité et le temps nous donne la typologie suivante.

Figure 31 : Typologie des actions

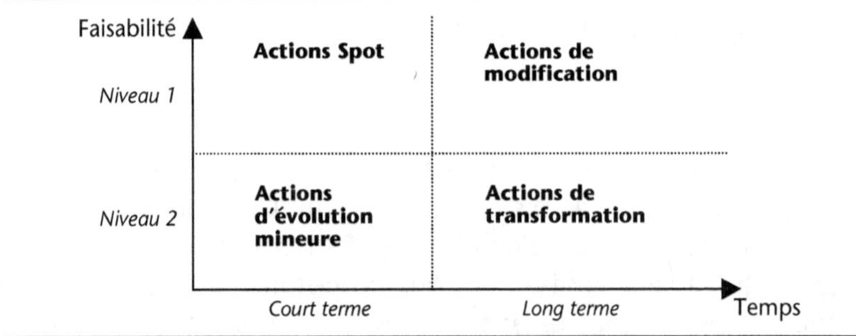

▨ Les actions *spot*

Elles peuvent se faire immédiatement sans temps de préparation, ni de validation. Leur rapide mise en place constitue un élément visible du projet et des objectifs qui lui sont associés. C'est l'exemple du chapitre 2. Un cadre de l'industrie agroalimentaire faisait mention d'une action de collecte d'aliments avec la banque alimentaire pour retravailler sur les valeurs de l'entreprise.

▨ Les actions de modification

Elles sont assez faciles à mettre en œuvre, mais leur temps de réalisation s'inscrira à moyen ou long terme avec les cycles de gestion de l'entreprise. Par exemple, la reprise des entretiens annuels d'évaluation ne pourra pas se faire en un mois, mais au cours de leur réalisation dans le prochain cycle de gestion.

■ Les actions d'évolution

Elles sont peu faisables, dans le sens où il faut faire des études préalables ou avoir l'avis et l'acceptation de tous les participants pour que cela ait un impact. L'action « Vis ma vie », citée précédemment, exige que tout le monde soit d'accord pour jouer le jeu.

■ Les actions de transformation

Ce sont les actions les plus lourdes. Elles nécessitent des études préalables importantes et un processus de validation en raison des coûts engagés ou de l'importance des décisions à prendre. Par exemple, la remise à plat du système d'information ou le réingéniéring de la structure ne peut se faire sans le montage d'un projet et sa validation par la hiérarchie.

Les actions d'une population sont ensuite transmises au responsable du projet *sensemaking* pour être intégrées dans un plan global et regroupées en grappe en fonction des thèmes concernés.

Le regroupement des actions

Le *clustering* consiste à regrouper les actions des différents plans locaux par thématique afin qu'elles soient gérées sous la forme d'un portefeuille d'actions avec l'objectif de trouver des synergies entre elles et d'éviter des redondances pouvant discréditer le projet. C'est une manière de structurer toutes les actions qui ont émergé du terrain, d'en sélectionner ou d'en supprimer certaines et d'en privilégier d'autres. Pour une bonne maîtrise du pilotage du projet dans son ensemble, nous préconisons de privilégier un regroupement en 3 à 7 grappes avec un maximum de 10 actions par grappe.

Chaque grappe sera pilotée par un responsable qui devra s'assurer de la formalisation et du bon déroulement des actions. Dans chaque grappe, nous préconisons de lister une dizaine d'actions maximum, conduisant ainsi à une volumétrie entre 50 et 100 actions sur un projet de 18 mois.

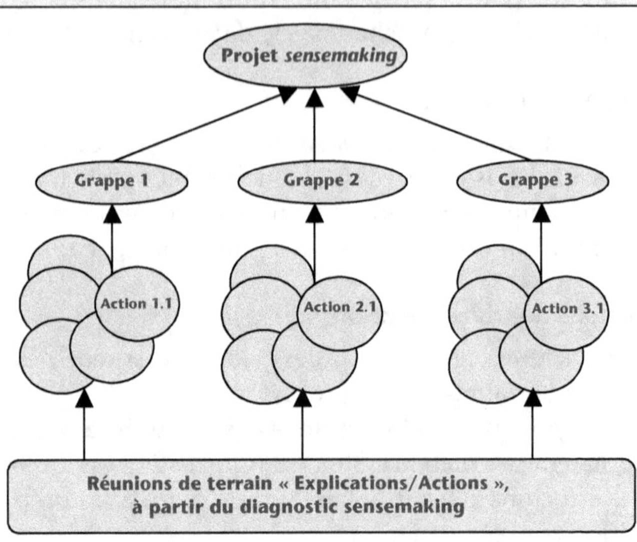

Figure 32 : Management projet en *clustering*

Les techniques de création de grappe

Il est possible de déterminer une grappe pour chaque item du baromètre managérial. Vous pouvez mobiliser les items du baromètre *sensemaking* ou encore structurer les actions en fonction des populations concernées. En plus du diagnostic *sensemaking* et pour compléter l'analyse sociale de votre entreprise sous l'angle des valeurs, vous pouvez établir également une marguerite sociologique.

▨ Le tissu culturel

Le tissu culturel est une forme de l'invisible social. Il n'est pas formalisé dans des documents, mais simplement perçu au travers de conversations ou de certaines pratiques. C'est un ensemble de codes et règles implicites que les acteurs utilisent pour se représenter leur environnement et conduire leurs actions. Johnson et Scholes[3] (2000) définissent cette notion de tissu culturel comme *« une représentation des croyances implicites d'une organisation et des manifestations physiques de sa culture »*.

---

3. Gerry Johnson, Kevan Scholes, 2000, *Stratégique*, Publi-Union, 2002. Traduction de Frédéric Fréry.

Le tissu culturel est composé de sept éléments que sont les routines, les mythes, les symboles, les structures de pouvoir, les structures organisationnelles et les systèmes de contrôle.

Figure 33 : Le tissu culturel (Johnson et Scholes, 2000, p. 92)

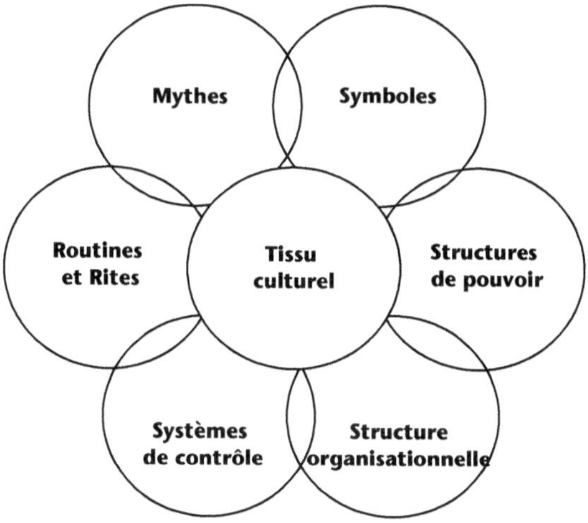

Les routines

Elles définissent les manières habituelles d'agir des membres de l'organisation entre eux et à l'extérieur lorsqu'ils représentent leur entreprise. Elles constituent les règles de l'interaction sociale des membres entre eux. Elles conditionnent l'intégration d'une nouvelle personne au groupe qui valide et promeut ces mêmes règles. C'est, par exemple, la manière dont on se dit bonjour, la manière par laquelle les acteurs se parlent, déjeunent.

Les rites

Ce sont des événements qui ponctuent la vie sociale de l'organisation pour signifier ce qui est le plus important. Ils constituent les repères temporels de l'appartenance au groupe. Cela peut être le voyage de fin d'année, une enquête de satisfaction ou la publication des résultats.

Les mythes

Ils mettent en valeur certains événements, objets ou personnes pour établir un lien entre un moment important et le présent. Ces moments historiques font référence à des actes de bravoure, d'héroïsme, de création, d'innovation structurants pour l'entreprise. Les mythes constituent des références qui forcent le respect et orientent la conduite présente de chacun des membres.

Les symboles

Ce sont des représentations codées de l'état d'esprit de l'organisation. Par exemple dans des entreprises du secteur des nouvelles technologies, il est de bon ton de s'habiller décontracté pour montrer que l'appartenance aux veilles organisations hiérarchiques n'est plus de mise. Les symboles se repèrent dans le vocabulaire, l'habillement, la disposition spatiale des lieux et des bureaux, la décoration, les attributions du pouvoir (voiture, voyage, etc.).

Les structures de pouvoir

Elles représentent les lieux réels de pouvoir et de décision, au-delà des organigrammes officiels. Il s'agit de définir ceux qui disposent d'une forte légitimité pour se faire entendre et faire passer des messages.

Les systèmes de contrôle

Ils précisent les éléments sur lesquels l'organisation se focalise pour déterminer sa performance. Ces critères donnent aussi des indications aux acteurs sur la manière dont ils doivent se comporter pour être appréciés des instances décisionnelles.

La structure organisationnelle

Elle décrit la manière dont l'organisation affecte des zones de responsabilités à sa ligne hiérarchique. Cela permet également de voir le degré de liberté de chacun.

Regrouper les actions en fonction de leur contenu

Une dernière méthode consiste à regrouper les actions en fonction de leur contenu. Nous distinguons ainsi des actions de communication (transmettre des messages à tout ou partie de l'entreprise), d'organisation (revoir des processus, procédures et modes d'action), de métier (revoir les missions et le périmètre de production) et de fonctionnement du management (modalités de relations dans l'entreprise avec la hiérarchie et ses homologues).

Méthodes de structuration des grappes

Méthode de structuration	Les différentes grappes
Variables du baromètre *sensemaking*	Conditions de travail – Relations de travail – Activité – métier – Contrôle – Rétribution – Stratégie – Image – Culture
Variables du baromètre managérial	Environnement de travail – Communication – Management – Organisation – Outils de contrôle – Ressources Humaines – Stratégie – Changements – Valeurs
Les différentes populations concernées	Toute l'entreprise : RH, comptabilité, production, site de Paris, commercial
Marguerite sociologique	Contrôle – Structure organisationnelle – Mythes et symboles
Mode d'action	Fonctionnement/Management – Organisation – Métier – Communication

Les deux méthodes les plus communément utilisées sont la structuration par population ou par mode d'action. Il est également possible de combiner les types de population avec les autres méthodes de structuration dans de très gros projets.

Dans tous les cas, le résultat final se traduit par un plan d'actions structuré en grappe, comme l'illustre la figure 33 page suivante.

Le pilotage du projet managérial *sensemaking*

Une fois les plans d'action validés et inscrits dans le projet global de l'entreprise, nous sommes en situation d'animer effectivement le projet. L'objectif est de s'assurer que les actions prévues sont réalisées dans les temps, en respectant le budget et dans une logique de changement et de transformation de l'organisation souhaitée par le dirigeant. Pour le pilotage du projet managérial *sensemaking*, nous préconisons deux instances qui se réuniront à des périodicités différentes pour l'appréciation et le contrôle des actions prévues, réalisées et engagées.

Figure 34 : Plan de *sensemaking*

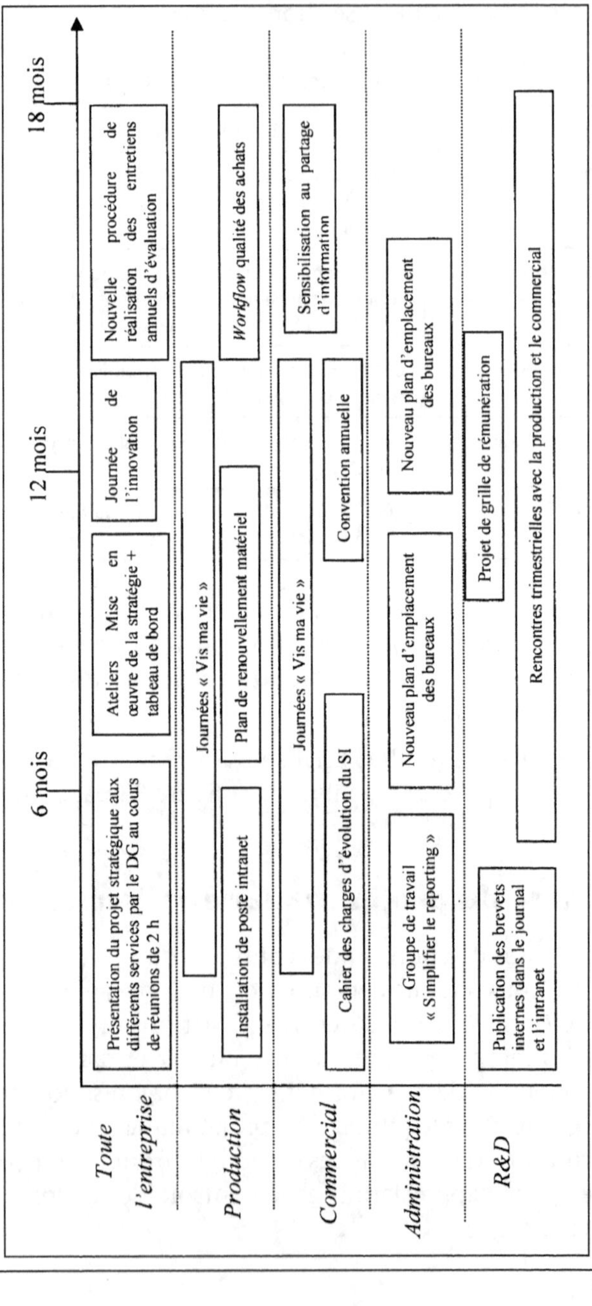

Figure 35 : Schéma de pilotage du projet managérial *sensemaking*

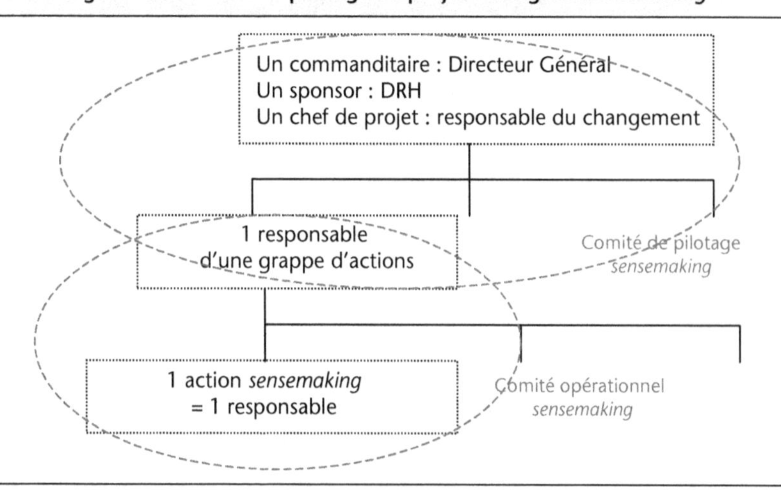

Le Comité de Pilotage *Sensemaking* (CPS)

Composé des décisionnels du projet (le commanditaire, le sponsor et le chef de projet) et des responsables de grappes de projets, le CPS se réunit tous les 6 mois pour analyser par grappe le niveau de réalisation des actions, les coûts engagés, les indicateurs de changement et le baromètre *sensemaking*.

Le commanditaire est celui qui a demandé la réalisation du projet managérial *sensemaking*. Pour des effets d'image auprès des salariés, il est bien que ce soit le représentant exécutif de l'entreprise qui occupe cette fonction, en l'occurrence un P-DG, un directeur général ou un directeur fonctionnel.

Le sponsor finance le projet sur son budget et veille à la réalisation des objectifs stratégiques de ce projet. Pour un projet traitant du *sensemaking*, il est légitime que ce rôle soit dévolu à un responsable d'une fonction transverse telle que les RH.

Le chef de projet peut être le DRH ou bien une personne en charge des projets de changement et/ou de stratégie. Son rôle consiste à mettre en place l'organisation, permettant la réalisation des actions et de s'assurer de leur exécution avec les responsables de grappes d'actions et les responsables d'action.

Le Comité Opérationnel *Sensemaking* (COS)

Celui-ci ne traite pas de toutes les actions mais des actions d'une grappe. Il y aura autant de comités opérationnels *sensemaking* qu'il y a de grappes d'actions. A la différence du comité stratégique, celui-ci se réunit plus souvent avec une périodicité trimestrielle ou bimestrielle. Au cours de ses réunions, le COS traite plus particulièrement de la réalisation des actions, des difficultés rencontrées et de la capacité de l'organisation à évoluer. En cas de difficultés importantes, le responsable de grappe peut décider d'infléchir et de modifier une action ou de convoquer un comité stratégique extraordinaire pour statuer sur un point qui nécessite une validation par cette instance. Ce travail consiste en une revue de projet par action en précisant pour chacune d'elle si elle a été réalisée dans les temps et dans le budget alloué et comment évolue l'entreprise ou ses parties concernées à la mise en œuvre de l'action. Cette appréciation permettra au responsable de grappe d'actions d'alimenter les indicateurs de changement.

Les instances de pilotage et leurs outils

Pour le responsable de grappes d'actions, mais aussi pour un responsable d'actions, nous préconisons l'administration d'un tableau de bord. Ce dernier vise à déterminer, par action, le niveau de réalisation, les écarts de budget et de planning et le niveau de changement. Les indications portant sur le niveau de changement consistent à déterminer, pour la population concernée par une action, le pourcentage de personnes qui sont informées de l'action, le pourcentage qui a compris ce qui lui était demandé, le pourcentage qui adhère à l'action et le pourcentage qui participe à la mise en œuvre. Ces indicateurs sont détaillés dans la suite de ce chapitre.

Cette évaluation peut se faire par interviews des salariés ou bien par appréciation par le responsable de l'action. Chaque responsable de grappe d'actions produira ce tableau de suivi, utile pour animer et contrôler son périmètre de responsabilité et alimenter le reporting avec les autres groupes du projet *sensemaking*. Chaque responsable peut ainsi disposer d'une synthèse de pilotage du projet.

Exemple de suivi des actions *sensemaking* : service production – 20 actions

Projet	Actions	Prévision	État de réalisation (fait, à faire, retard)	Budget	Remarques	Indications de changement			
Atelier « Vis ma vie », en mettant des commerciaux à la production et inversement	Programmer une journée pilote en mai	Mai	Fait	Neutre	Bon accueil de cette action, mais certaines critiques quant à son utilité et sur le fait que tout le monde ne le fasse pas	% Information	% Compréhension	% Adhésion	% Participation
						100 %	90 %	50 %	100 %
	Généralisation pour les chefs d'équipe en septembre	De septembre à novembre	À faire	Neutre		100 %	60 %	50 %	0 %

20 actions	Nb Prévi	Nb réel	Écart N %	Écart N - 1	Écart N - 2	Écart N - 3
Écart de réalisation	20	10	-50	-100	-50	0

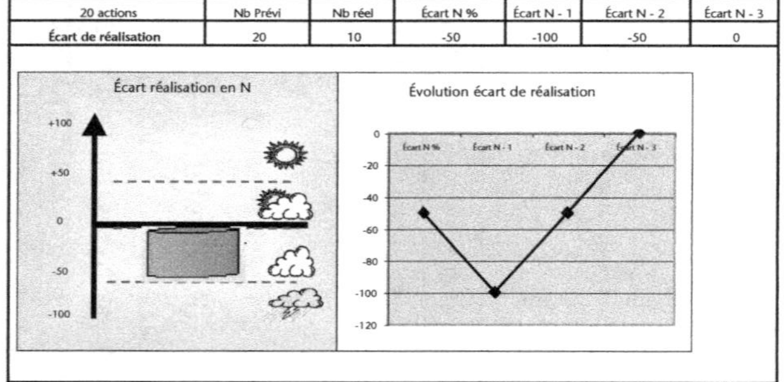

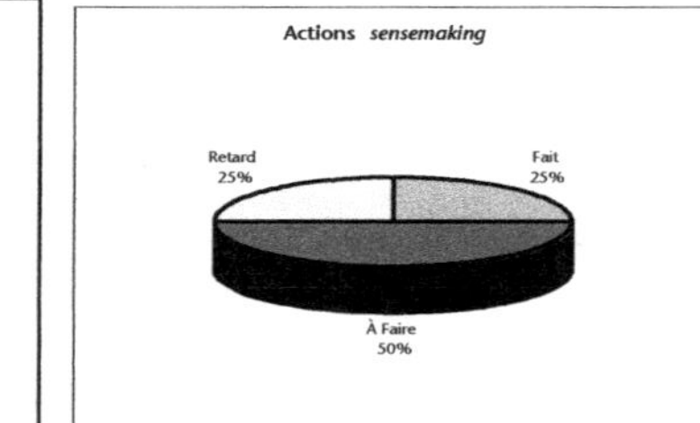

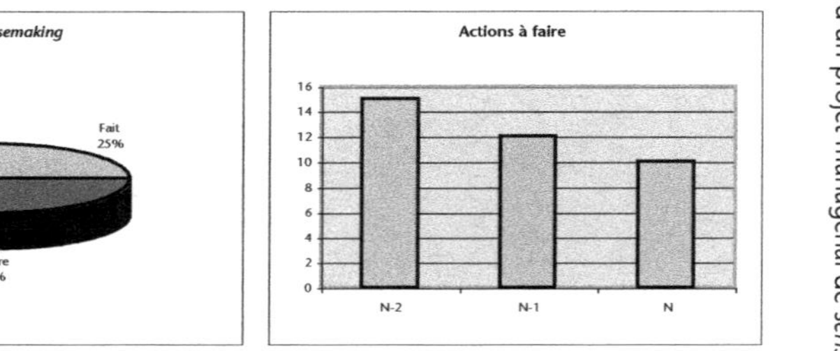

Les indicateurs de changement

Pour savoir si une action a produit les objectifs escomptés, il faut qu'elle ait été conduite à terme. Il faut également s'assurer auprès des intéressés qu'elle a entraîné les évolutions souhaitées. Pour cela, nous mobilisons un modèle de pilotage du changement basé sur le modèle de Lewin. Cet auteur affirme qu'un changement est réussi seulement si un individu passe par trois phases :

- le déracinement : période de deuil au cours de laquelle il prend conscience que son existant n'est peut-être pas aussi optimal qu'il le pensait et qu'il y a un intérêt à le faire évoluer ;
- le questionnement : période d'expérimentation intellectuelle et/ou opérationnelle au cours de laquelle l'individu teste les configurations futures et évalue concrètement comment son existant peut se transformer ;
- la phase d'enracinement : les nouvelles pratiques passent du stade expérimental au stade opérationnel, au profit des anciennes et se substituent à ces dernières.

À ces différentes phases conceptuelles, nous avons associé des indicateurs qui nous permettent de repérer objectivement le passage d'un stade à l'autre et si le changement a réussi. À chaque stade conceptuel du changement, nous associons une phase du projet dans une logique d'information, de conception et de mise en œuvre.

Indicateurs du changement		
Stade du changement	Phases d'un projet	Indicateurs
Déracinement	Information	Taux d'information Taux de compréhension
Questionnement	Conception	Taux d'adhésion
Enracinement	Mise en œuvre	Taux de mise en œuvre

Taux d'information

Le taux d'information mesure le pourcentage de personnes qui connaissent l'existence du projet et ses finalités. Ce taux d'information est très faible au début et évoluera de manière linéaire au fur et à mesure des actions de communication du projet. Le seuil critique est l'obtention de 50 % de personnes informées en phase de réalisation de telle manière qu'il y ait, d'un point de vue statistique, toujours une personne pour expliquer à celle qui ne sait pas.

De manière idéale, il serait souhaitable d'avancer dans le projet tant qu'un pourcentage conséquent de personnes informées n'est pas atteint, mais cela n'est pas toujours possible. Au début du projet, certains y participent sans avoir toutes les informations, mais le simple fait de participer leur donne accès à ces informations.

Si le taux observé ne suit pas cette évolution minimum, il faudra s'interroger sur la pertinence des actions de communication et revoir ces dernières.

Figure 36 : Évolution du taux d'information

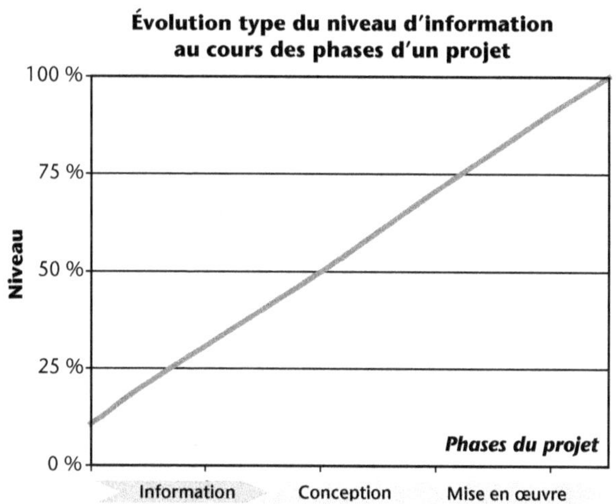

Taux de compréhension

Le taux de compréhension mesure le niveau de connaissance du projet par un salarié. Au-delà du simple fait de connaître son existence, est-il en mesure de déterminer les facteurs explicatifs, son organisation, son planning, ses enjeux détaillés, les personnes qui le portent et les facteurs clés de succès ? Tous ses éléments ont pour objectifs de répondre aux questions « *Pourquoi et Comment* ».

Une personne est en situation de compréhension, si elle sait ce qu'elle doit faire dans le cadre du projet de changement, comment elle doit le faire et quelles sont les personnes ressources qui peuvent l'aider.

Les variations de l'indicateur se font par palier. Il doit évoluer dans le temps, en fonction des actions de communication et d'accompagnement. À la différence du taux d'information, celui-ci n'évolue pas linéairement, car il faut simultanément un apport d'informations et un déclic pour transformer une donnée transmise en ressource opérationnelle. C'est, par exemple, une réunion qui va donner du sens aux informations transmises et permettre de comprendre comment faire dans son périmètre.

Figure 37 : Évolution du taux d'adhésion

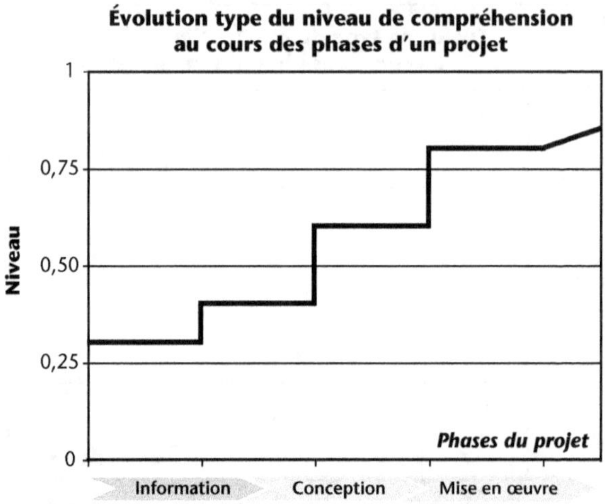

Taux d'adhésion

La nature a horreur du vide, disait Pascal, pour expliquer la pression atmosphérique. On pourrait dire également que l'individu a horreur du changement. Sa première réaction consiste à le repousser en raison du fait qu'il modifie ses routines, lui demande un effort d'apprentissage et le met en situation de risque. Ce n'est que par un travail de réflexion qu'il va pouvoir opposer à ces contraintes les gains potentiels. Ce travail de réflexion nécessite une capacité d'extrapolation mais il est également conforté par le fait de voir concrètement les premiers résultats du changement. Par conséquent ce taux d'adhésion va évoluer comme le montre le graphe suivant. Une première étape, synonyme de renoncement et d'effort, met plus en valeur les contraintes que les opportunités du changement et conduit à une adhésion en baisse, qui remontera très vite dès les premiers signes de réussite.

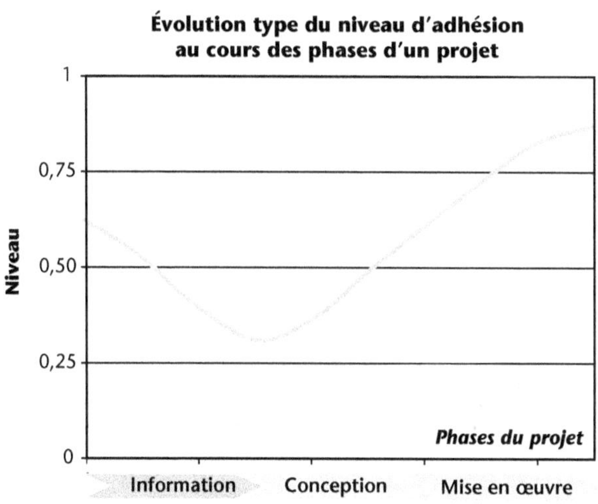

Figure 38 : Taux d'adhésion

Taux de mise en œuvre

Le taux de mise en œuvre vise à évaluer le pourcentage de personnes qui contribuent effectivement au changement et qui ont mis en œuvre des éléments du changement, de manière très concrète et opérationnelle.

L'important, c'est que les personnes s'impliquent dans l'action de transformation et procèdent à des modifications de leurs pratiques. Par peur ou par difficulté technique, les personnes peuvent afficher une adhésion de façade, sans pour cela s'engager dans l'étape de transformation.

En cas de faible mise en œuvre, il convient de mettre en place des dispositifs d'accompagnement. Le taux de mise en œuvre n'évolue pas de manière linéaire. Il doit progresser tout au long du projet, mais l'on peut constater des cycles dans lesquels les phases d'action alternent avec des phases d'observation des résultats de ces mêmes actions. Il ne faut pas chercher à forcer l'action en supprimant ces temps d'ajustement, mais s'assurer que la progression globale se fasse bien.

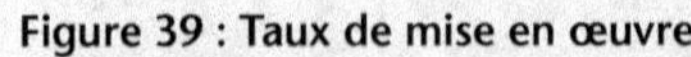

Figure 39 : Taux de mise en œuvre

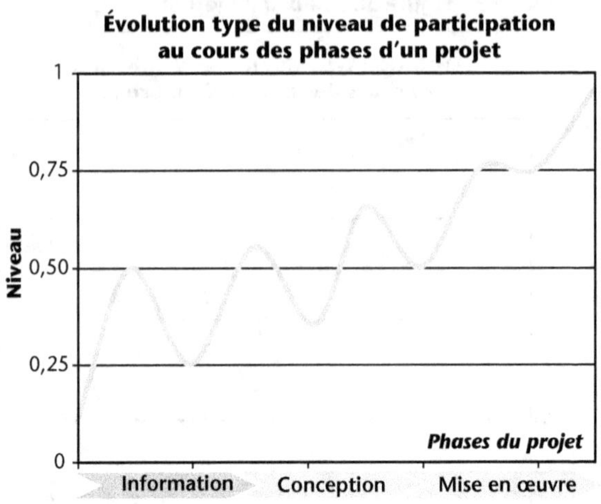

Le projet managérial de *sensemaking* vise à mettre l'entreprise en situation d'interrogation et d'action, quant à son niveau de sens et à l'importance de celui-ci pour son bon fonctionnement. Alimenté par le diagnostic, il vise à déployer des actions organisées en grappe sur une période de 18 mois dans une logique de transformation. De nature socio-organisationnel, ce projet peut être porté par les RH, la plupart du temps, et intégré aux objectifs de cette direction.

Chapitre 9

Les RH, maître d'œuvre du *sensemaking*

Au terme de ce parcours sur le sens au travail, on constate que le diagnostic et les outils de management apportent des réponses aux situations de perte de sens. Les dirigeants donnent l'impulsion et les managers opérationnels leur contribution, mais les architectes de la création de sens restent les acteurs des ressources humaines. Les RH sont légitimes pour le développement, la réalisation et le suivi des projets de *sensemaking*.

La fonction d'animation sociale conduit les RH à gérer la motivation et l'implication des salariés. À partir de leurs différentes missions (*cf.* figure 40), elles ont surtout pour objectif d'accroître la valeur du travail, tant pour les salariés que pour l'entreprise. Les RH peuvent piloter un projet managérial de *sensemaking* de manière indépendante ou bien l'intégrer dans des réflexions ou projets en cours. Trois thématiques, actuellement en cours de développement dans les fonctions RH, ont attiré notre attention pour être des vecteurs du *sensemaking* : la Responsabilité Sociale des entreprises (RSE), les projets sur l'éthique et le marketing social.

La responsabilité sociale traduit la volonté d'introduire dans l'entreprise des valeurs sociétales pour donner du sens à la relation avec les salariés. L'éthique tend à s'interroger sur les conséquences morales des modalités de la réalisation de certaines activités. Le marketing des ressources humaines utilise des techniques de communication pour renforcer l'engagement des acteurs et attirer les meilleures compétences.

Figure 40 : Les objectifs de la fonction RH (Blanchot et Wacheux)[1]

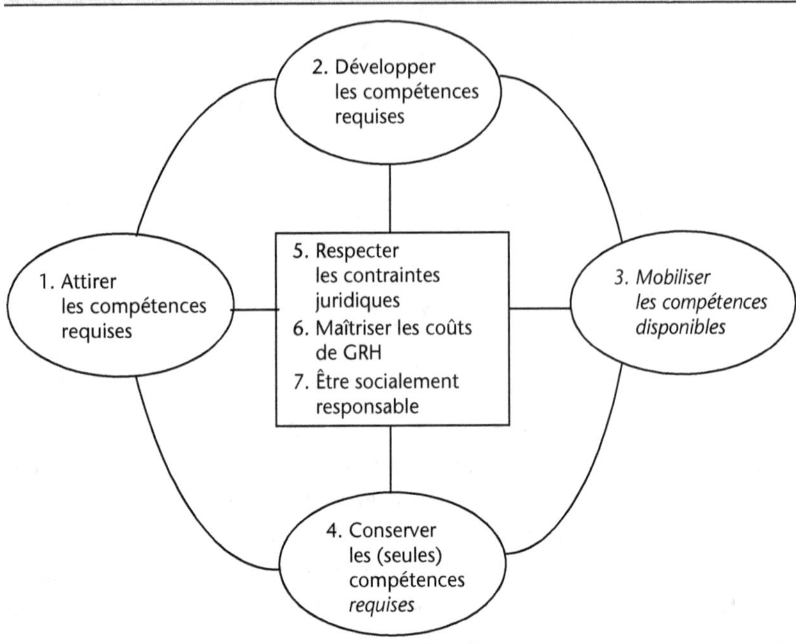

Les projets de responsabilité sociale d'entreprise

L'objectif de cette partie n'est pas de définir la RSE, mais de montrer comment les investissements dans ce domaine se retrouvent à un moment ou à un autre dans la problématique de la création de sens. Tous les salariés de l'entreprise peuvent être concernés par l'Investissement Socialement Responsable (ISR) et devenir des acteurs de cette politique. Au fond, les objectifs de la RSE ne sont pas nouveaux. Il existe depuis très longtemps un patronat social qui défend l'idée d'une responsabilité sociale de l'entreprise. Certains

---

1. F. Blanchot, F. Wacheux, « TIC, finalités de la GRH et création de valeur », in *e-GRH*, coordonné par M. Kalika, éd. Liaisons Sociales, p.p. 15-36, 2002.

dirigeants n'ont pas attendu que le terme soit inventé pour s'investir dans les affaires de la cité ou l'humanitaire. En revanche, le développement de dispositifs légaux et une demande sociale croissante apparaissent depuis peu.

Les enjeux et les outils de la responsabilisation sociale

La RSE donne du sens au management des ressources humaines si la demande s'inscrit dans le quotidien de l'entreprise, surtout, si les dirigeants peuvent l'imposer aux actionnaires comme une contrainte et une opportunité. Les valeurs mises en avant justifient des choix et des décisions dans des critères qui ne sont plus strictement financiers. Le discours concilie des contraintes économiques et des choix sociaux. Comme nous l'envisagerons dans la partie suivante, au-delà de la dimension éthique, les résultats pour l'entreprise se mesureront en termes d'attractivité et de réputation. La démarche se gère comme un projet d'activité. Il faut une volonté managériale, des porteurs de projet et une déclinaison dans le quotidien des managers opérationnels par des outils de gestion. Les programmes doivent durer dans le temps pour être efficaces. Lorsqu'une entreprise engage une action pour favoriser l'intégration sociale et la diversité, 2 ou 3 ans sont nécessaires avant de voir effectivement les effets.

En interne et en externe, la valorisation des ISR est importante pour l'entreprise. Les décisions sont humanistes, la médiatisation des résultats devient un acte de communication, destiné à créer un avantage compétitif durable. Il est donc nécessaire de l'évaluer par rapport aux concurrents et aux entreprises d'un même territoire pour faire « un peu plus qu'eux ». Toutes les opportunités d'innovations sociales doivent être saisies. Le débat sur l'interdiction d'organiser des réunions après 18 heures n'est pas anecdotique. Lorsque les dirigeants annoncent leur volonté que la vie professionnelle n'empiète pas trop sur la vie personnelle, ils créent alors des attentes. Pour les femmes en charge d'enfants, pouvoir partir plus tôt pour les récupérer à la sortie de l'école accomplit réellement cette louable intention.

La RSE peut devenir le pendant du discours et des pratiques sur la création de valeur actionnariale. Les deux notions sont d'ailleurs complémentaires. Les enjeux de la RSE s'expriment par la capacité à traduire les valeurs dans des pratiques quotidiennes et décentralisées. Les dirigeants concrétiseront impérativement leurs paroles en actes et communiqueront sur les résultats, par une démarche de marketing des RH (*cf.* ci-après). Par exemple, l'annonce de la volonté de ne pas discriminer à l'embauche doit réellement se traduire dans les équipes pour que les salariés constatent la réalité de ces intentions dans leur quotidien.

Comment définir un projet RSE

Au minimum, quatre objectifs permettent de définir un projet de RSE :

1. Changer les comportements des managers opérationnels pour compléter la logique de création de valeur par les principes de RSE ;

2. Permettre l'appropriation par les salariés par une valence sociale[2] ;

3. Formaliser certaines règles d'équité, de droits fondamentaux ou de cohésion sociale dans les pratiques managériales au quotidien ;

4. Évaluer les résultats consolidés pour pouvoir communiquer et renforcer la réputation de l'entreprise.

▦ Investir dans la RSE, une démarche volontaire de l'entreprise

Au départ, la décision d'investir dans le socialement responsable devient possible quand l'entreprise accepte de remettre en cause, volontairement, certaines contraintes de court terme et se pose la question de sa responsabilité à long terme, vis-à-vis des hommes et de l'environnement. Les facteurs de succès et les facteurs stratégiques de risques seront spécifiques à chaque entreprise, en fonction de son cœur de métier, de son identité et de l'environnement dans lequel elle intervient (*cf.* figure 41). Les indicateurs du reporting seront donc spécifiques pour traduire dans des tableaux de bord les objectifs de l'entreprise.

---

2. Valence sociale : sentiment d'adhésion aux principes de responsabilité sociale de l'entreprise.

Figure 41 : Les variables contingentes de la RSE

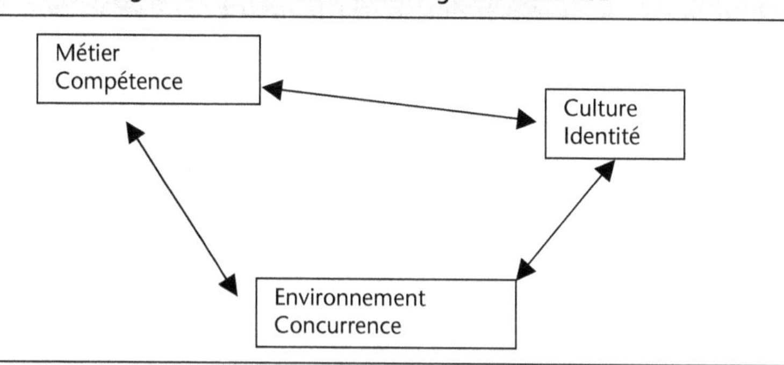

Certaines entreprises ont engagé depuis longtemps une démarche de responsabilité sociale. Danone fait figure de pionnière de la RSE en France. Historiquement, l'entreprise a toujours tenté de concilier les dimensions économiques et sociales dans son projet d'entreprise. Le discours d'Antoine Riboud en 1972, posait des principes que l'on retrouve encore aujourd'hui dans l'entreprise. Le management par les bonnes pratiques (*Best Practices*) de RSE a permis de décentraliser les responsabilités et de faciliter l'appropriation par les opérationnels. Chaque manager, en fonction de sa situation et de son activité, choisit quelques objectifs parmi une centaine de *Best practices*. En fin d'année, il sera évalué sur la progression et pourra alors s'engager sur une volonté d'amélioration permanente. La démarche de Danone a inspiré de nombreuses entreprises et certaines agences de notation sociale. Mais cet engagement n'est possible que parce que les valeurs de la RSE sont l'une des composantes de la culture et de l'identité de l'entreprise. Les salariés partagent ces valeurs. La période de l'internationalisation a donné lieu à une réflexion approfondie pour être capable de faire respecter certaines *Best Practices* dans des environnements culturels très différents (Chine, Europe de l'Est, ...).

Les outils de la responsabilité sociale

Les outils sont simples, mais leur mise en œuvre est plus complexe car ils contraignent à remettre en cause certaines habitudes, certains réflexes, profondément ancrés dans les comportements gestionnaires. Le choix de telle ou telle approche dépend de la situation de l'entreprise et de ses enjeux à long terme. Si l'entreprise se trouve dans un territoire défavorisé, l'investissement dans le tissu économique local, le financement de la formation, le développement de l'apprentissage, ne donneront des résultats qu'après plusieurs années. Le choix peut se faire parmi les outils de gestion suivants :

- l'adoption de *Best practices*, à l'instar de la démarche de Danone, qui seront décentralisées et gérées par les managers opérationnels ;
- le *Business partner social*, les responsables de ressources humaines accompagnent des projets d'ISR dans les différentes filiales ou services ;
- le *Balance Scorecard* et le reporting intègrent des dimensions de responsabilité sociale afin d'évaluer les résultats sur les investissements socialement responsables ;
- l'évaluation des managers opérationnels intègre des critères de RSE afin de modifier les comportements ;
- le marketing des RH, développé dans la partie suivante, est utilisé comme un moyen interne de changer les attitudes de l'ensemble des salariés et en externe pour accroître la réputation de l'entreprise ;
- le rapport de RSE, tel que défini par la loi, est utilisé comme un vecteur de changements organisationnels.

La valeur ajoutée sociale par la RSE

La demande de responsabilité sociale doit avoir des résultats en interne pour être légitime aux yeux des actionnaires, préoccupés par la performance financière, et auprès de managers opérationnels, souvent piégés par la gestion des contraintes du court terme. À partir du concept de valeur ajoutée sociale, on démontre facilement la nécessité d'ISR dans la plupart des entreprises. La compréhension de la contribution sociale de chaque salarié est aussi créatrice de sens.

La performance des salariés dépend de trois dimensions :
- La motivation, parce qu'elle crée une attitude d'engagement des hommes pour l'entreprise et le métier ;
- La compétence, parce que ce sont les valeurs mises en œuvre dans l'activité quotidienne ;
- L'identité collective, parce qu'elle facilite les échanges entre les salariés.

L'attitude des salariés sera positive, s'ils perçoivent une réelle volonté de ne pas être considérés comme « jetables » à la première difficulté économique. La réputation de l'entreprise joue un rôle croissant pour attirer les meilleures compétences. La RSE crée de la valeur ajoutée sociale lorsque le climat interne et les relations facilitent les interactions. Mais comment démontrer que les bonnes pratiques constituent un avantage concurrentiel ? En conduisant de manière constante des investissements socialement responsables. Les études sur le sujet restent approximatives, sauf sur un point. Lorsque la gestion des RH est éthique et que des ISR sont souvent engagés à long terme, la rentabilité est plus forte.

La RSE est à la mode, ce n'est pas un hasard. L'excessive financiarisation des stratégies de certaines entreprises provoque des réactions négatives de la part de la société. Les dispositifs légaux sur les nouvelles régulations économiques l'encadrent dorénavant. L'article 116, notamment, oblige les entreprises à faire un reporting extra-financier. Mais il reste encore un long chemin à parcourir avant de convaincre les analystes des marchés financiers et les fonds de pension de la valeur travail dans l'entreprise. Le désengagement des salariés et la perte de sens actuels s'expliquent en partie par la domination des marchés financiers sur les décisions stratégiques de l'entreprise. C'est au dirigeant d'extraire de l'activité quotidienne la référence à la valeur de l'action. Cette idée est à contre-courant du modèle dominant du management.

Dans les années à venir, on peut prédire une différenciation entre les entreprises socialement responsables et celles qui auront géré les hommes à court terme, comme une ressource banale.

Il ne faut cependant pas raisonner en termes de « bien » et de « mal » – ce ne sont pas les termes du langage managérial –, mais appliquer deux principes :
- intégrer la RSE dans le management des parties prenantes ;
- raisonner avec les ISR comme avec n'importe quel investissement (investissement, objectifs, moyens, résultats).

À ces deux conditions, une attitude socialement responsable intéressera les salariés et leur permettra d'ajuster leur représentation avec leur situation dans l'entreprise et donc de créer du sens dans leur activité professionnelle.

La RSE et la création de sens

L'altruisme fait rarement partie du management. La RSE préoccupe les dirigeants pour deux raisons. D'une part, la prise de conscience de l'ensemble des parties prenantes incite à investir pour la réputation de l'entreprise ; l'attractivité et la marque employeur déterminent de plus en plus la capacité à attirer les meilleures compétences. D'autre part, la demande sociale interne de responsabilités sociales des acteurs économiques poussent les dirigeants à affirmer des principes de RSE et à les traduire concrètement dans le management au quotidien. Dans une situation économique difficile, maintenir l'employabilité garantit aux salariés une certaine sécurité, en cas de départ de l'entreprise. La sécurisation des parcours professionnels est directement liée à la responsabilisation sociale.

Pour faire sens, l'équilibre entre les actions événementielles et les politiques à long terme est nécessaire. Les premières sont destinées à sensibiliser les salariés et à faire parler de l'entreprise. C'est, par exemple, les actions humanitaires ou le financement de projets de développement local. Les secondes constituent véritablement l'ISR et s'évalueront selon les principes précédents. C'est, par exemple, la remise en cause des procédures d'achat, pour y inclure des règles de développement durable.

Comme pour toutes les démarches évoquées jusqu'à maintenant, c'est l'interprétation et l'appropriation par les salariés qui fait sens. L'accompagnement et la communication des actions sont donc essentiels pour y parvenir. C'est un succès lorsque les salariés parlent de leur entreprise et des résultats de la politique de RSE à l'extérieur de leur entreprise. C'est une réalité lorsque les actionnaires deviennent sensibles aux investissements socialement responsables. C'est un outil de gestion lorsque les managers opérationnels s'engagent sur des objectifs d'améliorations continues des pratiques de RSE.

Le référentiel doit être facilement compréhensible par les parties prenantes et se décliner naturellement dans l'activité quotidienne des salariés. Lorsqu'une entreprise se donne des objectifs d'intégration sociale par exemple, « objectifs, moyens, résultats » sont faciles à contrôler. Mais le responsable du recrutement doit aussi être convaincu de l'intérêt pour l'entreprise.

206

Le statut du travailleur proposé par la CFTC (avril 2006)

Le syndicat CFTC a publié au printemps 2006, un ouvrage, *Le statut du travailleur*. Tout au long du document, les auteurs défendent le principe de sécurisation des parcours professionnels. L'ensemble des propositions est basé sur deux idées principales.

D'une part, la société ne doit pas faire supporter les contraintes de l'économie moderne par les seuls salariés. D'autre part, les travailleurs doivent bénéficier de droits nouveaux pour garantir les évolutions, les transitions et les changements d'organisation de l'entreprise.

La demande est très proche d'une approche RSE sur la reconnaissance de la valeur travail dans la société. Un dirigeant peut s'emparer des propositions comme l'une des bases de son projet et impliquer les organisations syndicales dans les discussions.

La RSE se développera dans les discours sur le management dans les années à venir. Les pratiques des entreprises évolueront nécessairement, contraintes par des enjeux d'attractivité pour attirer les meilleures compétences. C'est une opportunité pour les dirigeants de s'emparer de cette thématique dans un projet de *sensemaking*.

L'importance de l'éthique

Le monde de l'entreprise défraie régulièrement la chronique sur le thème de l'éthique : le délit d'initié de tel dirigeant, le rejet de matières toxiques dans l'environnement de telle entreprise, une délocalisation, une fermeture d'usine sont autant d'événements où la question de l'éthique se pose aux entreprises et à la société. Est-ce à l'entreprise ou aux individus de respecter des comportements éthiques ? En tant qu'institution morale, l'entreprise ne peut pas se retrancher systématiquement derrière la responsabilité individuelle de ses membres.

Même si le droit lui a longtemps donné raison, elle doit elle aussi affirmer une position éthique et surtout faire en sorte de la traduire dans les comportements au quotidien. Elle prendra alors conscience du rôle que l'éthique peut avoir comme levier du *sensemaking*.

L'idéal de performance économique qui conduit parfois aux désastres sociaux que nous connaissons ne doit-il pas être équilibré par des préoccupations de cette nature ? L'exemple de l'entreprise qui a déployé une stratégie sur l'Agenda 21 (*cf.* p. 132) montre l'intérêt de plus en plus de salariés pour cette dimension, à condition de transformer les intentions en actes concrets.

Définition de l'éthique

L'éthique est une question qui nous est posée au quotidien pour savoir si ce que nous avons fait l'a été dans les meilleures conditions de progrès et de respect. Les référentiels que nous mobilisons pour cette comparaison sont de différentes natures. Ce sont des règles morales, des lois, des règlements ou des chartes. Le non-respect de ces règles entraîne une sanction, synonyme d'exclusion du groupe auquel on appartient. Ce jeu virtuel est cependant détourné aux profits de passagers clandestins qui profitent du système, sans pour cela être mis hors jeu. Ils ne respectent pas les règles, jouent sur les ambiguïtés, les modifient à leur avantage, disent ne pas les reconnaître au profit d'eux-mêmes et à l'encontre de l'intérêt collectif. Ces jeux d'acteurs mettent les salariés en situation de retrait et de perte de sens.

> **Des primes en « béton armé » chez Vinci[3]**
>
> « Le charismatique patron de Vinci, Antoine Zacharias, est en conflit ouvert avec son directeur général, qu'il a récemment nommé pour prendre sa succession. Le motif de la dispute ? Le directeur général refuse d'accorder une prime (8 millions d'euros) auto-décrétée par Zacharias pour avoir mené à bien la fusion avec ASF.
>
> Trop c'est trop, selon le nouveau dirigeant car, avant de céder son fauteuil opérationnel, Zacharias s'est déjà octroyé une prime de 13 millions d'euros et a obtenu une retraite en or massif : 50 % de son salaire jusqu'à son décès. Le package de sa retraite se monte à environ 55 millions pour une espérance de vie estimée à 85 ans. Record battu, le précédent record était détenu par Daniel Bernard, ancien patron de Carrefour avec 30 millions. »

En philosophie, l'éthique est l'objet d'une science, elle est alors mise en corrélation avec la morale. Cette étude cherche principalement à comprendre la nature de la moralité. Avoir un comportement éthique signifie faire ce qui est « bon » pour chacun (chez Spinoza, par exemple, mais aussi chez Nietzsche). L'éthique a vu sa définition changer au fil des siècles. D'ailleurs, chez Nietzsche, l'étude de la morale est généalogique.

---

3. http://www.tryskal.com/

L'éthique peut être envisagée de manière moins ontologique et plus normative, en affirmant que certaines choses sont intrinsèquement bonnes ou d'une valeur supérieure à d'autres. Pour définir ces référentiels, nous devons nous interroger sur ce qui est bon et ce sur quoi nous devons exercer une responsabilité :

- quelles sont les valeurs fortes que nous voulons revendiquer et défendre ?
- quelles sont les situations à responsabilité forte ?
- quels sont les droits et devoirs de chacun ?
- quelles sont les sanctions applicables ?

Pourquoi ce détour philosophique dans un ouvrage sur le management ? L'éthique, dans le monde professionnel, peut être représentée par la figure 41. Ce schéma illustre les différents partenaires de l'entreprise et la relation d'éthique qui doit s'établir avec eux. Cette relation d'éthique multipolaire situe le salarié au centre des enjeux concrets et l'invite à faire preuve d'éthique en demandant à son « institution entreprise » qu'elle s'assure de ces relations et au besoin qu'elle les instrumentalise.

Figure 42 : L'éthique d'entreprise multipolaire

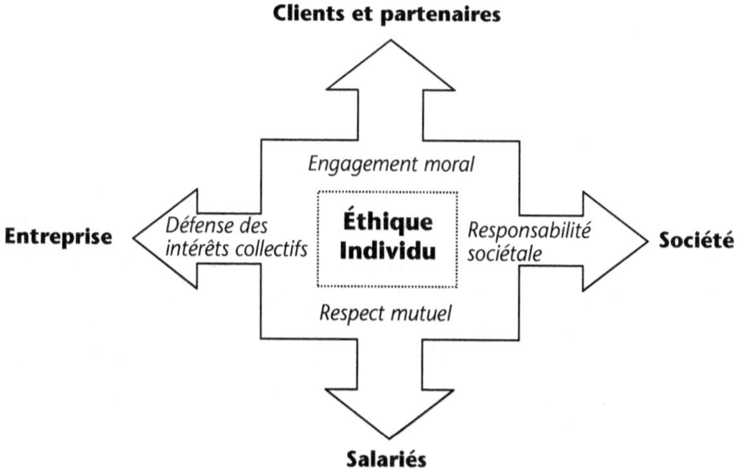

L'éthique d'entreprise peut donc se définir comme la réalisation de ces quatre valeurs :

- salariés = respect mutuel entre les salariés, respect et reconnaissance de la valeur travail ;
- société = la responsabilité sociétale, rôle citoyen de l'entreprise ;
- clients et partenaires = engagement moral, respect et validité des engagements ;
- entreprise = défense des intérêts collectifs, les intérêts particuliers ne doivent pas prendre le dessus sur les intérêts collectifs, s'ils sont contraires à ces derniers.

Dans leur ouvrage[4], Walter Bouvais et David Garcia présentent, par la description de pratiques de grandes firmes internationales certains manquements éthiques, comme le montre l'exemple suivant.

Dasani : l'eau du robinet vendu au prix de l'eau en bouteille

> *« Coca-Cola s'est proprement ridiculisée lors du lancement de sa marque d'eau* Dasani *en Grande-Bretagne. Sous le slogan « Pure eau plate », matraqué par une campagne de communication de 10 millions d'euros, la marque vendait en réalité de l'eau du robinet achetée à la compagnie des eaux Thames Water (Coût : 4 à 5 centimes par bouteille vendue 1,40 euro). Malheureusement, le pot aux roses à été découvert, provoquant l'hilarité de la presse tabloïd. »* (Multinationales 2005, p. 89)

L'éthique au quotidien

Au-delà des principes et des discours qu'en est-il des pratiques et des actions concrètes ? La sensibilisation des dirigeants passe en général par la mise en place d'un dispositif de déontologie. La déontologie (du grec *deon, -ontos*, ce qu'il faut faire, et *logos*, discours) traite des devoirs à remplir. C'est un ensemble de règles et devoirs qui régissent une profession et les pratiques de ceux qui l'exercent. La mise en place d'un processus déontologique peut être résumé par le schéma suivant.

---

4. Walter Bouvais, David Garcia, *Multinationales 2005*, éd. Danger Public, 2005.

Figure 43 : Le processus déontologique

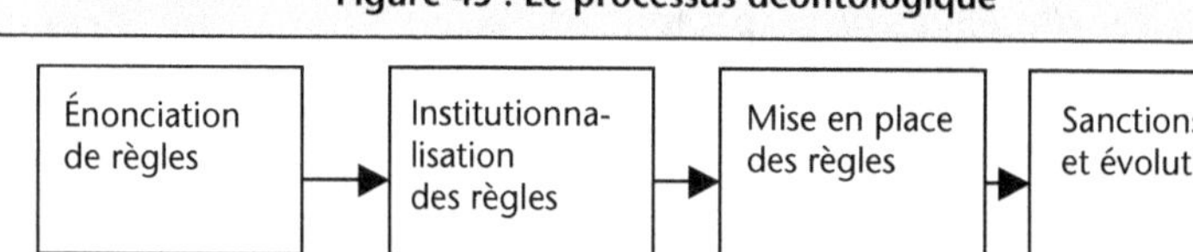

Énonciation de règles

En réponse à un manque ou un besoin, des règles de conduite sont émises. Leur formalisation nécessitera différentes itérations pour que les parties prenantes les jugent justes et applicables.

Institutionnalisation des règles

Les règles sont intégrées dans des chartes et les codes validés et garantis par des institutions légitimes qui les feront appliquer et évoluer.

Mise en œuvre des règles

Information et communication des règles à toutes les personnes qui doivent les respecter.

Sanctions et évolutions

Lorsque la règle n'est pas observée, il faut qu'il y ait une sanction pour garantir le bien-fondé de la règle et l'organisation sociale qui en découle. Dans une logique de compréhension et de justice, cela doit se faire en fonction des circonstances et du contexte pour les faire évoluer.

Éthique et création de sens

Inclure dans un ouvrage sur la création de sens en entreprise une partie sur l'éthique traduit pour nous la volonté de replacer l'homme au centre des préoccupations économiques et non l'inverse. Après avoir constaté de nombreux cas d'organisation, parfois dramatiques, où les salariés ne comprennent plus pourquoi ils travaillent, après avoir développé un appareillage méthodologique pour permettre à chacun d'exprimer ses demandes pour comprendre son environnement de travail, il est naturel de s'interroger sur les règles éthiques que les entreprise se donnent et les principes déontologiques qu'elles s'engagent à respecter.

Le monde dans lequel nous vivons nous soumet continuellement à des messages. Depuis quelques années, chacun est soumis à la question du développement durable, thème très proche des questions éthiques. Le réchauffement de la planète, la raréfaction du pétrole, les désastres écologiques, l'envie de participer à des projets humanistes et humanitaires sont au cœur de nos préoccupations contemporaines. Cependant, beaucoup de citoyens se sentent impuissants à relever ces défis. Ils leur paraissent démesurés par rapport à leur capacité d'action et difficiles à appréhender par leur seule action individuelle. L'entreprise a un rôle à jouer pour apporter des éléments de réponse à ces préoccupations.

Pour l'entreprise, la responsabilité intervient à deux niveaux :
- dans les relations avec son environnement ;
- dans le respect de la dignité humaine de ses salariés.

L'éthique intervient comme un guide pour les dirigeants. C'est aussi un levier de la création de sens, dans l'esprit où elle a été définie précédemment. Au moment du diagnostic, comme pendant la réalisation du programme d'action, les choix éthiques répondent à la question du « pourquoi ».

Lorsqu'une entreprise affirme, « *l'homme est la première richesse de l'entreprise* », c'est l'énonciation d'une volonté éthique. Une telle affirmation sera entendue par les salariés. Les pratiques au quotidien ne peuvent plus la contredire, sous peine de provoquer les incompréhensions, les désengagements, les retraits, donc une perte de sens.

Il y a donc deux moments où la question déontologique crée du sens pour les salariés :
- d'une part, dans les annonces de l'entreprise, communication interne, rapport d'activité, publicité, vers ses parties prenantes. Les dirigeants seraient donc avisés d'énoncer des principes qu'ils savent pouvoir tenir, sinon, les effets en retour risquent d'être catastrophiques et durablement négatifs ;
- d'autre part, dans toutes les étapes du processus de *sensemaking*, pour donner aux salariés des points de repère. La règle éthique, si elle est acceptée, intervient comme une stratégie de création de sens et un moyen de vérifier la réalité des principes.

Cette démarche évite aux salariés de se positionner uniquement par rapport aux dirigeants et managers. Ils retrouvent dans l'entreprise des principes humanistes auxquels chacun aspire.

Les projets de marketing des ressources humaines

Dans le panorama des outils de management envisagés pour la création de sens, le marketing des RH tient une place spécifique. Ce n'est pas une démarche pour construire, mais pour accompagner et médiatiser les projets de réputation et d'attractivité de l'entreprise imaginées par les dirigeants. Le marketing des RH est donc au cœur des évolutions de la fonction. La thématique est apparue récemment dans les entreprises, à la suite de l'exigence d'une orientation business de plus en plus forte de la DRH. Certains acteurs de la fonction ont donc imaginé des outils pour démontrer la contribution des investissements sur les hommes au résultat global de l'entreprise. En ce sens, c'est le prolongement d'une démarche de RSE. Les politiques RSE, l'éthique et le marketing des RH s'inscrivent dans les *social policy* et les *Stakeholders policy* par différence avec les missions plus techniques, comme l'illustre la figure 44.

Figure 44 : Les politiques d'entreprise

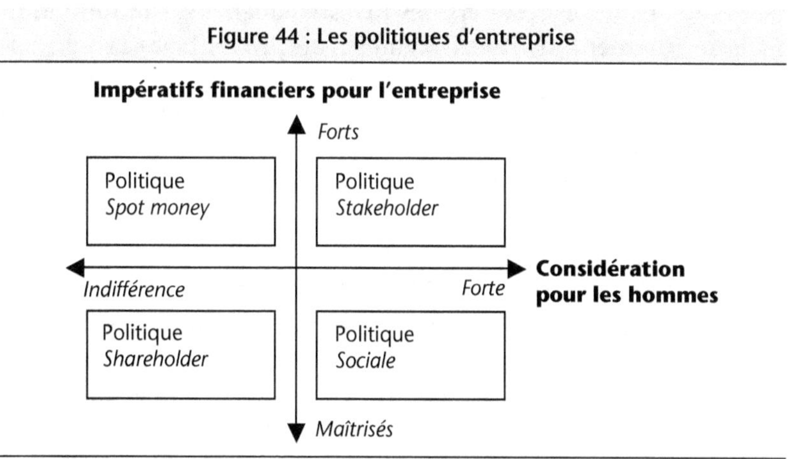

Cependant, le marketing des RH n'est pas une dimension supplémentaire du management des hommes. C'est un outil de gestion pour éviter de faire du « yo-yo social », auquel trop d'entreprises se livrent aujourd'hui en fonction des variations de l'activité économique. Les discours sur les hommes comme première ressource rare de l'entreprise et les pratiques sur les salariés, variables d'ajustement des plans économiques ne passent plus, surtout si des principes éthiques sont affichés. Dans une vision pragmatique, le marketing des RH a donc vocation à développer l'attractivité et la fidélité pour l'entreprise, développer et retenir les compétences dont elle a besoin maintenant et dans le futur.

Les conditions du marketing RH

Pour mieux cerner les contours du marketing des RH, il est utile de rappeler deux évolutions majeures ayant un impact immédiat sur la politique des RH.

La financiarisation de l'entreprise

La financiarisation de la plupart des secteurs de l'entreprise, déjà évoquée précédemment, complique la gestion à long terme. Il est demandé aujourd'hui à chacun de produire des résultats et un retour sur investissement. Ce qui peut s'avérer délicat pour la fonction RH. En effet, si les financiers peuvent toujours s'appuyer sur un taux d'actualisation, la fonction RH, elle, ne peut pas « actualiser le temps ». Les résultats des investissements sur la formation ou le recrutement, à titre d'exemple, ne peuvent pas être actualisés. De fait, le discours des RH auprès des dirigeants, des managers opérationnels ou des salariés n'est pas toujours audible. La logique de création de valeur financière cantonne, trop souvent, les acteurs de la fonction RH à un rôle de gestionnaire de moyens et non d'objectifs.

Les attentes des salariés sont plus complexes

L'évolution des attentes des salariés sont plus complexes à appréhender. La relation entre l'individu et l'entreprise change actuellement de nature. Le taux de fidélité à l'entreprise est devenu proche de zéro chez les jeunes diplômés. Le recrutement d'un jeune diplômé coûte pourtant 15 à 20 000 euros à l'entreprise, et son départ entraîne une perte équivalente. Sous l'effet d'un individualisme grandissant, les salariés, en particulier les jeunes, ne sont plus prêts à s'investir corps et âme dans l'entreprise. Pourtant, les modes de gestion des carrières et de reconnaissance s'adressent encore à des salariés censés s'investir totalement dans l'entreprise et lui sacrifier une partie de leur vie personnelle. Le marketing des RH recouvre aussi la communication vers les salariés dont les attentes changent et les exigences de respect de vie personnelle deviennent prégnantes.

Le marketing des RH commence donc par l'écoute des salariés pour comprendre leurs demandes et leurs attentes. En effet, comment pourrait-on communiquer avec les salariés, si on ignore ce qu'ils pensent et ce qu'ils attendent effectivement de l'entreprise en retour de leur engagement ? On notera d'ailleurs que depuis 1 an environ, les consultants qui mènent des enquêtes de climat social sont de plus en plus sollicités par les entreprises.

Les deux formes de marketing des RH

En premier lieu, le marketing des RH construit dans une logique événementielle. Lorsqu'une entreprise vit un événement important (fusion, changement de périmètre), elle organise une communication interne pour expliquer et souvent rassurer les salariés sur leur avenir. Cette approche relève d'une démarche de marketing des RH avec un objectif clair et un horizon temporel déterminé. Le fait que des salariés soient en situation d'attente et dans l'incertitude face à un événement est en effet défavorable à la performance de l'entreprise. Toute situation d'attentisme provoque une diminution de la rentabilité.

En second lieu, on peut parler de marketing des RH au quotidien. Ce travail de fond vise à entretenir le sentiment d'appartenance, à mieux répondre aux attentes des salariés et à communiquer à l'extérieur l'image positive d'une carrière possible dans l'entreprise. En retour, le taux d'attractivité doit augmenter. Des actions simples d'innovations sociales suffisent quelquefois à entretenir un sentiment positif vis-à-vis de l'entreprise.

Si l'entreprise ne fait pas la distinction entre ces deux formes de marketing des RH, elle risque de se limiter à une communication événementielle et institutionnelle, qui ne touchera pas véritablement les salariés ou ceux qu'elle souhaite attirer. Mais, en interne, le marketing des RH s'adresse à trois publics, de façon différente.

Les trois publics du marketing des ressources humaines

D'abord, le salarié doit être attiré et fidélisé. C'est à partir de ces deux dimensions qu'on mesure l'efficacité des actions. Mais le marketing des RH ne peut se limiter à ce premier public. Il y a ensuite, les managers opérationnels. Les RH doivent se positionner comme un service à disposition des services opérationnels, dans une logique de consultants internes. Enfin, troisième public, les dirigeants restent les premiers décideurs. Bien que les discours officiels s'accordent à valoriser le capital humain, il faut reconnaître que dans les processus de décision, les hommes sont souvent considérés comme une variable d'ajustement. Néanmoins, on s'interroge rarement sur les coûts réels induits par les réductions d'effectifs, au-delà des économies immédiates réalisées. Les RH peuvent jouer un rôle fondamental, en mettant en lumière les coûts cachés de ces opérations, notamment la perte d'attractivité de l'entreprise. Or, cet enjeu deviendra essentiel au moment du papy-boom de 2007. À ce moment-là, il deviendra difficile de recruter les meilleurs candidats et les entreprises les plus attractives disposeront d'un avantage concurrentiel certain.

Pour être efficace, le marketing des RH nécessite un effort stratégique, financier et organisationnel de la part de l'entreprise. Au préalable, les responsables choisissent donc des objectifs simples et clairement définis et s'interrogent sur les investissements nécessaires, de même que sur le retour sur investissement. Il faut être également vigilant, à l'aide d'indicateurs, à ce que le marketing des RH réponde aux attentes et à la stratégie de l'entreprise.

Les quatre facteurs structurants d'un marketing RH		
Facteurs	**Actions**	**Exemples**
L'effort	Les responsables RH doivent convaincre de l'intérêt de la démarche.	Aller vers les managers opérationnels
L'investissement	Les actions seront avant tout définies comme dans une logique d'objectifs, de moyens et de résultats.	Investissements publicitaires

La vigilance	Les erreurs, les incompréhensions seront suivies en temps réel pour éviter les dérives.	Études de climat social régulières
Le contrôle	Les outils d'évaluation de la communication évalueront l'efficacité des résultats.	Intégrer le marketing des RH dans le *Balance scorecard*

Enfin, le marketing des RH soulève la question de l'éthique. Le marketing du client n'est pas équivalent au marketing du salarié. En théorie, le marketing est destiné à informer. En pratique, il est destiné à vendre. Or, qu'ont à vendre les ressources humaines ? Certainement pas une surexploitation ou un épuisement professionnel source de stress pour les salariés. Ce serait contre-productif. L'entreprise a une responsabilité sociale en la matière. Elle se priverait de compétences, en épuisant ses salariés. Le marketing des RH ne peut donc pas tout « vendre ».

Les limites de la notion de marketing des RH

L'une des questions que soulève le marketing des RH, c'est que les clients sont les vendeurs et les vendeurs les clients. En appliquant mécaniquement une démarche de marketing, on risque d'entrer dans un rapport de manipulation aboutissant à la déception des salariés. Le marketing des RH relève d'une action politique. Il n'est pas suffisant et ne se substitue pas aux autres responsabilités du management des RH. Les techniques du marketing aident à mettre en œuvre un projet pertinent dans l'entreprise. Le marketing est une méthode de collecte et d'analyse d'informations dont les RH ont beaucoup à apprendre. Certaines de ces techniques pourraient être davantage explorées par les RH, en particulier ce qui concerne la publicité et le CRM (gestion de la relation client). De même, il est utile de s'interroger sur les médias les plus pertinents pour communiquer sur une action de RH auprès de différentes cibles.

Toujours dans une approche marketing, quel est le « service après-vente » des ressources humaines ? Comment sont évalués les processus de gestion des ressources humaines ? Cette dimension d'évaluation doit faire partie des politiques de marketing des ressources humaines. Enfin, la place des hommes est souvent omise dans l'appréciation d'une entreprise, au profit d'aspects financiers. C'est aux responsables de la fonction Ressources humaines de se légitimer et de prouver qu'elle crée de la valeur financière. Sans cela, elle court le risque de l'externalisation. Les innovations sociales portées par les ressources humaines détermineront donc les évolutions futures de la fonction.

La décision de mettre en œuvre un marketing des ressources humaines dépend du contexte dans lequel il s'inscrit : le périmètre et la légitimité de la fonction RH, le cœur de métier exercé et la place de la gestion des compétences dans la stratégie, l'histoire de l'entreprise. Les expériences ne peuvent pas se répliquer à l'identique d'une entreprise à l'autre. Le cœur même du marketing des RH est justement de savoir écouter et s'adapter à un contexte donné.

Le marketing des RH nécessite de faire des choix, de s'inscrire dans la durée et d'y consacrer des financements.

Faire des choix

Même si les objectifs du marketing des RH ne sont pas toujours explicitement définis, les expériences montrent qu'il se construit à partir des enjeux auxquels l'organisation est confrontée et auxquels l'entreprise choisit de faire face, en adoptant cette démarche.

Consacrer du temps

Les effets des actions de marketing des RH sont assez longs. Le marketing RH ne peut donc pas être une réaction à une situation d'urgence, en tout cas dans sa phase de lancement. Ce n'est qu'une fois la démarche engagée depuis un certain temps et les missions définies qu'elle peut se montrer réactive.

Prévoir un budget spécifique

Le marketing des RH est un investissement, qu'il faut à un moment ou à un autre justifier par un reporting social. Objectifs, moyens, résultats et contrôle doivent faire partie du langage des RH.

Selon les entreprises, il se dégage deux modèles opposés de marketing des RH :
- le marketing RH comme une affaire de spécialistes, qui nécessite de former ou de recruter des personnes dédiées à cette démarche ;
- le marketing RH traduit dans tous les outils de la politique RH et relayé par l'ensemble des acteurs de l'entreprise.

Dans tous les cas, c'est un levier de la création de sens pour les salariés, à condition de communiquer sur des éléments que les acteurs de l'organisation pourront voir dans les résultats de leur activité professionnelle.

Le nouveau positionnement des ressources humaines

Quel que soit le modèle retenu, il est certain que les RH doivent changer d'attitude, de référentiel et de démarche, sinon elles risquent de redevenir une simple fonction de soutien, périphérique et administrative. Ce changement d'attitude doit se produire essentiellement vis-à-vis des managers opérationnels. Ce sont les véritables clients du marketing des RH. Finalement, c'est pour les managers opérationnels qu'une offre doit être construite. Ce sont eux qui animent au quotidien la relation avec les salariés.

Le changement de référentiel s'impose également. La finance pénètre l'environnement des RH. Les RH doivent être capables de démontrer leur contribution aux résultats de l'entreprise. La notion de contrôle de gestion sociale, qui réapparaît aujourd'hui, est très importante à cet égard.

Les RH doivent aussi changer de démarche et remettre en cause certains processus traditionnels de recrutement, de rémunération et de promotion interne. Dans une logique de marketing, quel est le « service après-vente » des RH ? Quelle est la garantie que les objectifs sur lesquels les RH se sont engagés ont été atteints et que les moyens mis en place ont porté leurs fruits ? Dans le domaine du marketing des RH, il convient de rester mesuré. Ce n'est pas une solution universelle pour légitimer le rôle stratégique de la fonction RH.

Il est admis que le marketing des RH permet d'attirer et de fidéliser les salariés. En revanche, il semble plus difficile de développer une logique de segmentation de l'offre de ressources humaines pour apporter des réponses individualisées aux salariés. Peut-être qu'une démarche de marketing RH a intérêt à se focaliser sur l'attraction et la fidélisation, pour explorer seulement ensuite d'autres voies.

Le concept de marque employeur se développe rapidement. C'est une démarche pour formaliser les valeurs et le projet de l'entreprise, pour le résumer dans un slogan ou en quelques phrases simples et l'utiliser pour la communication externe ou interne. C'est un outil de fidélisation et d'attractivité, si les valeurs portées par la marque employeur entrent en résonance avec les prédispositions et les attentes des salariés.

Tous les outils de la communication interne et externe seront mobilisés pour atteindre les salariés actuels et potentiels. Il ne faut néanmoins pas s'illusionner sur les programmes de communication par la marque employeur et la multiplication des démarches publicitaires. Atteindre les publics visés, entraîner une attitude positive vis-à-vis de l'entreprise, déclencher un stimulus proactif pour l'entreprise restent les objectifs premiers du marketing RH. La constance des actions est plus rentable que les coups médiatiques. La réputation de l'entreprise ne se construit qu'à long terme. En revanche, un événement malheureux entraîne des événements négatifs immédiats : par exemple, l'entreprise Total (à la suite du naufrage de l'*Erika*) a mis plusieurs années avant de retrouver une marque employeur positive et une attractivité suffisante.

Une question reste en suspens : les salariés sont-ils des clients internes ? Il semble que les clients internes du marketing RH soient plutôt les managers opérationnels. La relation de clientèle ne semble pas compatible avec le caractère sensible et affectif des actions de développement personnel, de renforcement et d'engagement. Par rapport à la démarche de création de sens, deux éléments seront particulièrement suivis par les responsables RH, en lien avec les managers opérationnels. La vigilance et la prudence s'imposent pour éviter les dérives :

- les signaux faibles : si la communication et les actions sont en décalage avec les attentes des salariés, la déception ne se verra pas immédiatement. Les enquêtes de climat social, les entretiens annuels d'évaluation permettent de repérer ces indices (*cf.* chapitre 7).
- les effets en retour : si les dissensions se poursuivent, les dérapages peuvent s'accélérer et la confiance entre les salariés et l'entreprise se perdre.

Marketing des RH et création de sens

Le marketing RH ne remet pas en cause le cœur du métier des ressources humaines, mais peut se révéler intéressant pour reconstruire du lien social dans un contexte où, à cause des mutations économiques, sociologiques ou politiques, les salariés perdent le sens de leur travail. Le marketing des ressources humaines participe de la responsabilité sociale de l'entreprise. Enfin, deux acteurs du marketing des ressources humaines sont en filigrane de la démarche : les dirigeants et les partenaires sociaux. Rien ne sera possible sans leur accord et leur engagement dans la démarche.

La veille sociale est une première réponse pour trouver les moyens de comprendre les évolutions. Elle doit donner aux acteurs clés des ressources humaines les moyens d'action pour canaliser les dysfonctionnements, soit vers des évolutions des comportements, soit vers le retour à la stabilité initiale. La vigilance réduit l'état de vulnérabilité de l'entreprise, en permettant aux acteurs d'anticiper les dérives avant qu'elles ne deviennent trop importantes.

La vulnérabilité se définit comme un risque de défaillance si certains événements surviennent. Elle dépend de l'exposition au risque de l'entreprise et de sa capacité à faire face aux difficultés. Ils peuvent être maîtrisés par une gestion consciente de l'état de dépendance et par des mesures qui permettent de réduire les risques de l'état de vulnérabilité.

Une gestion des RH à un horizon de 18 mois

Un management des RH sur un horizon de 18 mois recouvre deux dimensions. D'une part, il correspond à un ensemble d'outils et de techniques dédiés à l'administration du personnel dans une vision stratégique et organisationnelle. Ce que l'on appelait administration redevient central dans la gestion des RH parce qu'elle répond aux demandes immédiates des salariés. Par exemple, la prévoyance participe à la demande croissante de sécurité de la part des employés.

D'autre part, le responsable de la fonction assume souvent une mission de diagnostic, de médiateur et d'accompagnateur des activités quotidiennes des acteurs de l'entreprise dans la résolution des conflits. Beaucoup d'événements en entreprise exigent des réponses rapides. La fonction RH peut gérer les urgences ou les petites crises, par un système de consultants internes auprès des managers opérationnels.

Cette double responsabilité suppose la maîtrise de compétences strictement fonctionnelles et la capacité à comprendre les enjeux stratégiques et organisationnels pour gérer la dimension humaine de l'entreprise. Selon les pays, les secteurs et la taille, la combinaison entre ces deux missions prend des configurations différentes. La politique RH orientée sur un horizon à 18 mois est la traduction concrète d'une orientation business de la fonction.

Si les entreprises privilégient la gestion réactive, flexible et créative sur la planification, la programmation et les budgets, alors cela implique une organisation adaptative, à partir d'un système de gestion des RH qui respecte les attentes des salariés. C'est l'objet d'un management des RH sur un horizon de 18 mois (*cf.* encadré ci-dessus). Le succès de l'entreprise dépend de son système d'information et de sa capacité de traitement. Cependant, le développement des systèmes d'information dans les entreprises reste pour l'instant plus de l'ordre du discours que des pratiques.

La veille sociale suppose trois conditions préalables :
- une collecte de données : volontaire, structurée et efficiente. Elle n'est possible qu'avec des acteurs formés à cette mission, des moyens et une structure (source, enregistrement) ;
- une exploitation des informations : évaluation, vérification et traitement. L'information brute n'est pas intéressante en soi. C'est par rapport à une situation particulière, dans un contexte spécifique et pour une utilisation particulière qu'elle prend son sens ;
- une diffusion des interprétations : auprès des acteurs susceptibles de l'utiliser. L'information n'a de sens que par rapport à une mission particulière. Le responsable de la mission doit être sensible à l'amélioration de son travail.

On peut remettre en cause les comportements des entreprises dans la situation économique actuelle : l'incapacité à percevoir les signaux d'une détérioration, les risques économiques et sociaux ou la difficulté de prévoir l'activité à moyen ou long terme. Ces incertitudes justifient les politiques de flexibilité du travail. Mais cette simplification de la gestion des RH s'accompagne de risques uniquement supportés par le corps social de l'entreprise. Les dirigeants n'envisagent pas d'autres modalités de la flexibilité que la gestion des effectifs et des salaires. Il ne faut pas s'étonner des réactions des salariés et que la crise de sens soit au cœur des problématiques de management.

Dans cette situation, le management passe par une vigilance créative, c'est-à-dire une attention soutenue du groupe dirigeant à toute manifestation qui risque d'entraîner une perte de sens au moment des crises. Tout événement est alors évalué comme la cause potentielle d'un processus cumulatif (enchaînement logique) pour construire un scénario et inventer une réponse adéquate. De même, une gestion conventionnelle, c'est-à-dire une attitude d'ouverture du groupe dirigeant aux attentes des salariés pour éviter les faux consensus et le désengagement. Tout événement est un test de la cohérence organisationnelle. En cas de résistances, le groupe dirigeant remet en cause les conventions sur la vision de l'organisation et les représentations dans le corps social.

Ces deux concepts nécessitent une instrumentalisation dans les situations concrètes. Mais, avant tout, c'est un changement de références et de mode d'action du groupe dirigeant auquel il faut parvenir pour éviter que des événements banals se transforment en processus cumulatif de perte de sens. Les DRH doivent inventer les outils d'une gestion active qui provoque une information sur l'état de l'entreprise pour faciliter le positionnement du salarié dans son espace de travail, et ne plus se satisfaire des instruments de normalisation disponibles.

Conclusion

Cet ouvrage arrive à un moment particulier de la situation économique française. Le modèle français, très centralisé, supporte assez mal les contraintes de la concurrence internationale. Certaines entreprises ne saisissent pas encore toutes les opportunités d'une économie ouverte. Dans l'ambiance de déclinologie dans laquelle nous vivons, l'entreprise reste un lieu et un espace de création de sens pour de nombreuses personnes. Dirigeants, cadres et tous les autres salariés participent à cette collectivité. Les règles sont celles du marché. Le pouvoir est capitalistique, la finalité économique. Mais les hommes et les femmes engagés dans un projet entrepreneurial construisent une aventure commune. Pourtant, les situations de destruction de sens sont nombreuses.

Les dirigeants ne cherchent pas à « exploiter » sans fin le travailleur ! Les salariés ne pensent pas à détruire l'entreprise chaque matin ! Les contraintes de la concurrence, les exigences des marchés financiers ou les nécessités de l'adaptation aux besoins des clients, conduisent l'entreprise à des adaptations permanentes. Restructuration, rentabilité, diminution des coûts sont le quotidien des managers. Les pressions de l'environnement et les contraintes internes aboutissent à des décisions difficiles, quelquefois incompréhensibles et souvent dramatiques pour les salariés. Ce ne sont pas les choix qui sont critiquables, mais l'urgence avec laquelle ils sont adoptés et le manque d'accompagnement des décisions, en amont et en aval du projet.

Pour beaucoup d'entreprises, la perte de sens est un risque majeur. Ce concept se manifeste dans les situations de travail et les relations interpersonnelles par une incompréhension des salariés sur les raisons pour lesquelles ils agissent au quotidien. Les conséquences pour l'entreprise sont réelles : désengagement et perte de productivité. Le *sensemaking* n'est pas indexé sur le court terme ou la valeur actionnariale, mais sur le long terme et l'attractivité de l'entreprise, pour conserver durablement un avantage concurrentiel. Il est donc essentiel, pour une entreprise, d'expliciter ses valeurs et son projet collectif. Développer les compétences collectives et faciliter le développement personnel permettent d'accroître le patrimoine de l'entreprise.

Max Weber, au siècle dernier, proposait une réflexion sur le savant et le politique. Cette dernière a marqué des générations de décideurs. Le XXIe siècle mériterait, quant à lui, une réflexion sur « le manager et le politique ». La responsabilité des dirigeants est immense dans la société actuelle. L'entreprise est devenue le lieu de la création de nombreux liens sociaux. Elle s'est substituée dans un certain nombre de cas à l'État, la religion, voire la famille. En même temps, la concurrence est devenue plus difficile et plus contraignante pour beaucoup d'acteurs économiques.

La démarche de cet ouvrage est constructive, en conciliant une réflexion sur le *sensemaking* et une démarche opérationnelle pour gérer les situations de perte de sens. Il ne résout évidemment pas tous les problèmes actuels des entreprises. En revanche, la lecture donne aux dirigeants et aux cadres un appareillage pour mieux comprendre, analyser et imaginer les réponses concrètes à leur situation. Reste un élément sur lequel aucune concession n'est possible. L'entreprise rassemble des hommes et des femmes pour un objectif relativement commun et autour de valeurs globalement partagées. Ce contrat ne doit pas être rompu. Cela implique que chacun assume ses responsabilités. Pourtant, tout se passe comme si capital et travail s'opposaient à nouveau.

L'entreprise comme les salariés sont à la recherche de sens à leurs l'actions. Les projets stratégiques, les changements organisationnels sont souvent subis et non construits. Ces mouvements entraînent de l'incompréhension, des retraits et du désengagement. Alors les risques de conflits importants existent. Ils ne portent plus sur le profit, mais sur sa répartition entre les parties prenantes. C'est l'enjeu actuel de nombreux débats politiques. Le rapport de forces qui est en train de s'établir dans la société est le même que celui qui agite l'entreprise en interne. Les oppositions se cristallisent sur les questions du « pourquoi » et du « comment ».

La valeur travail, absente du débat économique, ne serait-elle pas aussi importante que la valeur financière ? Sans être opposées, ces deux valeurs sont complémentaires et causales car sans valeur travail il ne pourra pas y avoir de valeur financière. L'entreprise, par son rôle socialisant, est le lieu d'une nouvelle construction sociale qu'il faut investir et faire vivre.

Cet ouvrage défend l'idée de communauté de travail par la création de sens autour de valeurs, de projets communs et d'outils de management opérationnel. Le *sensemaking* est à la fois une responsabilité pour les dirigeants et une démarche pour la traduire dans la réalité.

Annexes

Annexe 1

Le *Burn out*

Pour opérationnaliser ce concept et pouvoir mesurer ce phénomène, tant pour son diagnostic que pour sa prévention, Maslach et
son équipe ont construit un outil de mesure, le *Maslach Burn Out
Inventory* (MBI)[1]. La mesure du *Burn out* dans le modèle de Maslach
consiste à quantifier les fréquences d'une liste d'affirmations représentant les critères de stabilité ontologique en situation de travail,
comme le montre la grille suivante traduite par Pierre Canoui et
Aline Mauranges[2]. Dans les livres et autres documents de références,
il existe de nombreuses grilles de ce type reprenant tout ou partie et
parfois avec des rajouts des thèmes cités ci-après.

---

1. C. Maslach, S.E. Jackson, « Maslach burn out inventory », *Consulting psychologist press*,
Palo Alto, 1996.
2. Pierre Canoui, Aline Mauranges, *ibid*.

Maslach Burn out Inventory

Items	Fréquence
1. Je me sens émotionnellement vidé(e) par mon travail.	0 1 2 3 4 5 6
2. Je me sens à bout à la fin de la journée de travail.	0 1 2 3 4 5 6
3. Je me sens fatigué(e) lorsque je me lève le matin et que j'ai à affronter une autre journée de travail.	0 1 2 3 4 5 6
4. Je peux comprendre facilement ce que mes malades ressentent.	0 1 2 3 4 5 6
5. Je sens que je m'occupe de certains malades de façon impersonnelle, comme s'ils étaient des objets.	0 1 2 3 4 5 6
6. Travailler avec des gens tout au long de la journée me demande des efforts	0 1 2 3 4 5 6
7. Je m'occupe très efficacement des problèmes de mes malades.	0 1 2 3 4 5 6
8. Je sens que je craque à cause de mon travail.	0 1 2 3 4 5 6
9. J'ai l'impression, à travers mon travail, d'avoir une influence positive sur les gens.	0 1 2 3 4 5 6
10. Je suis devenu(e) plus insensible aux gens depuis que j'ai ce travail.	0 1 2 3 4 5 6
11. Je crains que ce travail m'endurcisse émotionnellement.	0 1 2 3 4 5 6
12. Je me sens plein(e) d'énergie.	0 1 2 3 4 5 6
13. Je me sens frustré(e) par mon travail.	0 1 2 3 4 5 6
14. Je sens que je travaille trop dur dans mon travail.	0 1 2 3 4 5 6
15. Je ne me soucie pas vraiment de ce qui arrive à certains de mes malades.	0 1 2 3 4 5 6
16. Travailler en contact direct avec les gens me stresse trop.	0 1 2 3 4 5 6
17. J'arrive facilement à créer une atmosphère détendue avec mes malades.	0 1 2 3 4 5 6
18. Je me sens ragaillardi(e) lorsque, dans mon travail, j'ai été proche de mes malades.	0 1 2 3 4 5 6
19. J'ai accompli beaucoup de choses qui en valent la peine dans ce travail.	0 1 2 3 4 5 6
20. Je me sens au bout du rouleau.	0 1 2 3 4 5 6
21. Dans mon travail, je traite les problèmes émotionnels très calmement.	0 1 2 3 4 5 6
22. J'ai l'impression que mes malades me rendent responsables de certains de leurs problèmes.	0 1 2 3 4 5 6

Les fréquences sont renseignées par des chiffres indiquant la progression de fréquence avec la signification suivante :

– Jamais : 0	– Une fois par semaine : 4
– Plusieurs fois par an au moins : 1	– Plusieurs fois par semaine : 5
– Une fois par mois au moins : 2	– Chaque jour : 6
– Plusieurs fois par mois : 3	

Le test de Maslach permet de mesurer, à partir de la grille présentée précédemment, trois thèmes en additionnant la fréquence des réponses aux questions correspondantes.

L'épuisement professionnel au travers des questions 1, 2, 3, 6, 8, 13, 14, 16 et 20. Si le total est inférieur à 17, tout va bien. Si le total est compris entre 18 et 29, faites attention, vous commencez à avoir des signes d'épuisement. Et si le total est supérieur à 30, arrêtez tout et posez-vous la question de ce qui ne va pas. L'épuisement traduit le fait que vous n'arrivez plus à récupérer, qu'une fatigue structurelle s'installe par dégoût de votre travail et/ou surcharge en volume, en sollicitation et/ou en situations nouvelles.

La dépersonnalisation au travers des réponses aux questions 5, 10, 11, 15 et 22. Si votre score est inférieur à 5 tout va bien. Si votre score est entre 6 et 11, regardez où vous avez des valeurs importantes pour tout de suite identifier les points d'amélioration. Si le score est supérieur à 12, cela signifie que vous faites votre travail comme une machine sans rien ressentir et en ne tenant pas compte des autres. La notion de dépersonnalisation fait état d'une absence d'implication émotionnelle dans la réalisation de vos activités professionnelles.

L'accomplissement est apprécié au travers des réponses aux questions 4, 7, 9, 12, 17, 18, 19 et 21. Si votre score est supérieur à 40, tout va bien et vous vous accomplissez au travail. Si le score est compris entre 24 et 39, certaines pratiques vous gênent dans la réalisation de votre activité professionnelle. Si le total est inférieur à 23, votre travail vous ennuie, interrogez-vous sur vos réelles motivations. L'accomplissement mesure de degré de satisfaction existentielle que vous retirez de votre travail. Avez-vous l'impression de faire quelque chose d'utile et de vous réaliser au travers de votre activité professionnelle ?

Les enquêtes
de satisfaction des salariés

Réalisées sous la forme de questionnaires, avec la possibilité d'ajouter des questions ouvertes, les enquêtes de satisfaction sont très souvent réalisées par des organismes extérieurs ou par la DRH en interne. Les noms donnés à ces dispositifs sont très significatifs du style de management de l'entreprise et du positionnement de ce type de démarche :

- enquête de satisfaction du personnel : c'est l'appellation la plus commune. Un peu comme un recensement démographique, il faut le faire et le personnel apparaît comme une entité externe à observer ;
- baromètre social : on mesure un état des relations sociales de l'entreprise avec le souci de se donner les moyens de maîtriser leur évolution ;
- enquête de climat social : un peu dans le même esprit que le baromètre, mais avec une suspicion de conflits existants ou latents ;
- sociogramme : volonté de décrypter la dimension sociologique de l'entreprise et son évolution au travers des symboles, des valeurs et l'ensemble des événements qui caractérisent les relations au travail ;
- enquête d'opinion : avec le message suivant adressé aux salariés « *Dites-nous ce que vous pensez, nous vous écoutons* » ;
- managemètre : le management est-il en mesure de jouer pleinement son rôle d'animateur local et de vecteur de la

stratégie ? Il fait souvent supporter aux managers le risque de la démarche.

Les appellations varient en fonction des entreprises, des thèmes qu'elles veulent y voir figurer mais aussi des sociétés spécialisées qui ont marquetées certaines prestations. Dans tous les cas, il s'agit d'interroger les salariés sur ce qu'ils pensent de la manière de fonctionner au quotidien à une périodicité régulière : annuelle ou semestrielle. Cela recouvre aussi bien leur perception de la stratégie, des changements en cours, des modes de management, des conditions de travail, de l'ambiance que des valeurs de l'entreprise. Dans les enquêtes sociales, on distingue généralement trois grands thèmes qui peuvent se résumer à trois questions fondamentales, qui caractérisent l'appartenance d'un individu à un collectif productif :

- êtes-vous fier de travailler pour votre entreprise ? Cela renvoie aux notions d'image, de valeurs, de stratégie et de changement ;
- êtes-vous satisfait des conditions de travail ? Cette question permet de traiter les relations avec la hiérarchie, les collègues, l'appréciation des moyens alloués et les conditions de travail ;
- pensez-vous progresser et être reconnu(e) à votre juste valeur ? Cette interrogation permet d'appréhender la représentation que le salarié a de sa relation contribution/rétribution avec l'entreprise et de l'avenir de celle-ci par rapport à son projet personnel.

Exemple d'une enquête réalisée pour une multinationale

Une enquête réalisée dans une grande entreprise internationale a permis d'enregistrer les ressentis et les perceptions des salariés sur 14 items :

- la gestion de la relation client est-elle respectée ?
- la politique qualité est-elle respectée ?
- l'intégrité des managers et des pratiques de management ;
- la reconnaissance du travail et de l'investissement des salariés ;
- la qualité du travail en équipe ;
- la présence d'une dimension civique dans l'entreprise ;
- l'entreprise permet-elle un développement personnel des salariés ?
- l'entreprise permet-elle une évolution professionnelle des salariés ?

- l'entreprise sait-elle apprécier les performances individuelles et collectives ?
- le management est-il efficace ?
- dans l'entreprise y a-t-il un respect des différences ?
- les salariés sont-ils satisfaits de leur travail ?
- les salariés se sentent-ils responsables de leur travail ?
- dans l'entreprise y a-t-il une volonté de gagner ?

Sur chaque item, le salarié a le choix de plusieurs réponses, énoncées sous forme d'affirmations plus ou moins positives, pour les contraindre à s'engager personnellement dans leur choix.

Les questions ou les affirmations des items d'une enquête sont en général mélangées pour que le salarié ne se focalise pas sur un thème pendant une série de réponses. Elles cherchent également à susciter chez lui une curiosité.

Thèmes d'interrogation des salariés lors d'une enquête de climat social

■ Gestion de la relation client

N° 1 : Servir le client est une priorité absolue dans mon service.

N° 13 : L'entreprise recherche plus la satisfaction à long terme du client que les résultats à court terme.

N° 25 : Les collaborateurs ont pour vocation de fournir un service de qualité à leurs clients.

N° 49 : Les systèmes et procédures de mon département me permettent d'assurer un service optimal à la clientèle.

N° 50 : Je dispose des outils (informations, technologies, etc.) dont j'ai besoin pour offrir un excellent service clientèle.

N° 58 : Les décisions et les activités quotidiennes dans mon équipe de travail montrent bien que les clients sont une priorité.

N° 66 : Je suis autorisé(e) à faire ce qui est nécessaire afin de servir mes clients.

N° 68 : Les mesures et les décisions prises par le management manifestent un engagement à servir les clients.

N° 100 : Les collaborateurs de mon service cherchent activement à établir de bonnes relations avec les clients.

▪ Gestion de la qualité

N° 2 : Le travail de qualité est apprécié et reconnu.

N° 16 : J'ai reçu la formation dont j'ai besoin pour faire un travail de qualité.

N° 28 : Les décisions et les activités quotidiennes dans mon service montrent bien que la qualité est une priorité majeure.

N° 69 : Mon service dispose des ressources (personnel, etc.) nécessaires à la réalisation d'un travail de qualité.

N° 71 : Mes collègues offrent un niveau de qualité supérieur aux attentes des clients.

N° 101 : Par leurs actions, les leaders de la société montrent bien que la qualité est une priorité majeure pour l'entreprise.

▪ Gestion des collaborateurs

N° 3 : Le management traite les collaborateurs avec respect et dignité.

N° 15 : Dans l'ensemble, l'entreprise répond bien à mes besoins.

N° 27 : L'entreprise s'intéresse sincèrement à ses collaborateurs.

N° 40 : Lors de la mise en œuvre d'un changement, mon supérieur hiérarchique me fait part de l'impact que cela aura sur moi.

N° 51 : L'entreprise propose des procédures appropriées pour répondre aux plaintes et inquiétudes des collaborateurs.

N° 59 : Je me sens apprécié(e) au sein de l'entreprise.

N° 70 : Mon supérieur hiérarchique me valorise en tant qu'individu.

N° 94 : Je suis en mesure d'équilibrer ma vie professionnelle et ma vie personnelle.

▪ Intégrité

N° 4 : L'attitude de mon supérieur hiérarchique est conforme aux valeurs de l'entreprise.

N° 14 : Je peux exprimer mon point de vue sans craindre de conséquences négatives.

N° 26 : Les leaders de l'entreprise accordent une grande importance à l'éthique de leurs décisions et conduites.

N° 41 : Mes collègues sont disposés à confronter et résoudre ouvertement les problèmes.

N° 52 : Le management prend des décisions basées sur des faits et des principes.

N° 60 : Le management communique des informations importantes en temps opportun.

N° 73 : Je peux compter sur l'engagement de mon supérieur hiérarchique à mon égard.

N° 86 : Les leaders de la société montrent une parfaite cohérence entre ce qu'ils disent et ce qu'ils font.

N° 95 : Dans mon service, les différences d'opinion s'expriment de manière constructive.

N° 102 : Mes collègues agissent avec intégrité.

■ Travail d'équipe

N° 5 : Le travail d'équipe est une priorité majeure.

N° 17 : Les personnes avec lesquelles je travaille coopèrent pour atteindre les objectifs.

N° 29 : On encourage les collaborateurs à travailler en équipe quand c'est nécessaire.

N° 42 : Dans mon équipe de travail, les collaborateurs se sentent à l'aise.

N° 53 : Je suis traité(e) avec respect et dignité sur mon lieu de travail.

N° 62 : Les personnes avec lesquelles je travaille se soutiennent mutuellement afin que l'équipe obtienne de bons résultats.

N° 72 : Les équipes avec lesquelles je travaille ont des rôles et affectations bien définis.

N° 74 : Mon équipe de travail bénéficie de la coopération des services dont nous dépendons.

N° 92 : Dans mon équipe, mes idées sont écoutées et souvent mises en pratique.

▨ Civisme

N° 6 : L'esprit civique est encouragé.

N° 18 : L'entreprise contribue au bien-être général de la communauté locale.

N° 30 : Les pratiques commerciales de l'entreprise prennent en considération l'impact sur la communauté dans laquelle nous vivons et travaillons.

▨ Développement personnel

N° 7 : Mon supérieur hiérarchique se préoccupe de mon développement personnel et professionnel.

N° 19 : J'ai le sentiment de pouvoir me développer et progresser au sein de l'entreprise.

N° 31 : L'entreprise favorise mon développement professionnel.

N° 87 : Mon supérieur hiérarchique m'aide à mettre en œuvre mon plan de développement.

▨ Évolution professionnelle

N° 8 : Mon travail me permet d'apprendre des choses nouvelles et d'acquérir de nouvelles compétences.

N° 20 : On me donne la liberté d'action dont j'ai besoin pour bien faire mon travail.

N° 32 : Mon travail me permet de bien utiliser mes compétences.

N° 43 : Mon travail me procure un sentiment d'accomplissement personnel.

N° 78 : Je suis impliqué(e) quand il le faut dans les décisions qui concernent mon travail.

N° 89 : Mes objectifs de performance définissent clairement les résultats professionnels que l'on attend de moi.

N° 99 : Je suis satisfait(e) de la disponibilité d'information dont j'ai besoin pour accomplir mon travail (changements de procédés/politiques, mises à jour de produits, etc.).

N° 106 : Dans quelle mesure êtes vous satisfait(e) de vos conditions matérielles de travail ?

▨ Appréciation des performances

N° 9 : Lorsque je fais un excellent travail, mes résultats sont reconnus.

N° 21 : Selon mon expérience, la sélection aux postes ouverts au sein de l'entreprise se fait en fonction des compétences et des résultats.

N° 33 : Je suis récompensé(e) en fonction de mes contributions au succès de la société.

N° 44 : J'ai une réelle opportunité de réussite professionnelle au sein de l'entreprise.

N° 90 : Dans mon service, il y a très peu de favoritisme (distribution du travail, promotion, affectation d'heures supplémentaires, complémentaires etc.).

N° 104 : Comment évaluez-vous l'ensemble des avantages sociaux dont vous bénéficiez ?

N° 105 : Par rapport à d'autres personnes occupant un emploi similaire dans d'autres entreprises, j'estime que mon salaire est…

▨ Efficacité du management

N° 10 : Mon supérieur hiérarchique m'inspire confiance.

N° 22 : Mon supérieur hiérarchique me donne un encadrement et une orientation suffisants.

N° 34 : Mon supérieur hiérarchique donne des informations de manière sincère et honnête.

N° 36 : Mon supérieur hiérarchique me donne du feed-back qui m'aide à améliorer ma performance.

N° 38 : Mon supérieur hiérarchique explique clairement les politiques de rémunération et de reconnaissance me concernant.

N° 45 : Mon supérieur hiérarchique montre son engagement à s'autoperfectionner dans son rôle de leader.

N° 55 : Mon supérieur hiérarchique m'oriente avec efficacité lorsque je suis chargé(e) d'une nouvelle tâche.

N° 63 : Mon supérieur hiérarchique communique efficacement les enjeux et objectifs du service.

N° 77 : Mon supérieur hiérarchique reconnaît mes efforts en temps opportun.

N° 80 : Mon supérieur hiérarchique s'assure que je satisfais aux exigences légales de mon travail.

N° 91 : Je peux avoir accès à mon supérieur hiérarchique au moment nécessaire.

N° 97 : Mon supérieur hiérarchique sait traiter efficacement les conflits au moment où ils surviennent.

N° 103 : Dans l'ensemble, comment évaluez-vous la qualité du travail de votre manager ?

■ Respect des différences

N° 11 : Mon supérieur hiérarchique suscite une atmosphère dans laquelle chacun est traité de manière équitable, indépendamment de ses race/nationalité, sexe, religion ou autres différences individuelles.

N° 23 : Tout le monde, indépendamment de questions de race/nationalité, sexe, religion ou autres différences individuelles, bénéficie de chances équitables de réussite dans l'organisation.

N° 35 : L'ambiance dans mon service permet l'expression des différences (opinion, culture, …).

N° 46 : Mon supérieur hiérarchique valorise les idées et perspectives variées.

N° 65 : Le climat qui règne au sein de mon service permet de valoriser les différents styles de travail.

N° 82 : L'entreprise a adopté des politiques et pratiques mondiales qui sont efficaces et équitables là où je travaille.

■ Satisfaction du collaborateur

N° 12 : Globalement, je suis satisfait de l'entreprise comme lieu de travail.

N° 24 : Comparée à d'autres sociétés, l'entreprise offre de bonnes conditions de travail.

N° 37 : J'aime travailler dans mon entreprise.

N° 83 : Je suis fier (fière) de travailler pour mon entreprise.

▨ Responsabilité personnelle

N° 67 : Les collaborateurs de mon service acceptent la responsabilité de leurs résultats (leurs réussites comme leurs échecs).

N° 75 : Les collaborateurs de mon service recherchent l'information dont ils ont besoin pour accomplir leur travail.

N° 85 : Les collaborateurs de mon service font preuve d'initiative personnelle pour atteindre les objectifs fixés.

N° 93 : Je suis motivé(e) à aller au-delà de ce que l'on attend de moi pour contribuer au succès de l'entreprise.

N° 96 : Je prends les mesures qui me permettent de gérer mon développement professionnel.

▨ Volonté de gagner

N° 39 : La créativité et l'innovation sont encouragées.

N° 47 : Selon mon expérience, la plupart des prises de décision s'effectuent rapidement dans l'entreprise.

N° 48 : L'entreprise opère les changements nécessaires pour affronter efficacement la concurrence.

N° 54 : Dans mon équipe, nous éliminons les pratiques (comportements, etc.) qui nous empêchent d'atteindre nos résultats.

N° 56 : Les leaders de la société donnent aux collaborateurs une image claire de l'orientation de l'entreprise.

N° 61 : Les collaborateurs de mon service sont informés sur la concurrence.

N° 76 : Les collaborateurs de mon service cherchent activement à devancer la concurrence.

N° 79 : Les collaborateurs de mon service sont encouragés à prendre des risques lorsque les circonstances s'y prêtent.

N° 81 : Nos procédures favorisent la croissance du business.

N° 84 : Chaque projet/processus accompli par mon équipe de travail est source de valeur ajoutée pour l'entreprise.

N° 88 : Par rapport à la concurrence, notre entreprise offre des produits et des services exceptionnels.

N° 98 : Je suis encouragé(e) à proposer de nouvelles idées et de meilleures façons de faire.

▨ Questions relatives à l'enquête

N° 57 : Je suis convaincu(e) que des mesures concrètes seront prises après l'analyse des résultats de l'enquête auprès des collaborateurs.

N°64 : Des actions sont actuellement menées afin d'améliorer les points soulevés lors de la dernière enquête de satisfaction.

Principaux résultats de ce type d'enquête

Il s'agit d'avoir, pour l'entreprise et par service, les « notations » des salariés sur les différents items et de suivre leur évolution dans le temps. À chaque réponse est associée une valeur quantitative qui permet les représentations graphiques et la définition d'un objectif d'amélioration pour l'année à venir.

Index

A

Actions d'évolution 185
Actions de modification 184
Actions de transformation 185
Actions *spot* 184
Adhésion 46
Apprentissage 28
Ateliers du *sensemaking* 180

B

Baromètre du *sensemaking* 148
Baromètre managérial 156
Bilan social 52
Burn out 40

C

Climat social 215
Clustering 179
Comité de Pilotage *Sensemaking* (CPS) 191
Comité Opérationnel *sensemaking* 192
Conditions de travail 111, 112
Conduite du changement 44, 46
Confiance 115
Considération 127
Contribution sociale 204
Coopération 48
Culture 94, 138
Culture d'entreprise 83

D

Déclinologues 9, 16
Démarches qualité 48
Dirigeants 43, 50, 51, 53, 108
DRH 43

E

Engagement 54
Enquêtes de satisfaction 52
Entité fonctionnelle 110
Épuisement 39, 40
Éthique 199

F

Faisabilité de l'activité 111
Financiarisation 31, 33
Flexibilité 45

I

Idéaux 37
Identité 94
Identité au travail 69
Image de l'entreprise 133
Image interne 134
Improvisation 107

L

Lewin 194

M

Managers 45, 51
Managers intermédiaires 30

Marketing social 199
Matrice des cercles d'attention
    182
Métier 121
Microprojets 179
Mythes 188

N

Négociation 76

O

Organigramme 121

P

Performance 122
Poste de travail 110, 111
Processus 49
Projet 45

R

Reconnaissance 127
Règle des 3M 83
Réingeniering 48
Relations au travail 111
Résilience 22, 23
Responsabilité Sociale des
    entreprises (RSE) 199, 201

Ressources humaines 49
Rétribution 126, 127
Rites 187
Routines 187
RSE 201

S

Situation de crise 73
Solidarité 115
Spirale du désengagement 60
Stratégies émergentes 131
Stress 39
Structure organisationnelle 188
Structures de pouvoir 188
Symboles 188
Système informatique 45
Systèmes de contrôle 188

T

Transversalité 48

V

Valence sociale 202
Valeur ajoutée sociale 204

W

Weick Karl E. 109